中国统计摘要

2007

国家统计局 编

中国统计出版社
China Statistics Press

(京)新登字 041 号

图书在版编目(CIP)数据

中国统计摘要.2007/国家统计局编.
-北京:中国统计出版社,2007.5
ISBN 978-7-5037-5125-7
Ⅰ.中…
Ⅱ.国…
Ⅲ.国民经济—经济统计—统计资料—中国—2007—年刊
Ⅳ.C832-54

中国版本图书馆 CIP 数据核字(2007)第 049515 号

中国统计摘要—2007

作　　者/国家统计局 编
责任编辑/郭　栋
封面设计/艺编广告
出版发行/中国统计出版社
通信地址/北京市西城区月坛南街 57 号　邮政编码/100826
办公地址/北京市丰台区西三环南路甲 6 号
E - mail/yearbook@stats.gov.cn
电　　话/邮购(010)63376907　书店(010)68783172
印　　刷/河北天普润印刷厂
经　　销/新华书店
开　　本/787×1092mm　1/16
字　　数/200 千字
印　　张/15.5
印　　数/1—7000 册
版　　别/2007 年 5 月第 1 版
版　　次/2007 年 5 月北京第 1 次印刷
书　　号/ISBN 978-7-5037-5125-7/F·2425
定　　价/28.00 元

《中国统计摘要—2007》编辑人员

编者说明

一、《中国统计摘要》是为及时反映我国国民经济与社会发展情况而编辑的一本综合性简明统计资料性年刊。《中国统计摘要－2007》收录了2006年社会经济主要指标数据，同时简要列示了1978年以来的历史资料。正文内容具体分为综合，国民经济核算，人口、就业和职工工资，固定资产投资，财政和金融，物价指数，人民生活，农业，工业和能源，建筑业，运输和邮电，国内贸易，对外贸易和旅游，教育、科技、文化、卫生、体育和环境保护，香港和澳门特别行政区主要社会经济指标，台湾省主要社会经济指标及国际比较共17个部分。正文之后还附有主要统计指标解释。

二、为确保本书的出版时效，书中2006年部分数据为初步统计数，正式数据均以即将出版的《中国统计年鉴－2007》为准。

三、书中所涉及的全国性统计指标，除行政区划、国土面积、森林资源和降水量外，均未包括香港、澳门特别行政区和台湾省数据。

四、香港特别行政区和澳门特别行政区的统计是构成国家统计总体的一部分。但根据中华人民共和国"香港特别行政区基本法"和"澳门特别行政区基本法"的有关原则，香港、澳门与内地是相对独立的统计区域，根据各自不同的统计制度和法律规定，独立进行统计工作。本书中香港和澳门特别行政区统计资料分别由香港特别行政区政府统计处、澳门特别行政区政府统计暨普查局提供，国家统计局进行编辑。

五、本书与《中国统计摘要－2006》版本相比较，主要增加了如下内容：东、中、西、东北地区主要经济指标，三大需求对国内生产总值增长的贡献率和拉动，70个大中城市房地产价格指数，证券交易情况等。

六、依据第一次全国经济普查结果，修订了2004年以前的国内生产总值历史数据，其中分行业国内生产总值的行业分类采用了2002年

《国民经济行业分类标准》(GB/T 4754－2002)。

七、因第二次全国农业普查数据正在汇总中,故农业部分数据暂空缺。

八、本书所使用的度量衡单位,均采用国际统一标准计量单位。

九、本书中部分数据合计数或相对数由于单位取舍不同而产生的计算误差,均未作机械调整。

十、本书有关符号使用说明:摘要各表中的“空格”表示该项统计指标数据不足本表最小单位数、不详或无该项数据;“#”表示其中的主要项;“*”或“①”表示本表下有注解。

目　　录

一、综合

二、国民经济核算

三、人口、就业和职工工资

四、固定资产投资

五、财政和金融

六、物价指数

七、人民生活

八、农业

九、工业和能源

十、建筑业

十一、运输和邮电

十二、国内贸易

十三、对外贸易和旅游

十四、教育、科技、文化、卫生、体育和环境保护

十五、香港和澳门特别行政区主要社会经济指标

十六、台湾省主要社会经济指标

十七、国际比较

附录一

附录二

附录三

全国行政区划

(年底数)　　单位：个

年份	省级区划数	地级区划数	#地级市	县级区划数	县级市	市辖区	县及其它
1978	30	310	98	2653	92	408	2153
1979	30	315	104	2690	109	428	2153
1980	30	318	107	2722	113	458	2151
1981	30	317	108	2728	122	462	2144
1982	30	323	112	2753	130	483	2140
1983	30	323	144	2780	142	547	2091
1984	30	323	148	2813	149	595	2069
1985	30	328	163	2825	158	621	2046
1986	30	325	166	2830	184	629	2017
1987	30	326	170	2826	208	632	1986
1988	31	334	183	2831	248	647	1936
1989	31	336	185	2829	262	648	1919
1990	31	336	185	2833	279	651	1903
1991	31	338	187	2833	289	650	1894
1992	31	339	191	2833	323	662	1848
1993	31	335	196	2835	371	669	1795
1994	31	333	206	2845	413	697	1735
1995	31	334	210	2849	427	706	1716
1996	31	335	218	2858	445	717	1696
1997	33	332	222	2862	442	727	1693
1998	33	331	227	2863	437	737	1689
1999	34	331	236	2858	427	749	1682
2000	34	333	259	2861	400	787	1674
2001	34	332	265	2861	393	808	1660
2002	34	332	275	2860	381	830	1649
2003	34	333	282	2861	374	845	1642
2004	34	333	283	2862	374	852	1636
2005	34	333	283	2862	374	852	1636
2006	34	333	283	2860	369	856	1635

注：1.本表资料由民政部提供。
　　2.县及其它包括：县、自治县、旗、自治旗、特区和林区。

各地区行政区划（一）

(2006年底)　　　　单位：个

区划名称	地级区划数	#地级市	县级区划数	#县级市	#市辖区	#县	#自治县
全国	**333**	**283**	**2860**	**369**	**856**	**1463**	**117**
北京市			18		16	2	
天津市			18		15	3	
河北省	11	11	172	22	36	108	6
山西省	11	11	119	11	23	85	
内蒙古自治区	12	9	101	11	21	17	
辽宁省	14	14	100	17	56	19	8
吉林省	9	8	60	20	20	17	3
黑龙江省	13	12	128	18	64	45	1
上海市			19		18	1	
江苏省	13	13	106	27	54	25	
浙江省	11	11	90	22	32	35	1
安徽省	17	17	105	5	44	56	
福建省	9	9	85	14	26	45	
江西省	11	11	99	10	19	70	
山东省	17	17	140	31	49	60	
河南省	17	17	159	21	50	88	
湖北省	13	12	102	24	38	37	2
湖南省	14	13	122	16	34	65	7
广东省	21	21	121	23	54	41	3
广西壮族自治区	14	14	109	7	34	56	12
海南省	2	2	20	6	4	4	6
重庆市			40		19	17	4
四川省	21	18	181	14	43	120	4
贵州省	9	4	88	9	10	56	11
云南省	16	8	129	9	12	79	29
西藏自治区	7	1	73	1	1	71	
陕西省	10	10	107	3	24	80	
甘肃省	14	12	86	4	17	58	7
青海省	8	1	43	2	4	30	7
宁夏回族自治区	5	5	21	2	8	11	
新疆维吾尔自治区	14	2	99	20	11	62	6
香港特别行政区							
澳门特别行政区							
台湾省							

注：本表资料由民政部提供。

各地区行政区划（二）

（2006年底） 单位：个

区划名称	乡镇级区划数	街道办事处	镇数	乡数	村民、居民委员会	村民委员会	居民委员会
全国	**41040**	**6355**	**19369**	**15306**	**705153**	**624428**	**80725**
北京市	314	131	142	41	6482	3957	2525
天津市	242	104	118	20	5347	3825	1522
河北省	2233	270	946	1016	52240	49115	3125
山西省	1389	193	561	635	30015	28172	1843
内蒙古自治区	861	220	457	184	13530	11219	2311
辽宁省	1522	555	595	372	15773	11768	4005
吉林省	887	264	425	198	11092	9211	1881
黑龙江省	1270	363	470	437	11840	9055	2785
上海市	213	104	106	3	5275	1862	3413
江苏省	1388	285	994	109	22684	17303	5381
浙江省	1519	304	754	461	36668	32931	3737
安徽省	1625	242	924	459	22868	20019	2849
福建省	1104	173	591	340	16530	14485	2045
江西省	1526	131	767	628	20685	17571	3114
山东省	1932	466	1190	276	86778	81283	5495
河南省	2355	460	832	1063	51669	48362	3307
湖北省	1219	277	732	210	29373	25828	3545
湖南省	2407	231	1091	1085	48770	44270	4500
广东省	1579	431	1137	11	25455	19505	5950
广西壮族自治区	1230	104	700	426	16012	14363	1649
海南省	220	18	181	21	2985	2543	442
重庆市	1022	121	595	306	11709	9722	1987
四川省	4660	249	1821	2590	55255	50047	5208
贵州省	1543	94	691	758	21277	19669	1608
云南省	1368	56	583	729	13660	12882	778
西藏自治区	691	9	140	542	5904	5746	158
陕西省	1745	159	908	678	29153	27537	1616
甘肃省	1342	122	460	760	17995	16823	1172
青海省	396	30	135	231	4530	4163	367
宁夏回族自治区	229	42	94	93	2829	2376	453
新疆维吾尔自治区	1009	147	229	624	10770	8816	1954
香港特别行政区							
澳门特别行政区							
台湾省							

自 然 资 源 状 况

项　　　目	单　位	2006年
国土面积	万平方公里	960
海域面积	万平方公里	473
大陆岸线长度	万公里	1.80
岛屿面积	万平方公里	3.87
降水量		
台湾中部山区	毫米	≥4000
华南沿海	毫米	1600-2000
长江流域	毫米	1000-1500
华北、东北	毫米	400-800
西北内陆	毫米	100-200
塔里木盆地、吐鲁番盆地和柴达木盆地	毫米	≤25
耕地面积	万公顷	13004
荒地面积	万公顷	10800
林业用地面积	万公顷	28493
草原面积	万公顷	40000
森林面积	万公顷	17491
森林覆盖率	%	18.21
活立木总蓄积量	亿立方米	136.2
水资源总量	亿立方米	25567
水力资源蕴藏量	亿千瓦	6.76
#可开发量	亿千瓦	3.79
内陆水域总面积	万公顷	1747
#可养殖面积	万公顷	675
#已养殖面积	万公顷	467
大陆架渔场面积	万公顷	28000
海水可养殖面积	万公顷	260
#已养殖面积	万公顷	109

注：耕地面积为1996年农业普查数；林业用地面积和森林资源为1999-2003年清查数；草地面积为1991年调查数；除水资源总量为2006年数据外，其他水利资源为1985年评价数。

按行业分法人单位数

单位：个

行业门类	2000年	2001年	2002年	2003年	2004年	2005年
全国总计	**4366141**	**5107015**	**5170849**	**5214144**	**5323235**	**5647823**
农、林、牧、渔业	142140	171526	170953	156033	156033	68800
采矿业	90484	71409	70851	72538	82357	89430
制造业	1243607	1220587	1239549	1298870	1328971	1451556
电力、燃气及水的生产和供应业	30841	36982	37136	33570	39832	43148
建筑业	118240	123187	129062	132059	128196	149471
交通运输、仓储和邮政业	59711	82162	83489	85991	80570	91565
信息传输、计算机服务和软件业	25425	57420	59368	58307	72917	85499
批发和零售业	693108	807454	829029	840241	883654	994953
住宿和餐饮业	83014	100768	102244	103537	92874	101853
金融业	70228	63996	64806	64802	23793	26828
房地产业	48363	92417	96795	98943	129198	148059
租赁和商务服务业	107229	234265	242109	219567	249196	291498
科学研究、技术服务和地质勘查业	45003	75666	78356	110685	136569	153076
水利、环境和公共设施管理业	30189	51007	51426	47847	44352	46847
居民服务和其他服务业	54366	94655	96244	64391	83607	93947
教育	218304	307817	308320	304056	299584	305446
卫生、社会保障和社会福利业	114388	200360	200761	198879	181989	183760
文化、体育和娱乐业	41060	57410	57891	77717	64750	69490
公共管理和社会组织	1146645	1254546	1250166	1243967	1244793	1252597
国际组织	3796	3381	2294	2144		

注：1.农、林、牧、渔业2004年数据为2003年基本单位年报数据。
2.2004年、2005年统计范围均未包括国际组织(下表同)。

各地区按三次产业分法人单位数

(2005年) 单位：个

地 区	法 人 单位数	第一产业	第二产业	#工 业	第三产业
全国总计	**5647823**	**68800**	**1733605**	**1492569**	**3845418**
北 京	296705	3456	47371	32992	245878
天 津	95682	709	34505	27198	60468
河 北	226878	1539	76074	69412	149265
山 西	144955	3217	35074	29944	106664
内蒙古	79469	1367	15607	12668	62495
辽 宁	229983	1484	75761	61068	152738
吉 林	85148	1158	19915	16789	64075
黑龙江	110286	1376	26204	20766	82706
上 海	343273	776	80381	59032	262116
江 苏	479062	1777	237155	213679	240130
浙 江	440925	4961	214555	197767	221409
安 徽	184020	5788	52302	42853	125930
福 建	182298	2614	62506	55202	117178
江 西	130385	208	42455	36664	87722
山 东	414318	3888	152470	134245	257960
河 南	286375	8256	97476	88845	180643
湖 北	165618	266	35743	29095	129609
湖 南	189517	6391	49978	45250	133148
广 东	479166	3710	172022	152787	303434
广 西	130209	3536	22293	18404	104380
海 南	25006	282	3437	1961	21287
重 庆	94428	1580	26660	21255	66188
四 川	275968	3666	57715	47601	214587
贵 州	83925	811	14208	12076	68906
云 南	99131	3253	19045	14832	76833
西 藏	13223	1	605	257	12617
陕 西	155723	129	30350	25880	125244
甘 肃	87018	384	14301	11430	72333
青 海	21686	323	2884	1991	18479
宁 夏	27687	445	5840	4562	21402
新 疆	69756	1449	8713	6064	59594

各地区按行业分法人单位数（一）

(2005年) 单位：个

地　区	法人单位数	#农、林、牧、渔业	#采矿业	#制造业	#电力、煤气及水的生产和供应业	#建筑业	#交通运输、仓储及邮政业
全国总计	**5647823**	**68800**	**89430**	**1451556**	**43148**	**149471**	**91565**
北　京	296705	3456	658	37130	335	9248	5131
天　津	95682	709	127	30623	217	3538	3769
河　北	226878	1539	7061	64459	691	3863	2799
山　西	144955	3217	9000	22374	553	3147	1983
内蒙古	79469	1367	2597	10858	551	1601	1338
辽　宁	229983	1484	4576	61017	917	9251	5442
吉　林	85148	1158	1255	16155	520	1985	1141
黑龙江	110286	1376	1729	20304	626	3545	1893
上　海	343273	776	3	65896	252	14230	7119
江　苏	479062	1777	1864	217015	2705	15571	7905
浙　江	440925	4961	2373	199793	3301	9088	7700
安　徽	184020	5788	3380	41240	1609	6073	3376
福　建	182298	2614	1991	51777	4745	3993	3311
江　西	130385	208	4487	31446	2832	3690	2101
山　东	414318	3888	5200	133559	1033	12678	5547
河　南	286375	8256	7465	82869	942	6200	2431
湖　北	165618	266	3217	27103	1384	4039	2609
湖　南	189517	6391	7107	36903	2830	3138	1590
广　东	479166	3710	2104	153961	5871	10086	9149
广　西	130209	3536	1639	17110	1723	1821	2068
海　南	25006	282	159	2014	235	1029	447
重　庆	94428	1580	2851	19229	1193	3387	2018
四　川	275968	3666	5111	42308	3915	6381	3733
贵　州	83925	811	4004	8138	793	1273	859
云　南	99131	3253	3304	11774	1148	2819	1394
西　藏	13223	1	33	244	86	242	106
陕　西	155723	129	3155	23492	846	2857	1613
甘　肃	87018	384	1215	10706	558	1822	1049
青　海	21686	323	310	1839	176	559	334
宁　夏	27687	445	619	4195	136	890	388
新　疆	69756	1449	836	6025	425	1427	1222

各地区按行业分法人单位数（二）

(2005年)　　　　单位：个

地　区	#信息传输、计算机服务和软件业	#批发和零售业	#住宿和餐饮业	#金融业	#房地产业	#租赁和商务服务业
全国总计	**85499**	**994953**	**101853**	**26828**	**148059**	**291498**
北　京	15116	82557	10798	635	10952	48509
天　津	1295	23966	1709	396	2438	5669
河　北	1660	29354	3047	1344	3207	4753
山　西	1262	24457	2402	494	2438	5569
内蒙古	548	12883	1641	568	1973	2569
辽　宁	2979	48958	4636	1952	6910	12965
吉　林	679	17283	1643	589	1773	3622
黑龙江	1075	21425	2126	621	3058	4240
上　海	8960	136552	7710	1040	12262	38052
江　苏	6649	86024	6120	951	10314	21458
浙　江	6884	64341	5481	1395	9079	21064
安　徽	2118	22577	3079	2932	4844	5312
福　建	2475	28725	2565	898	5556	8613
江　西	703	12534	2458	538	5065	3781
山　东	3952	68200	7023	1079	7042	13209
河　南	1712	28729	4549	1682	3611	6487
湖　北	1645	22575	2789	805	3943	6497
湖　南	1854	13268	2757	483	3848	4759
广　东	7867	106079	9045	1303	22253	34713
广　西	2721	16291	2056	1191	3644	5406
海　南	435	5472	880	152	1745	1739
重　庆	1271	14166	1658	675	3884	4490
四　川	5573	31065	4545	1823	6423	11278
贵　州	749	8959	1081	349	2656	2291
云　南	1358	13870	2354	547	2597	4106
西　藏	38	415	260	27	48	80
陕　西	1428	19442	3754	443	1967	3275
甘　肃	457	11867	1706	854	1448	2166
青　海	306	2436	467	385	560	683
宁　夏	460	6429	476	244	709	1055
新　疆	1270	14054	1038	433	1812	3088

各地区按行业分法人单位数（三）

(2005年) 单位：个

地区	#科学研究、技术服务和地质勘查业	#水利、环境和公共设施管理业	#居民服务和其他服务业	#教育	#卫生、社会保障和社会福利业	#文化、体育和娱乐业	#公共管理和社会组织
全国总计	**153076**	**46847**	**93947**	**305446**	**183760**	**69490**	**1252597**
北京	22483	1932	16948	6654	2433	8244	13486
天津	3759	793	4086	2525	995	821	8247
河北	2860	1058	1606	17620	6770	1670	71517
山西	3124	1388	1855	8009	4250	1961	47472
内蒙古	2075	1036	1057	4673	2929	1339	27866
辽宁	7167	2179	3646	9449	8450	2850	35155
吉林	2704	871	1469	4643	3194	1265	23199
黑龙江	3205	1292	1582	6512	3790	1408	30479
上海	12428	2161	13631	5213	2028	3805	11155
江苏	9384	3650	6972	12474	9611	4439	54179
浙江	9076	2813	3885	12224	6804	3980	66683
安徽	3248	1486	1994	21155	4865	1862	47082
福建	4716	1681	2460	10591	6201	2472	36914
江西	2965	1249	1054	8429	6069	1695	39081
山东	5174	1946	5291	14761	9476	2772	112488
河南	4199	1947	1912	16696	29745	2597	74346
湖北	5590	2310	2337	15277	5920	2580	54732
湖南	4443	2289	1153	10860	6032	2301	77511
广东	11711	3603	9441	28268	6876	4904	48222
广西	5083	1582	1124	17477	6204	2559	36974
海南	724	258	313	2434	659	436	5593
重庆	2490	933	1407	6473	3020	942	22761
四川	10571	2607	2938	16510	12730	4621	100170
贵州	1767	843	801	8747	3406	1138	35260
云南	3560	1576	1008	6275	3758	1944	32486
西藏	149	25	38	484	236	129	10582
陕西	2869	1488	1798	15587	20853	1814	48913
甘肃	2269	781	672	8767	2907	1249	36141
青海	643	213	197	950	689	342	10274
宁夏	614	195	333	1088	703	321	8387
新疆	2026	662	939	4621	2157	1030	25242

国民经济与社会发展总量指标（一）

指　　标	单　位	1978年	1997年	2002年	2005年	2006年
人口						
年底总人口	万人	96259	123626	128453	130756	131448
城镇人口	万人	17245	39449	50212	56212	57706
乡村人口	万人	79014	84177	78241	74544	73742
就业、失业和工资						
就业人员数	万人	40152	69820	73740	75825	76400
#职工人数	万人	9499	14668	10558	10850	11161
城镇登记失业人员	万人	530	577	770	839	847
职工工资总额	亿元	569	9405	13161	19790	23266
职工平均工资	元	615	6470	12422	18364	21001
国民经济核算						
国内生产总值	亿元	3645	78973	120333	183868	209407
第一产业	亿元	1028	14442	16537	23070	24700
第二产业	亿元	1745	37543	53897	87365	102004
第三产业	亿元	872	26988	49899	73433	82703
人均国内生产总值	元/人	381	6420	9398	14103	15973
支出法国内生产总值	亿元	3606	81659	120350	188692	220498
最终消费支出	亿元	2239	48141	71691	97823	110323
资本形成总额	亿元	1378	29968	45565	80646	94099
货物和服务净出口	亿元	-11	3550	3094	10223	16076
固定资产投资						
全社会固定资产投资总额	亿元		24941	43500	88774	109870
国有及其他经济	亿元		17661	30993	62913	76243
集体经济	亿元		3851	5987	11970	14830
个体经济	亿元		3429	6519	13891	18798
财政和金融						
国家财政收入	亿元	1132	8651	18904	31649	38731
国家财政支出	亿元	1122	9234	22053	33930	40213
金融机构人民币各项存款余额	亿元	1135	82390	170917	287170	335460
金融机构人民币各项贷款余额	亿元	1850	74914	131294	194690	225347
货币和准货币(M_2)	亿元		90995	185007	298756	345604
狭义货币(M_1)	亿元		34826	70882	107279	126035
流通中现金(M_0)	亿元	212	10178	17278	24032	27073
外汇储备	亿美元	1.7	1398.9	2864.1	8188.7	10663.0
主要农业、工业产品产量						
粮食	万吨	30477	49417	45706	48402	49748
油料	万吨	521.8	2157	2897	3077	3059
棉花	万吨	216.7	460.3	491.6	571.4	674.6
肉类	万吨		5269	6587	7743	8051
原煤	亿吨	6.18	13.73	14.55	22.05	23.82
原油	万吨	10405	16074	16700	18135	18368
发电量	亿千瓦小时	2566	11356	16540	25003	28344
粗钢	万吨	3178	10894	18237	35324	42266
汽车	万辆	14.9	158.3	325.1	570.5	727.9

国民经济与社会发展总量指标（二）

指　　标	单　位	1978年	1997年	2002年	2005年	2006年
建筑业						
建筑业企业房屋施工面积	万平方米		128680	215609	352745	399606
建筑业企业房屋竣工面积	万平方米		62244	110217	159406	164123
交通和邮电						
货物周转量	亿吨公里	9829	38385	50686	80258	88835
旅客周转量	亿人公里	1743	10055	14126	17467	19198
沿海主要港口货物吞吐量	万吨	19834	90822	166628	292777	342191
邮电业务总量	亿元	34	1773	5696	12029	15323
移动电话年末用户	万户		1323	20601	39341	46108
固定电话年末用户	万户	193	7031	21422	35045	36781
国内商业和对外贸易						
社会消费品零售总额	亿元	1559	31253	48136	67177	76410
货物进出口总额	亿美元	206.4	3251.6	6207.7	14219.1	17606.9
出口额	亿美元	97.5	1827.9	3256.0	7619.5	9690.7
进口额	亿美元	108.9	1423.7	2951.7	6599.5	7916.1
吸收外商投资						
实际使用外资额	亿美元		644.1	550.1	638.1	735.2
#外商直接投资	亿美元		452.6	527.4	603.3	694.7
旅游						
入境过夜旅游者人数	万人次	72	2377	3680	4681	4991
国内旅游人数	亿人次		6.4	8.8	12.1	13.9
国际旅游外汇收入	亿美元	2.6	120.7	203.9	293.0	339.5
国内旅游收入	亿元		2112.7	3878.4	5285.9	6229.7
教育、科技、文化、卫生						
在校学生数						
普通高等学校	万人	85.6	317.4	903.4	1561.8	1738.8
普通中学	万人	6548	6018	8288	8581	8452
普通小学	万人	14624	13995	12157	10864	10712
研究与试验发展经费支出	亿元		509	1288	2450	2943
技术市场成交额	亿元		351	884	1551	1818
图书总印数	亿册(张)	37.7	73.1	68.7	64.7	62.0
杂志总印数	亿册	7.6	24.4	29.5	27.6	30.0
报纸总印数	亿份	127.8	287.6	367.8	412.6	416.0
医院、卫生院数	个	64311	67479	63858	60397	60037
医生数	万人	103.3	198.5	184.4	193.8	199.5
医院、卫生院床位数	万张	184.7	286.9	290.7	313.5	327.1
城市公用事业						
年末供水综合生产能力	万立方米/日	2530	20566	23546	24720	
城市房屋集中供热面积	亿平方米		8.1	15.6	25.2	
年末污水处理能力	万立方米/日		3277	6153	7990	
年末城市道路长度	公里	26966	138610	191399	247015	

注：1.由于计算误差的影响，按支出法计算的国内生产总值不等于按生产法计算的国内生产总值。
2.本表价值量指标中，邮电业务总量2000年及以前按1990年不变价格计算，2001年起按2000年不变价格计算，其余按当年价格计算。
3.社会消费品零售总额1978年为社会商品零售总额，即包括农业生产资料零售额在内。

国民经济与社会发展速度指标（一）

指　　标	2006年为下列各年%				平均每年增长%		
	1978年	1997年	2002年	2005年	1979–2006年	1998–2006年	2003–2006年
人口							
年底总人口	136.6	106.3	102.3	100.5	1.1	0.7	0.6
城镇人口	334.6	146.3	114.9	102.7	4.4	4.3	3.5
乡村人口	93.3	87.6	94.2	98.9	-0.2	-1.5	-1.5
就业、失业和工资							
就业人员数	190.3	109.4	103.6	100.8	2.3	1.0	0.9
#职工人数	117.5	76.1	105.7	102.9	0.6	-3.0	1.4
城镇登记失业人员	159.8	146.8	110.0	101.0	1.7	4.4	2.4
职工工资总额	4089.6	247.4	176.8	117.6	14.2	10.6	15.3
职工平均工资	616.2	282.3	157.2	112.7	6.7	12.2	12.0
国民经济核算							
国内生产总值	1329.3	220.1	148.1	110.7	9.7	9.2	10.3
第一产业	352.8	138.8	120.4	105.0	4.6	3.7	4.8
第二产业	2027.0	241.5	157.3	112.5	11.3	10.3	12.0
第三产业	1710.6	232.6	146.9	110.3	10.7	9.8	10.1
人均国内生产总值	969.5	206.5	144.6	110.1	8.5	8.4	9.7
固定资产投资							
全社会固定资产投资总额		440.5	252.6	124.0		15.6	26.6
国有及其他经济		431.7	246.0	121.2		15.6	26.2
集体经济		385.1	247.7	123.9		13.7	26.7
个体经济		548.1	288.3	135.3		17.4	28.1
财政和金融							
国家财政收入	3420.5	447.7	204.9	122.4	13.4	18.1	19.6
国家财政支出	3583.7	435.5	182.3	118.5	13.6	17.8	16.2
金融机构人民币各项存款余额	29569.0	407.2	196.3	116.8	22.5	16.9	18.4
金融机构人民币各项贷款余额	12180.9	300.8	171.6	115.7	18.7	13.0	14.5
货币和准货币(M_2)		379.8	186.8	115.7		16.0	16.9
狭义货币(M_1)		361.9	177.8	117.5		15.4	15.5
流通中现金(M_0)	12770.1	266.0	156.7	112.7	18.9	11.5	11.9
外汇储备	638503	762.2	372.3	130.2	36.7	25.3	38.9
主要农业、工业产品产量							
粮食	163.2	100.7	108.8	102.8	1.8	0.1	2.1
油料	586.3	141.8	105.6	99.4	6.5	4.0	1.4
棉花	311.3	146.6	137.2	118.1	4.1	4.3	8.2
肉类		152.8	122.2	104.0		4.8	5.1
原煤	385.4	173.5	163.7	108.0	4.9	6.3	13.1
原油	176.5	114.3	110.0	101.3	2.1	1.5	2.4
发电量	1104.6	249.6	171.4	113.4	9.0	10.7	14.4
粗钢	1330.0	388.0	231.8	119.7	9.7	16.3	23.4
汽车	4881.9	460.0	223.9	127.6	14.9	18.5	22.3

国民经济与社会发展速度指标（二）

指　　标	2006年为下列各年%				平均每年增长%		
	1978年	1997年	2002年	2005年	1979-2006年	1998-2006年	2003-2006年
建筑业							
建筑业企业房屋施工面积		310.5	185.3	113.3		13.4	16.7
建筑业企业房屋竣工面积		263.7	148.9	103.0		11.4	10.5
交通和邮电							
货物周转量	903.8	231.4	175.3	110.7	8.2	9.8	15.1
旅客周转量	1101.4	190.9	135.9	109.9	8.9	7.5	8.0
沿海主要港口货物吞吐量	1725.3	376.8	205.4	116.9	10.7	15.9	19.7
邮电业务总量	60325	1159.7	269.0	127.4	25.7	31.3	28.1
移动电话年末用户		3484.4	223.8	117.2		48.4	22.3
固定电话年末用户	19103	523.1	171.7	105.0	20.6	20.2	14.5
国内商业和对外贸易							
社会消费品零售总额	4902.5	244.5	158.7	113.7	14.9	10.4	12.2
货物进出口总额	8530.5	541.5	283.6	123.8	17.2	20.6	29.8
出口额	9939.2	530.2	297.6	127.2	17.9	20.4	31.3
进口额	7269.1	556.0	268.2	119.9	16.5	21.0	28.0
吸收外商投资							
实际使用外资额		114.1	133.7	115.2		1.5	7.5
#外商直接投资		153.5	131.7	115.2		4.9	7.1
旅游							
入境过夜旅游者人数	6932.4	210.0	135.6	106.6	16.3	8.6	7.9
国内旅游人数		216.5	158.8	115.0		9.0	12.3
国际旅游外汇收入	12908	281.2	166.5	115.9	19.0	12.2	13.6
国内旅游收入		294.9	160.6	117.9		12.8	12.6
教育、科技、文化、卫生							
在校学生数							
普通高等学校	2031.3	547.8	192.5	111.3	11.4	20.8	17.8
普通中学	129.1	140.4	102.0	98.5	0.9	3.8	0.5
普通小学	73.2	76.5	88.1	98.6	-1.1	-2.9	-3.1
研究与试验发展经费支出		578.0	228.6	120.1		21.5	23.0
技术市场成交额		517.5	205.6	117.2		20.0	19.7
图书总印数	164.5	84.8	90.2	95.9	1.8	-1.8	-2.5
杂志总印数	394.7	123.0	101.7	108.7	5.0	2.3	0.4
报纸总印数	325.5	144.6	113.1	100.8	4.3	4.2	3.1
医院、卫生院数	93.4	89.0	94.0	99.4	-0.2	-1.3	-1.5
医生数	193.1	100.5	108.2	102.9	2.4	0.1	2.0
医院、卫生院床位数	177.1	114.0	112.5	104.3	2.1	1.5	3.0

注：本表价值量指标中，除国内生产总值、人均国内生产总值、邮电业务总量和平均工资按可比价格计算，其他按当年价格计算；平均每年增长速度除固定资产投资额按累计法计算外，其他按水平法计算。

国民经济与社会发展结构指标

单位：%

指　　标	1978年	1997年	2002年	2005年	2006年
总人口	**100**	**100**	**100**	**100**	**100**
城镇	17.9	31.9	39.1	43.0	43.9
乡村	82.1	68.1	60.9	57.0	56.1
就业人员	**100**	**100**	**100**	**100**	**100**
第一产业	70.5	49.9	50.0	44.8	42.6
第二产业	17.3	23.7	21.4	23.8	25.2
第三产业	12.2	26.4	28.6	31.4	32.2
国内生产总值	**100**	**100**	**100**	**100**	**100**
第一产业	28.2	18.3	13.7	12.5	11.8
第二产业	47.9	47.5	44.8	47.5	48.7
第三产业	23.9	34.2	41.5	40.0	39.5
固定资产投资总额	**100**	**100**	**100**	**100**	**100**
国有及其他经济		70.8	71.2	70.9	69.4
集体经济		15.4	13.8	13.5	13.5
个体经济		13.8	15.0	15.6	17.1
财政收入	**100**	**100**	**100**	**100**	**100**
中央	15.5	48.9	55.0	52.3	52.8
地方	84.5	51.1	45.0	47.7	47.2
财政支出	**100**	**100**	**100**	**100**	**100**
中央	47.4	27.4	30.7	25.9	24.8
地方	52.6	72.6	69.3	74.1	75.2
农林牧渔业产值	**100**	**100**	**100**	**100**	**100**
农业	80.0	58.2	54.5	49.7	50.8
林业	3.4	3.4	3.8	3.6	3.8
牧业	15.0	28.7	30.9	33.7	32.2
渔业	1.6	9.6	10.8	10.2	10.4
农林牧渔服务业				2.8	2.8
规模以上工业增加值	**100**	**100**	**100**	**100**	**100**
轻工业			37.4	31.4	30.5
重工业			62.6	68.6	69.5
社会消费品零售总额	**100**	**100**	**100**	**100**	**100**
市	32.4	59.2	65.2	67.1	67.5
县	24.4	12.8	11.6	11.1	11.1
县以下	43.2	28.0	23.3	21.7	21.4
货物进出口总额	**100**	**100**	**100**	**100**	**100**
出口总额	47.2	56.2	52.5	53.6	55.0
进口总额	52.8	43.8	47.5	46.4	45.0
在校学生数	**100**	**100**	**100**	**100**	**100**
大学生	0.4	1.6	4.2	7.4	8.3
中学生	30.8	29.6	38.8	40.8	40.4
小学生	68.8	68.8	56.9	51.7	51.2
卫生技术人员数	**100**	**100**	**100**	**100**	**100**
医生	41.9	45.1	43.2	43.5	43.1
护师、护士	16.5	27.2	29.2	30.3	30.8
其他	41.6	27.6	27.6	26.3	26.0

东、中、西、东北地区主要经济指标(一)

(2006年)

指　　标	单位	东　部 10省市 合计或 平　均	东部10省市 合计占全国 的比重(%)	中部6省 合计或 平　均	中部6省 合计占全国 的比重(%)
国民核算					
国内(地区)生产总值	亿元	127535.3	55.6	42961.6	18.7
第一产业	亿元	9323.8	37.7	6611.2	26.7
第二产业	亿元	66579.7	57.7	20967.1	18.2
第三产业	亿元	51631.8	57.7	15383.3	17.2
农业					
主要农产品产量					
粮食	万吨	13315.7	26.8	15714.9	31.6
棉花	万吨	216.9	32.2	214.8	31.8
油料	万吨	896.2	29.3	1268.0	41.4
工业					
主要工业产品产量					
原煤	万吨	28091.2	11.8	95752.9	40.2
原油	万吨	6867.8	37.4	571.8	3.1
发电量	亿千瓦小时	12270.4	44.5	6187.5	22.5
粗钢	万吨	22844.8	54.6	8985.9	21.5
钢材	万吨	27413.8	58.7	8830.3	18.9
建筑业					
建筑业总产值	亿元	23926.2	58.4	7366.2	18.0
国内贸易					
社会消费品零售总额	亿元	42591.4	54.4	15197.5	19.4
对外贸易					
货物进出口总额	亿美元	15798.1	89.7	540.5	3.1
出口总额	亿美元	8624.2	89.0	327.8	3.4
进口总额	亿美元	7173.8	90.6	212.7	2.7
固定资产投资					
全社会固定资产投资额	亿元	54546.5	50.6	20905.2	19.4
物价总水平					
居民消费价格指数	上年=100	101.3		101.5	
商品零售价格指数	上年=100	100.8		101.1	

注：东部10省市和中部6省合计占全国的比重以全国各地区合计数为100计算。

东、中、西、东北地区主要经济指标(二)

(2006年)

指　　标	单位	西部12省区市合计或平均	西部12省区市合计占全国的比重(%)	东北3省合计或平均	东北3省合计占全国的比重(%)
国民核算					
国内(地区)生产总值	亿元	39301.3	17.1	19723.1	8.6
第一产业	亿元	6404.5	25.9	2396.4	9.7
第二产业	亿元	17741.8	15.4	10004.8	8.7
第三产业	亿元	15155.0	16.9	7321.9	8.2
农业					
主要农产品产量					
粮食	万吨	12925.9	26.0	7791.4	15.7
棉花	万吨	242.4	35.9	0.5	0.1
油料	万吨	735.6	24.0	159.6	5.2
工业					
主要工业产品产量					
原煤	万吨	93748.0	39.4	20581.9	8.6
原油	万吨	4789.7	26.1	6138.3	33.4
发电量	亿千瓦小时	7012.4	25.4	2087.2	7.6
粗钢	万吨	5400.3	12.9	4647.1	11.1
钢材	万吨	5581.5	12.0	4859.8	10.4
建筑业					
建筑业总产值	亿元	6530.7	15.9	3152.3	7.7
国内贸易					
社会消费品零售总额	亿元	13335.9	17.0	7108.1	9.1
对外贸易					
货物进出口总额	亿美元	576.7	3.3	691.6	3.9
出口总额	亿美元	341.2	3.5	397.5	4.1
进口总额	亿美元	235.5	3.0	294.1	3.7
固定资产投资					
固定资产投资额	亿元	21916.1	20.3	10520.0	9.8
物价总水平					
居民消费价格指数	上年=100	101.7		101.5	
商品零售价格指数	上年=100	101.2		101.4	

注：西部12省区市和东北3省合计占全国的比重以全国各地区合计数为100计算。

人均主要农业产品产量

单位：公斤

年 份	粮食	棉花	油料	糖料	水产品	水果
1978	319	2.3	5.5	24.9	4.9	6.9
1980	327	2.8	7.8	29.7	4.6	6.9
1985	361	3.9	15.0	57.5	6.7	11.1
1989	364	3.4	11.6	51.9	10.3	16.4
1990	393	4.0	14.2	63.6	10.9	16.5
1991	378	4.9	14.2	73.2	11.7	18.9
1992	380	3.9	14.1	75.6	13.4	20.9
1993	387	3.2	15.3	64.7	15.5	25.6
1994	374	3.6	16.7	61.6	18.0	29.4
1995	387	4.0	18.7	65.9	20.9	35.0
1996	414	3.5	18.2	68.7	23.1	38.2
1997	402	3.7	17.5	76.3	29.3	41.4
1998	412	3.6	18.6	78.8	31.4	43.9
1999	406	3.1	20.7	66.5	32.9	49.8
2000	366	3.5	23.4	60.5	33.9	49.3
2001	356	4.2	22.5	68.1	34.4	52.3
2002	357	3.8	22.6	80.4	35.6	54.3
2003	334	3.8	21.8	74.8	36.5	112.7
2004	362	4.9	23.7	73.8	37.8	118.4
2005	371	4.4	23.6	72.5	39.2	123.6
2006	379	5.1	23.3	84.1	40.0	131.7

注：本表计算中所使用的人口数字为年平均人口数（下表同）；2003年起水果产量含果用瓜。

人均主要工业产品产量

年 份	布（米）	原煤（吨）	原油（公斤）	发电量（千瓦小时）	粗钢（公斤）	水泥（公斤）
1978	11.5	0.7	109	268	33.2	68.2
1980	13.7	0.6	108	306	37.8	81.4
1985	14.0	0.8	119	391	44.5	138.9
1989	16.9	0.9	123	523	55.1	188.0
1990	16.6	1.0	122	547	58.4	184.7
1991	15.8	0.9	123	589	61.7	219.5
1992	16.4	1.0	122	647	69.5	264.6
1993	17.2	1.0	123	712	76.0	312.2
1994	17.7	1.0	123	779	77.7	353.4
1995	21.6	1.1	125	836	79.2	394.7
1996	17.2	1.2	129	888	83.2	403.4
1997	20.2	1.1	131	923	88.6	416.0
1998	19.4	1.0	130	939	93.1	431.6
1999	19.9	1.0	128	989	99.1	457.4
2000	21.9	1.0	129	1074	101.8	472.8
2001	22.8	1.1	129	1164	119.2	519.7
2002	25.2	1.1	130	1292	142.4	566.2
2003	27.4	1.3	132	1483	172.6	669.1
2004	37.2	1.5	136	1700	218.3	746.1
2005	37.2	1.7	139	1918	270.9	819.8
2006	42.0	1.8	140	2162	322.4	942.0

国民经济核算指标

指标	单位	1990年	1995年	2000年	2005年	2006年
绝对数						
国民总收入	亿元	18718.3	59810.5	98000.5	184739.1	210363.8
国内生产总值	亿元	18667.8	60793.7	99214.6	183867.9	209406.8
第一产业	亿元	5062.0	12135.8	14944.7	23070.4	24700.0
第二产业	亿元	7717.4	28679.4	45555.9	87364.6	102004.0
工业	亿元	6858.0	24950.6	40033.6	77230.8	90351.5
建筑业	亿元	859.4	3728.8	5522.3	10133.8	11652.5
第三产业	亿元	5888.4	19978.5	38714.0	73432.9	82702.8
#交通运输、仓储和邮政业	亿元	1167.0	3244.3	6161.0	10835.7	12032.4
批发和零售业	亿元	1268.9	4778.6	8158.6	13534.5	14915.9
人均国内生产总值	元	1644	5046	7858	14103	15973
支出法国内生产总值	亿元	19347.8	63216.9	98749.0	188692.1	220498.2
最终消费支出	亿元	12090.5	36748.2	61516.0	97822.7	110323.4
居民消费支出	亿元	9450.9	28369.7	45854.6	71217.5	80156.5
政府消费支出	亿元	2639.6	8378.5	15661.4	26605.2	30166.9
资本形成总额	亿元	6747.0	25470.1	34842.8	80646.3	94098.7
固定资本形成	亿元	4827.8	20885.0	33844.4	77304.8	90281.7
存货增加	亿元	1919.2	4585.1	998.4	3341.5	3817.0
货物和服务净出口	亿元	510.3	998.6	2390.2	10223.1	16076.1
指数(1978年=100)						
国民总收入指数		282.5	494.2	750.6	1206.5	1335.4
国内生产总值指数		281.7	502.3	759.9	1200.8	1329.3
第一产业		190.7	233.7	277.0	336.0	352.8
第二产业		304.1	677.7	1081.8	1801.6	2027.0
工业		304.9	688.2	1118.3	1874.7	2109.5
建筑业		298.8	597.4	799.1	1266.9	1424.0
第三产业		362.1	606.9	956.1	1550.4	1710.6
#交通运输、仓储和邮政业		290.7	479.4	783.0	1233.7	1336.5
批发和零售业		328.8	485.9	720.7	1080.6	1173.2
人均国内生产总值指数		237.3	398.6	575.5	880.7	969.5
构成						
支出法国内生产总值=100						
最终消费率	%	62.5	58.1	62.3	51.8	50.0
资本形成率	%	34.9	40.3	35.3	42.7	42.7
资本形成总额=100						
固定资本形成	%	71.6	82.0	97.1	95.9	95.9
存货增加	%	28.4	18.0	2.9	4.1	4.1
最终消费支出=100						
居民消费支出	%	78.2	77.2	74.5	72.8	72.7
政府消费支出	%	21.8	22.8	25.5	27.2	27.3

注：1.绝对数和构成按当年价格计算，指数按可比价格计算。
2.最终消费率=最终消费支出÷支出法国内生产总值×100%；
资本形成率=资本形成总额÷支出法国内生产总值×100%。

国民总收入和国内生产总值（一）

年份	国民总收入(亿元)	国内生产总值(亿元)	第一产业	第二产业	工业
1978	3645.2	3645.2	1027.5	1745.2	1607.0
1979	4062.6	4062.6	1270.2	1913.5	1769.7
1980	4545.6	4545.6	1371.6	2192.0	1996.5
“六五”时期	**32490.0**	**32401.7**	**10195.7**	**14257.0**	**12824.0**
1981	4889.5	4891.6	1559.5	2255.5	2048.4
1982	5330.5	5323.4	1777.4	2383.0	2162.3
1983	5985.6	5962.7	1978.4	2646.2	2375.6
1984	7243.8	7208.1	2316.1	3105.7	2789.0
1985	9040.7	9016.0	2564.4	3866.6	3448.7
“七五”时期	**73081.1**	**73036.8**	**19215.0**	**31326.9**	**27672.0**
1986	10274.4	10275.2	2788.7	4492.7	3967.0
1987	12050.6	12058.6	3233.0	5251.6	4585.8
1988	15036.8	15042.8	3865.4	6587.2	5777.2
1989	17000.9	16992.3	4265.9	7278.0	6484.0
1990	18718.3	18667.8	5062.0	7717.4	6858.0
“八五”时期	**191942.5**	**193030.5**	**39881.1**	**88381.0**	**76990.9**
1991	21826.2	21781.5	5342.2	9102.2	8087.1
1992	26937.3	26923.5	5866.6	11699.5	10284.5
1993	35260.0	35333.9	6963.8	16454.4	14188.0
1994	48108.5	48197.9	9572.7	22445.4	19480.7
1995	59810.5	60793.7	12135.8	28679.5	24950.6
“九五”时期	**417009.3**	**423443.5**	**72989.7**	**196971.6**	**172282.5**
1996	70142.5	71176.6	14015.4	33835.0	29447.6
1997	77653.1	78973.0	14441.9	37543.0	32921.4
1998	83024.3	84402.3	14817.6	39004.2	34018.4
1999	88189.0	89677.1	14770.0	41033.6	35861.5
2000	98000.5	99214.6	14944.7	45555.9	40033.6
“十五”时期	**706663.7**	**709556.8**	**94183.2**	**327114.3**	**288398.3**
2001	108068.2	109655.2	15781.3	49512.3	43580.6
2002	119095.7	120332.7	16537.0	53896.8	47431.3
2003	135174.0	135822.8	17381.7	62436.3	54945.5
2004	159586.7	159878.3	21412.7	73904.3	65210.0
2005	184739.1	183867.9	23070.4	87364.6	77230.8
“十一五”时期					
2006	210363.8	209406.8	24700.0	102004.0	90351.5

注：本表按当年价格计算。

国民总收入和国内生产总值（二）

年　　份	建筑业	第三产业	#交通运输、仓储和邮政业	#批发和零售业	人均国内生产总值（元）
1978	138.2	872.5	182.0	242.3	381
1979	143.8	878.9	193.7	200.9	419
1980	195.5	982.0	213.4	193.8	463
“六五”时期	**1433.0**	**7948.9**	**1502.7**	**1767.0**	**631**
1981	207.1	1076.6	220.7	231.1	492
1982	220.7	1163.0	246.9	171.4	528
1983	270.6	1338.1	274.9	198.7	583
1984	316.7	1786.3	338.5	363.5	695
1985	417.9	2585.0	421.7	802.4	858
“七五”时期	**3654.9**	**22494.8**	**3732.7**	**6200.7**	**1321**
1986	525.7	2993.8	498.8	852.6	963
1987	665.8	3574.0	568.3	1059.6	1112
1988	810.0	4590.3	685.7	1483.4	1366
1989	794.0	5448.4	812.7	1536.2	1519
1990	859.4	5888.4	1167.0	1268.9	1644
“八五”时期	**11390.1**	**64768.4**	**11315.5**	**15608.2**	**3258**
1991	1015.1	7337.1	1420.3	1834.6	1893
1992	1415.0	9357.4	1689.0	2405.0	2311
1993	2266.5	11915.7	2174.0	2816.6	2998
1994	2964.7	16179.8	2787.9	3773.4	4044
1995	3728.8	19978.5	3244.3	4778.6	5046
“九五”时期	**24689.1**	**153482.3**	**23927.7**	**34490.0**	**6816**
1996	4387.4	23326.2	3782.2	5599.7	5846
1997	4621.6	26988.1	4148.6	6327.4	6420
1998	4985.8	30580.5	4660.9	6913.2	6796
1999	5172.1	33873.4	5175.2	7491.1	7159
2000	5522.3	38714.0	6161.0	8158.6	7858
“十五”时期	**38716.0**	**288259.4**	**42416.5**	**56272.6**	**11000**
2001	5931.7	44361.6	6870.3	9119.4	8622
2002	6465.5	49898.9	7492.9	9995.4	9398
2003	7490.8	56004.7	7913.2	11169.5	10542
2004	8694.3	64561.3	9304.4	12453.8	12336
2005	10133.8	73432.9	10835.7	13534.5	14103
“十一五”时期					
2006	11652.6	82702.8	12032.4	14915.9	15973

注：各时期人均国内生产总值为该时期各年的平均数。

国内生产总值构成

(国内生产总值=100)

年份	第一产业	第二产业	工业	建筑业	第三产业	#交通运输、仓储和邮政业	#批发和零售业
1978	28.2	47.9	44.1	3.8	23.9	5.0	6.6
1979	31.3	47.1	43.6	3.5	21.6	4.8	4.9
1980	30.2	48.2	43.9	4.3	21.6	4.7	4.3
1981	31.9	46.1	41.9	4.2	22.0	4.5	4.7
1982	33.4	44.8	40.6	4.2	21.8	4.6	3.2
1983	33.2	44.4	39.9	4.5	22.4	4.6	3.3
1984	32.1	43.1	38.7	4.4	24.8	4.8	5.0
1985	28.4	42.9	38.3	4.6	28.7	4.7	8.9
1986	27.2	43.7	38.6	5.1	29.1	4.9	8.3
1987	26.8	43.6	38.0	5.5	29.6	4.7	8.8
1988	25.7	43.8	38.4	5.4	30.5	4.6	9.9
1989	25.1	42.9	38.2	4.7	32.0	4.8	9.0
1990	27.1	41.3	36.7	4.6	31.6	6.3	6.8
1991	24.5	41.8	37.1	4.7	33.7	6.5	8.4
1992	21.8	43.4	38.2	5.3	34.8	6.3	8.9
1993	19.7	46.6	40.2	6.4	33.7	6.2	8.0
1994	19.8	46.6	40.4	6.2	33.6	5.8	7.8
1995	19.9	47.2	41.1	6.1	32.9	5.3	7.9
1996	19.7	47.5	41.4	6.1	32.8	5.3	7.9
1997	18.3	47.5	41.7	5.8	34.2	5.3	8.0
1998	17.6	46.2	40.3	5.9	36.2	5.5	8.2
1999	16.5	45.8	40.0	5.8	37.7	5.8	8.4
2000	15.1	45.9	40.3	5.6	39.0	6.2	8.2
2001	14.4	45.1	39.7	5.4	40.5	6.3	8.3
2002	13.7	44.8	39.4	5.4	41.5	6.2	8.3
2003	12.8	46.0	40.5	5.5	41.2	5.8	8.2
2004	13.4	46.2	40.8	5.4	40.4	5.8	7.8
2005	12.5	47.5	42.0	5.5	40.0	5.9	7.4
2006	11.8	48.7	43.1	5.6	39.5	5.7	7.1

注：本表按当年价格计算。

国内生产总值指数(一)

(上年=100)

年 份	国 民 总收入	国内 生产 总值	第一 产业	第二 产业	工业	建筑业	第三 产业	#交通 运输、 仓储和 邮政业	#批发 和 零售业	人均国 内生产 总 值
1978	111.7	111.7	104.1	115.0	116.4	99.4	113.8	108.9	123.1	110.2
1979	107.6	107.6	106.1	108.2	108.7	102.0	107.9	108.3	108.7	106.1
1980	107.8	107.8	98.5	113.6	112.7	126.7	106.0	104.3	98.1	106.5
1981	105.2	105.2	107.0	101.9	101.7	103.2	110.4	101.9	129.5	103.9
1982	109.2	109.1	111.5	105.6	105.8	103.4	113.0	111.4	99.3	107.5
1983	111.1	110.9	108.3	110.4	109.7	117.1	115.2	109.5	121.2	109.3
1984	115.3	115.2	112.9	114.5	114.9	110.9	119.3	114.9	124.7	113.7
1985	113.2	113.5	101.8	118.6	118.2	122.2	118.2	113.8	133.5	111.9
1986	108.5	108.8	103.3	110.2	109.6	115.9	112.0	113.9	109.4	107.2
1987	111.5	111.6	104.7	113.7	113.2	117.9	114.4	109.6	114.7	109.8
1988	111.3	111.3	102.5	114.5	115.3	108.0	113.2	112.5	111.8	109.5
1989	104.2	104.1	103.1	103.8	105.1	91.6	105.4	104.2	89.3	102.5
1990	104.1	103.8	107.3	103.2	103.4	101.2	102.3	108.3	94.7	102.3
1991	109.1	109.2	102.4	113.9	114.4	109.6	108.9	110.6	105.2	107.7
1992	114.1	114.2	104.7	121.2	121.2	121.0	112.4	110.1	110.5	112.8
1993	113.7	114.0	104.7	119.9	120.1	118.0	112.2	112.5	108.6	112.7
1994	113.1	113.1	104.0	118.4	118.9	113.7	111.1	108.5	108.2	111.8
1995	109.3	110.9	105.0	113.9	114.0	112.4	109.8	111.0	108.2	109.7
1996	110.2	110.0	105.1	112.1	112.5	108.5	109.4	111.0	107.6	108.9
1997	109.1	109.3	103.5	110.5	111.3	102.6	110.7	109.2	108.8	108.2
1998	107.9	107.8	103.5	108.9	108.9	109.0	108.4	110.6	106.5	106.8
1999	107.6	107.6	102.8	108.1	108.5	104.3	109.3	112.2	108.7	106.7
2000	108.9	108.4	102.4	109.4	109.8	105.7	109.7	108.6	109.4	107.6
2001	108.1	108.3	102.8	108.4	108.7	106.8	110.3	108.8	109.1	107.5
2002	109.5	109.1	102.9	109.8	110.0	108.8	110.4	107.1	108.8	108.4
2003	110.6	110.0	102.5	112.7	112.8	112.1	109.5	106.1	109.9	109.3
2004	110.4	110.1	106.3	111.1	111.5	108.1	110.1	114.5	106.6	109.4
2005	111.2	110.4	105.2	111.7	111.6	112.6	110.5	111.3	107.8	109.8
2006	110.7	110.7	105.0	112.5	112.5	112.4	110.3	108.3	108.6	110.1

注：本表按可比价格计算。

国内生产总值指数（二）

(1978年=100)

年份	国民总收入	国内生产总值	第一产业	第二产业	工业
1978	100.0	100.0	100.0	100.0	100.0
1979	107.6	107.6	106.1	108.2	108.7
1980	116.0	116.0	104.6	122.9	122.4
1981	122.0	122.1	111.9	125.2	124.5
1982	133.3	133.1	124.8	132.1	131.7
1983	148.2	147.6	135.1	145.8	144.5
1984	170.8	170.0	152.6	166.9	166.0
1985	193.4	192.9	155.4	197.9	196.2
1986	209.9	210.0	160.5	218.2	215.2
1987	234.1	234.3	168.1	248.1	243.6
1988	260.6	260.7	172.3	284.1	280.8
1989	271.4	271.3	177.6	294.8	295.0
1990	282.5	281.7	190.7	304.1	304.9
1991	308.2	307.6	195.2	346.3	348.8
1992	351.5	351.4	204.4	419.5	422.6
1993	399.6	400.4	214.0	502.8	507.5
1994	452.0	452.8	222.6	595.2	603.5
1995	494.2	502.3	233.7	677.7	688.2
1996	544.5	552.6	245.6	759.8	774.3
1997	593.8	603.9	254.2	839.4	861.9
1998	640.6	651.2	263.1	914.2	938.6
1999	689.2	700.9	270.5	988.6	1018.6
2000	750.6	759.9	277.0	1081.8	1118.3
2001	811.1	823.0	284.8	1173.1	1215.2
2002	888.5	897.8	293.0	1288.4	1336.4
2003	983.1	987.8	300.3	1451.7	1506.8
2004	1085.4	1087.4	319.3	1613.0	1680.2
2005	1206.5	1200.8	336.0	1801.6	1874.7
2006	1335.4	1329.3	352.8	2027.0	2109.5
平均每年增长(%)					
1979-2006年	9.7	9.7	4.6	11.3	11.5
1998-2006年	9.4	9.2	3.7	10.3	10.5
2003-2006年	10.7	10.3	4.7	12.0	12.1

注：本表按可比价格计算。

国内生产总值指数（三）

(1978年=100)

年　　份	建筑业	第三产业	#交通运输、仓储和邮政业	#批发和零售业	人均国内生产总值
1978	100.0	100.0	100.0	100.0	100.0
1979	102.0	107.9	108.3	108.7	106.1
1980	129.2	114.3	112.9	106.7	113.0
1981	133.3	126.2	115.0	138.2	117.5
1982	137.9	142.6	128.1	137.2	126.2
1983	161.4	164.3	140.2	166.3	137.9
1984	179.0	196.0	161.1	207.4	156.8
1985	218.7	231.7	183.3	277.0	175.5
1986	253.4	259.6	208.8	303.2	188.2
1987	298.7	296.8	228.9	347.8	206.6
1988	322.5	335.9	257.5	388.7	226.3
1989	295.3	353.9	268.3	347.1	231.9
1990	298.8	362.1	290.7	328.8	237.3
1991	327.4	394.3	321.4	345.8	255.6
1992	396.2	443.3	353.7	382.2	288.4
1993	467.5	497.4	398.1	414.9	324.9
1994	531.5	552.5	432.0	448.9	363.3
1995	597.4	606.9	479.4	485.9	398.6
1996	648.2	664.1	532.4	523.0	433.9
1997	665.2	735.3	581.3	568.8	469.4
1998	725.2	796.8	642.9	605.9	501.4
1999	756.2	871.2	721.2	658.6	534.9
2000	799.1	956.1	783.0	720.7	575.5
2001	853.3	1054.2	852.0	786.2	618.7
2002	928.3	1164.2	912.7	855.5	670.4
2003	1040.4	1274.9	968.6	940.5	733.1
2004	1125.0	1403.1	1108.9	1002.2	802.2
2005	1266.9	1550.4	1233.7	1080.6	880.7
2006	1424.0	1710.6	1336.5	1173.2	969.5
平均每年增长(%)					
1979-2006年	10.0	10.7	9.7	9.2	8.5
1998-2006年	8.8	9.8	9.7	8.4	8.4
2003-2006年	11.3	10.1	10.0	8.2	9.7

注：本表按可比价格计算。

三次产业贡献率

单位：%

年 份	国内生产总值	第一产业	第二产业	#工 业	第三产业
1990	100.0	41.7	41.0	39.7	17.3
1991	100.0	7.1	62.8	58.0	30.1
1992	100.0	8.4	64.5	57.6	27.1
1993	100.0	7.9	65.5	59.1	26.6
1994	100.0	6.6	67.9	62.6	25.5
1995	100.0	9.1	64.3	58.5	26.6
1996	100.0	9.6	62.9	58.5	27.5
1997	100.0	6.8	59.7	58.3	33.5
1998	100.0	7.6	60.9	55.4	31.5
1999	100.0	6.0	57.8	55.0	36.2
2000	100.0	4.4	60.8	57.6	34.8
2001	100.0	5.1	46.7	42.1	48.2
2002	100.0	4.6	49.7	44.4	45.7
2003	100.0	3.4	58.5	51.9	38.1
2004	100.0	7.8	52.2	47.7	40.0
2005	100.0	6.1	53.6	47.0	40.3
2006	100.0	5.9	55.5	49.2	38.6

注：本表按可比价格计算。产业贡献率指各产业增加值增量与国内生产总值增量之比。

三次产业对国内生产总值增长的拉动

单位：百分点

年 份	国内生产总值	第一产业	第二产业	#工 业	第三产业
1990	3.8	1.6	1.6	1.5	0.6
1991	9.2	0.6	5.8	5.3	2.8
1992	14.2	1.2	9.2	8.2	3.8
1993	14.0	1.1	9.2	8.3	3.7
1994	13.1	0.9	8.9	8.2	3.3
1995	10.9	1.0	7.0	6.4	2.9
1996	10.0	1.0	6.3	5.9	2.7
1997	9.3	0.6	5.6	5.4	3.1
1998	7.8	0.6	4.8	4.3	2.4
1999	7.6	0.4	4.4	4.2	2.8
2000	8.4	0.4	5.1	4.9	2.9
2001	8.3	0.4	3.9	3.5	4.0
2002	9.1	0.4	4.5	4.0	4.2
2003	10.0	0.3	5.9	5.2	3.8
2004	10.1	0.8	5.3	4.8	4.0
2005	10.4	0.6	5.6	4.9	4.2
2006	10.7	0.6	6.0	5.3	4.1

注：本表按可比价格计算。产业拉动指GDP增长速度与各产业贡献率之乘积。

地区生产总值

单位：亿元

地　区	2000年	2001年	2002年	2003年	2004年	2005年	2006年
北　京	3161.0	3710.5	4330.4	5023.8	6060.3	6886.3	7720.3
天　津	1701.9	1919.1	2150.8	2578.0	3111.0	3697.6	4337.7
河　北	5044.0	5516.8	6018.3	6921.3	8477.6	10096.1	11613.7
山　西	1845.7	2029.5	2324.8	2855.2	3571.4	4179.5	4746.5
内蒙古	1539.1	1713.8	1940.9	2388.4	3041.1	3895.6	4790.0
辽　宁	4669.1	5033.1	5458.2	6002.5	6672.0	8009.0	9257.1
吉　林	1951.5	2120.4	2348.5	2662.1	3122.0	3620.3	4249.2
黑龙江	3151.4	3390.1	3637.2	4057.4	4750.6	5511.5	6216.8
上　海	4771.2	5210.1	5741.0	6694.2	8072.8	9154.2	10297.0
江　苏	8553.7	9456.8	10606.9	12442.9	15003.6	18305.7	21548.4
浙　江	6141.0	6898.3	8003.7	9705.0	11648.7	13437.9	15648.9
安　徽	2902.1	3246.7	3519.7	3923.1	4759.3	5375.1	6141.9
福　建	3764.5	4072.9	4467.6	4983.7	5763.4	6568.9	7501.6
江　西	2003.1	2175.7	2450.5	2807.4	3456.7	4056.8	4618.8
山　东	8337.5	9195.0	10275.5	12078.1	15021.8	18516.9	21846.7
河　南	5053.0	5533.0	6035.5	6867.7	8553.8	10587.4	12464.1
湖　北	3545.4	3880.5	4212.8	4757.5	5633.2	6520.1	7497.2
湖　南	3551.5	3831.9	4151.5	4660.0	5641.9	6511.3	7493.2
广　东	10741.3	12039.3	13502.4	15844.6	18864.6	22366.5	25968.6
广　西	2080.0	2279.3	2523.7	2821.1	3433.5	4075.7	4802.0
海　南	526.8	558.4	622.0	693.2	798.9	894.6	1052.4
重　庆	1603.2	1765.7	1990.0	2272.8	2692.8	3070.5	3486.2
四　川	3928.2	4293.5	4725.0	5333.1	6379.6	7385.1	8637.8
贵　州	1029.9	1133.3	1243.4	1426.3	1677.8	1979.1	2267.4
云　南	2011.2	2138.3	2312.8	2556.0	3081.9	3472.9	4001.9
西　藏	123.5	146.0	166.6	189.1	220.3	251.2	290.1
陕　西	1804.0	2010.6	2253.4	2587.7	3175.6	3675.7	4383.9
甘　肃	1052.9	1125.4	1232.0	1399.8	1688.5	1934.0	2275.0
青　海	263.7	300.1	340.6	390.2	466.1	543.3	641.1
宁　夏	295.0	337.4	377.2	445.4	537.1	606.1	707.0
新　疆	1363.6	1491.6	1612.7	1886.4	2209.1	2604.2	3019.0

注：本表按当年价格计算。

地区生产总值指数

(上年=100)

地 区	2000年	2001年	2002年	2003年	2004年	2005年	2006年
北 京	111.8	111.7	111.5	111.0	114.1	111.8	112.0
天 津	110.8	112.0	112.7	114.8	115.8	114.7	114.4
河 北	109.5	108.7	109.6	111.6	112.9	113.4	113.2
山 西	109.4	110.1	112.9	114.9	115.2	112.6	111.8
内蒙古	110.8	110.7	113.2	117.9	120.5	123.8	118.0
辽 宁	108.9	109.0	110.2	111.5	112.8	112.3	113.8
吉 林	109.2	109.3	109.5	110.2	112.2	112.1	115.0
黑龙江	108.2	109.3	110.2	110.2	111.7	111.6	112.0
上 海	111.0	110.5	111.3	112.3	114.2	111.1	112.0
江 苏	110.6	110.2	111.7	113.6	114.8	114.5	114.9
浙 江	111.0	110.6	112.6	114.7	114.5	112.8	113.6
安 徽	108.3	108.9	109.6	109.4	113.3	111.6	112.9
福 建	109.3	108.7	110.2	111.5	111.8	111.6	113.4
江 西	108.0	108.8	110.5	113.0	113.2	112.8	112.3
山 东	110.3	110.0	111.7	113.4	115.4	115.2	114.7
河 南	109.5	109.0	109.5	110.7	113.7	114.2	114.1
湖 北	108.6	108.9	109.2	109.7	111.2	112.1	112.1
湖 南	109.0	109.0	109.0	109.6	112.1	111.6	112.1
广 东	111.5	110.5	112.4	114.8	114.8	113.8	114.1
广 西	107.9	108.3	110.6	110.2	111.8	113.2	113.5
海 南	109.0	109.1	109.6	110.6	110.7	110.2	112.5
重 庆	108.5	109.0	110.2	111.5	112.2	111.5	112.2
四 川	108.5	109.0	110.3	111.3	112.7	112.6	113.3
贵 州	108.4	108.8	109.1	110.1	111.4	111.6	111.5
云 南	107.5	106.8	109.0	108.8	111.3	109.0	111.9
西 藏	110.4	112.7	112.9	112.0	112.1	112.1	113.4
陕 西	110.4	109.8	111.1	111.8	112.9	112.6	112.7
甘 肃	109.7	109.8	109.9	110.7	111.5	111.8	111.4
青 海	108.9	111.7	112.1	111.9	112.3	112.2	112.2
宁 夏	110.2	110.1	110.2	112.7	111.2	110.9	112.5
新 疆	108.7	108.6	108.2	111.2	111.4	110.9	111.0

注：本表按可比价格计算。

人均地区生产总值

单位：元

地　区	2000年	2001年	2002年	2003年	2004年	2005年	2006年
北　京	24122	26998	30840	34892	41099	45444	49505
天　津	17353	19141	21387	25544	30575	35783	40961
河　北	7592	8251	8960	10251	12487	14782	16894
山　西	5722	6226	7082	8642	10742	12495	14106
内蒙古	6502	7216	8162	10039	12767	16331	20047
辽　宁	11177	12015	13000	14270	15835	18983	21802
吉　林	7351	7893	8714	9854	11537	13348	15625
黑龙江	8294	8900	9541	10638	12449	14434	16268
上　海	29671	32201	35329	39128	46338	51474	57310
江　苏	11765	12882	14396	16830	20223	24560	28685
浙　江	13416	14713	16978	20444	24352	27703	31684
安　徽	4779	5313	5736	6375	7681	8670	10044
福　建	11194	11892	12938	14333	16469	18646	21152
江　西	4851	5221	5829	6624	8097	9440	10679
山　东	9326	10195	11340	13268	16413	20096	23546
河　南	5450	5959	6487	7376	9201	11346	13279
湖　北	6293	6867	7437	8378	9898	11431	13150
湖　南	5425	6120	6734	7589	9165	10426	11830
广　东	12736	13849	15361	17795	20870	24435	28077
广　西	4652	5058	5558	6169	7461	8788	10240
海　南	6798	7052	7781	8592	9812	10871	12650
重　庆	5616	6219	7052	8091	9624	10982	12437
四　川	4956	5376	5890	6623	7895	9060	10546
贵　州	2759	3000	3257	3701	4317	5052	5750
云　南	4769	5015	5366	5871	7012	7835	8961
西　藏	4572	5324	6117	6893	8103	9114	10396
陕　西	4968	5506	6145	7028	8587	9899	11762
甘　肃	4129	4386	4768	5429	6566	7477	8749
青　海	5138	5774	6478	7346	8693	10045	11753
宁　夏	5376	6039	6647	7734	9199	10239	11784
新　疆	7372	7945	8457	9828	11337	13108	14871

注：本表按当年价格计算。

人均地区生产总值指数

（上年=100）

地　区	2000年	2001年	2002年	2003年	2004年	2005年	2006年
北　京	106.8	106.5	109.2	108.2	111.4	108.8	108.8
天　津	110.1	109.6	112.3	114.4	114.9	112.9	111.7
河　北	108.6	108.0	109.1	111.0	112.3	112.7	112.4
山　西	108.1	108.9	112.1	114.1	114.5	111.9	111.1
内蒙古	110.1	110.3	113.0	117.9	120.4	123.7	117.8
辽　宁	108.6	108.7	110.0	111.3	112.6	112.2	112.5
吉　林	108.4	108.0	109.1	109.9	112.0	111.8	114.7
黑龙江	107.7	109.0	110.2	110.1	111.6	111.5	111.9
上　海	109.0	109.8	110.9	106.6	112.2	108.8	109.7
江　苏	109.5	109.1	111.3	113.2	114.4	114.0	114.0
浙　江	108.1	108.0	112.0	113.9	113.6	111.2	111.6
安　徽	107.6	108.2	109.2	109.1	112.6	110.8	114.4
福　建	107.5	106.7	109.3	110.7	111.1	110.9	112.7
江　西	110.2	107.8	109.5	112.1	112.4	112.1	111.6
山　东	109.0	109.1	111.2	112.9	114.7	114.5	113.9
河　南	108.5	108.9	109.2	110.6	113.9	113.8	113.5
湖　北	114.2	108.5	108.9	109.5	111.0	111.8	112.2
湖　南	108.5	110.6	110.7	110.0	111.8	110.0	110.5
广　东	107.1	107.2	111.1	113.4	113.1	112.4	112.9
广　西	107.0	107.4	109.8	109.4	111.1	112.3	112.3
海　南	106.6	106.8	108.5	109.6	109.7	109.1	111.3
重　庆	108.9	109.5	110.9	112.0	112.6	111.6	111.9
四　川	110.0	108.2	109.8	110.9	112.3	111.6	112.8
贵　州	107.0	107.5	107.9	109.1	110.4	110.8	110.7
云　南	106.3	105.6	107.8	107.7	110.8	108.1	111.1
西　藏	108.6	111.1	111.4	110.5	110.8	110.6	111.9
陕　西	109.6	109.4	110.6	111.3	112.4	112.1	112.3
甘　肃	108.9	109.1	109.1	111.0	111.8	111.2	110.8
青　海	107.5	110.3	110.8	110.7	111.2	111.2	111.3
宁　夏	108.4	108.1	108.6	111.0	109.7	109.4	111.0
新　疆	106.2	107.0	106.5	110.5	109.7	108.7	108.6

注：本表按可比价格计算。

地区生产总值及增长速度（一）

(2006年)

地　区	地　区 生产总值 (亿元)	第一产业	第二产业		
				工　业	建筑业
北　京	7720.3	98.0	2217.2	1848.5	368.7
天　津	4337.7	119.0	2485.8	2290.8	195.0
河　北	11613.7	1605.4	6071.3	5453.4	617.9
山　西	4746.5	276.6	2742.5	2482.7	259.8
内蒙古	4790.0	641.7	2329.5	1978.2	351.3
辽　宁	9257.1	976.4	4720.8	4167.6	553.2
吉　林	4249.2	686.0	1886.6	1628.5	258.1
黑龙江	6216.8	734.0	3397.4	3081.9	315.5
上　海	10297.0	93.8	4997.8	4641.6	356.2
江　苏	21548.4	1544.9	12186.5	11047.5	1139.0
浙　江	15648.9	923.0	8437.7	7537.9	899.8
安　徽	6141.9	1027.2	2656.0	2200.5	455.5
福　建	7501.6	885.2	3736.1	3306.1	430.0
江　西	4618.8	786.3	2319.0	1806.1	512.9
山　东	21846.7	2138.9	12729.0	11556.0	1173.0
河　南	12464.1	2049.4	6762.4	6070.9	691.5
湖　北	7497.2	1140.4	3363.8	2929.2	434.6
湖　南	7493.2	1331.3	3123.5	2667.8	455.7
广　东	25968.6	1571.4	13430.6	12500.2	930.4
广　西	4802.0	1031.9	1882.3	1595.9	286.4
海　南	1052.4	344.2	287.8	217.6	70.2
重　庆	3486.2	428.5	1500.1	1234.1	266.0
四　川	8637.8	1603.5	3775.2	3144.7	630.5
贵　州	2267.4	392.9	982.0	857.2	124.8
云　南	4001.9	751.2	1710.2	1407.0	303.2
西　藏	290.1	51.1	80.0	21.6	58.4
陕　西	4383.9	488.5	2318.2	1970.8	347.4
甘　肃	2275.0	333.2	1048.2	873.1	175.1
青　海	641.1	69.6	330.8	265.0	65.8
宁　夏	707.0	79.2	347.5	288.3	59.2
新　疆	3019.0	533.2	1437.9	1218.7	219.2

注：本表绝对数按当年价格计算，增长速度按可比价格计算。

地区生产总值及增长速度（二）

(2006年)

地区	第三产业	#交通运输、仓储和邮政业	#批发和零售业	地区生产总值比上年增长(%)	人均地区生产总值(元)
北　京	5405.1	448.4	726.1	12.0	49505
天　津	1732.9	257.0	487.9	14.4	40961
河　北	3937.0	861.1	675.4	13.2	16894
山　西	1727.4	383.4	295.6	11.8	14106
内蒙古	1818.8	447.4	382.0	18.0	20047
辽　宁	3559.9	587.4	954.1	13.8	21802
吉　林	1676.6	238.4	393.7	15.0	15625
黑龙江	2085.4	370.8	460.9	12.0	16268
上　海	5205.4	683.6	919.4	12.0	57310
江　苏	7817.0	900.8	2105.3	14.9	28685
浙　江	6288.2	631.3	1434.9	13.6	31684
安　徽	2458.7	404.2	449.6	12.9	10044
福　建	2880.3	521.3	663.5	13.4	21152
江　西	1513.5	307.5	326.6	12.3	10679
山　东	6978.8	1140.7	1582.3	14.7	23546
河　南	3652.3	737.9	682.6	14.1	13279
湖　北	2993.0	425.8	653.4	12.1	13150
湖　南	3038.4	424.5	587.0	12.1	11830
广　东	10966.6	1197.4	2508.1	14.1	28077
广　西	1887.8	256.0	437.3	13.5	10240
海　南	420.4	73.6	104.1	12.5	12650
重　庆	1557.6	256.3	314.3	12.2	12437
四　川	3259.1	451.2	537.7	13.3	10546
贵　州	892.5	130.8	146.9	11.5	5750
云　南	1540.5	179.1	308.5	11.9	8961
西　藏	159.0	11.4	23.7	13.4	10396
陕　西	1577.2	275.8	329.5	12.7	11762
甘　肃	893.6	169.6	145.9	11.4	8749
青　海	240.7	35.2	38.8	12.2	11753
宁　夏	280.3	50.1	43.6	12.5	11784
新　疆	1047.9	168.8	162.4	11.0	14871

地区生产总值构成

(2006年)　　(地区生产总值=100)

地区	第一产业	第二产业	工业	建筑业	第三产业	#交通运输、仓储和邮政业	#批发和零售业
北京	1.3	28.7	23.9	4.8	70.0	5.8	9.4
天津	2.7	57.3	52.8	4.5	40.0	5.9	11.2
河北	13.8	52.3	47.0	5.3	33.9	7.4	5.8
山西	5.8	57.8	52.3	5.5	36.4	8.1	6.2
内蒙古	13.4	48.6	41.3	7.3	38.0	9.3	8.0
辽宁	10.5	51.0	45.0	6.0	38.5	6.3	10.3
吉林	16.1	44.4	38.3	6.1	39.5	5.6	9.3
黑龙江	11.8	54.7	49.6	5.1	33.5	6.0	7.4
上海	0.9	48.5	45.1	3.4	50.6	6.6	8.9
江苏	7.2	56.5	51.2	5.3	36.3	4.2	9.8
浙江	5.9	53.9	48.2	5.7	40.2	4.0	9.2
安徽	16.7	43.3	35.9	7.4	40.0	6.6	7.3
福建	11.8	49.8	44.1	5.7	38.4	6.9	8.8
江西	17.0	50.2	39.1	11.1	32.8	6.7	7.1
山东	9.8	58.3	52.9	5.4	31.9	5.2	7.2
河南	16.4	54.3	48.7	5.6	29.3	5.9	5.5
湖北	15.2	44.9	39.1	5.8	39.9	5.7	8.7
湖南	17.8	41.7	35.6	6.1	40.5	5.7	7.8
广东	6.1	51.7	48.1	3.6	42.2	4.6	9.7
广西	21.5	39.2	33.2	6.0	39.3	5.3	9.1
海南	32.7	27.4	20.7	6.7	39.9	7.0	9.9
重庆	12.3	43.0	35.4	7.6	44.7	7.4	9.0
四川	18.6	43.7	36.4	7.3	37.7	5.2	6.2
贵州	17.3	43.3	37.8	5.5	39.4	5.8	6.5
云南	18.8	42.7	35.1	7.6	38.5	4.5	7.7
西藏	17.6	27.6	7.5	20.1	54.8	3.9	8.2
陕西	11.1	52.9	45.0	7.9	36.0	6.3	7.5
甘肃	14.6	46.1	38.4	7.7	39.3	7.5	6.4
青海	10.9	51.6	41.3	10.3	37.5	5.5	6.1
宁夏	11.2	49.2	40.8	8.4	39.6	7.1	6.2
新疆	17.7	47.6	40.4	7.2	34.7	5.6	5.4

注：本表按当年价格计算。

支出法国内生产总值

单位：亿元

年　份	支出法 国内生产总值	最终消费 支　出	资本形成 总　额	货物和服务 净出口
1978	3605.6	2239.1	1377.9	-11.4
1979	4092.6	2633.7	1478.9	-20.0
1980	4592.9	3007.9	1599.7	-14.7
"六五"时期	**33254.4**	**22035.3**	**11426.0**	**-206.9**
1981	5008.8	3361.5	1630.2	17.1
1982	5590.0	3714.8	1784.2	91.0
1983	6216.2	4126.4	2039.0	50.8
1984	7362.7	4846.3	2515.1	1.3
1985	9076.7	5986.3	3457.5	-367.1
"七五"时期	**74833.6**	**47720.6**	**27183.8**	**-70.8**
1986	10508.5	6821.8	3941.9	-255.2
1987	12277.4	7804.6	4462.0	10.8
1988	15388.6	9839.5	5700.2	-151.1
1989	17311.3	11164.2	6332.7	-185.6
1990	19347.8	12090.5	6747.0	510.3
"八五"时期	**200515.0**	**119185.5**	**79483.2**	**1846.3**
1991	22577.4	14091.9	7868.0	617.5
1992	27565.2	17203.3	10086.3	275.6
1993	36938.1	21899.9	15717.7	-679.5
1994	50217.4	29242.2	20341.1	634.1
1995	63216.9	36748.2	25470.1	998.6
"九五"时期	**432066.8**	**260801.2**	**157861.4**	**13404.2**
1996	74163.6	43919.5	28784.9	1459.2
1997	81658.5	48140.6	29968.0	3549.9
1998	86531.6	51588.2	31314.2	3629.2
1999	90964.1	55636.9	32951.5	2375.7
2000	98749.0	61516.0	34842.8	2390.2
"十五"时期	**714694.0**	**400874.6**	**291112.1**	**22707.3**
2001	108972.4	66878.3	39769.4	2324.7
2002	120350.3	71691.2	45565.0	3094.1
2003	136398.8	77449.5	55963.0	2986.3
2004	160280.4	87032.9	69168.4	4079.1
2005	188692.1	97822.7	80646.3	10223.1
"十一五"时期				
2006	220498.2	110323.4	94098.7	16076.1

注：1.本表按当年价格计算。
　　2.由于统计误差的影响，支出法计算的国内生产总值不等于按生产法计算的国内生产总值。

支出法国内生产总值主要构成项

单位：亿元

年　　份	最终消费支出		资本形成总额	
	居民消费支　　出	政府消费支　　出	固定资本形成总额	存货增加
1978	1759.1	480.0	1073.9	304.0
1979	2011.5	622.2	1153.1	325.8
1980	2331.2	676.7	1322.4	277.3
“六五”时期	**17191.3**	**4844.0**	**9384.8**	**2041.2**
1981	2627.9	733.6	1339.3	290.9
1982	2902.9	811.9	1503.2	281.0
1983	3231.1	895.3	1723.3	315.7
1984	3742.0	1104.3	2147.0	368.1
1985	4687.4	1298.9	2672.0	785.5
“七五”时期	**37559.8**	**10160.8**	**20887.5**	**6296.3**
1986	5302.1	1519.7	3139.7	802.2
1987	6126.1	1678.5	3798.7	663.3
1988	7868.1	1971.4	4701.9	998.3
1989	8812.6	2351.6	4419.4	1913.3
1990	9450.9	2639.6	4827.8	1919.2
“八五”时期	**90356.7**	**28828.8**	**66090.9**	**13392.3**
1991	10730.6	3361.3	6070.3	1797.7
1992	13000.1	4203.2	8513.7	1572.6
1993	16412.1	5487.8	13309.2	2408.5
1994	21844.2	7398.0	17312.7	3028.4
1995	28369.7	8378.5	20885.0	4585.1
“九五”时期	**197881.7**	**62919.5**	**142953.8**	**14907.6**
1996	33955.9	9963.6	24048.1	4736.8
1997	36921.5	11219.1	25965.0	4003.0
1998	39229.3	12358.9	28569.0	2745.2
1999	41920.4	13716.5	30527.3	2424.2
2000	45854.6	15661.4	33844.4	998.4
“十五”时期	**293669.9**	**107204.7**	**277299.8**	**13812.3**
2001	49213.2	17665.1	37754.5	2014.9
2002	52571.3	19119.9	43632.1	1932.9
2003	56834.4	20615.1	53490.7	2472.3
2004	63833.5	23199.4	65117.7	4050.7
2005	71217.5	26605.2	77304.8	3341.5
“十一五”时期				
2006	80156.5	30166.9	90281.7	3817.0

注：本表按当年价格计算。

支出法国内生产总值构成

(支出法国内生产总值=100)

年份	最终消费			资本形成			货物和服务净出口
	支出	居民消费支出	政府消费支出	总额	固定资本形成总额	存货增加	
1978	62.1	48.8	13.3	38.2	29.8	8.4	-0.3
1979	64.4	49.1	15.3	36.1	28.2	7.9	-0.5
1980	65.5	50.8	14.7	34.8	28.8	6.0	-0.3
“六五”时期	**66.3**	**51.7**	**14.6**	**34.4**	**28.2**	**6.2**	**-0.7**
1981	67.1	52.5	14.6	32.5	26.7	5.8	0.4
1982	66.5	51.9	14.6	31.9	26.9	5.0	1.6
1983	66.4	52.0	14.4	32.8	27.7	5.1	0.8
1984	65.8	50.8	15.0	34.2	29.2	5.0	0.0
1985	66.0	51.6	14.4	38.1	29.4	8.7	-4.1
“七五”时期	**63.8**	**50.2**	**13.6**	**36.3**	**27.9**	**8.4**	**-0.1**
1986	64.9	50.5	14.4	37.5	29.9	7.6	-2.4
1987	63.6	49.9	13.7	36.3	30.9	5.4	0.1
1988	63.9	51.1	12.8	37.0	30.6	6.4	-0.9
1989	64.5	50.9	13.6	36.6	25.5	11.1	-1.1
1990	62.5	48.8	13.7	34.9	25.0	9.9	2.6
“八五”时期	**59.4**	**45.1**	**14.3**	**39.6**	**33.0**	**6.6**	**1.0**
1991	62.4	47.5	14.9	34.8	26.9	7.9	2.8
1992	62.4	47.2	15.2	36.6	30.9	5.7	1.0
1993	59.3	44.4	14.9	42.6	36.0	6.6	-1.9
1994	58.2	43.5	14.7	40.5	34.5	6.0	1.3
1995	58.1	44.9	13.2	40.3	33.0	7.3	1.6
“九五”时期	**60.4**	**45.8**	**14.6**	**36.5**	**33.1**	**3.4**	**3.1**
1996	59.2	45.8	13.4	38.8	32.4	6.4	2.0
1997	59.0	45.2	13.8	36.7	31.8	4.9	4.3
1998	59.6	45.3	14.3	36.2	33.0	3.2	4.2
1999	61.2	46.1	15.1	36.2	33.6	2.6	2.6
2000	62.3	46.4	15.9	35.3	34.3	1.0	2.4
“十五”时期	**56.1**	**41.1**	**15.0**	**40.7**	**38.8**	**1.9**	**3.2**
2001	61.4	45.2	16.2	36.5	34.6	1.9	2.1
2002	59.6	43.7	15.9	37.9	36.3	1.6	2.5
2003	56.8	41.7	15.1	41.0	39.2	1.8	2.2
2004	54.3	39.8	14.5	43.2	40.6	2.6	2.5
2005	51.8	37.7	14.1	42.7	41.0	1.7	5.5
“十一五”时期							
2006	50.0	36.4	13.6	42.7	40.9	1.8	7.3

注：1.本表按当年价格计算。
2.各时期比重为该时期合计数的比重。

三大需求对国内生产总值增长的贡献率和拉动

年　份	最终消费支出		资本形成总额		货物和服务净出口	
	贡献率 (%)	拉　动 (百分点)	贡献率 (%)	拉　动 (百分点)	贡献率 (%)	拉　动 (百分点)
1978	39.4	4.6	66.0	7.7	-5.4	-0.6
1979	87.3	6.6	15.4	1.2	-2.7	-0.2
1980	71.8	5.6	26.4	2.1	1.8	0.1
1981	93.4	4.9	-4.3	-0.2	10.9	0.5
1982	64.7	5.9	23.8	2.2	11.5	1.0
1983	74.1	8.1	40.4	4.4	-14.5	-1.6
1984	69.3	10.5	40.5	6.2	-9.8	-1.5
1985	85.5	11.5	80.9	10.9	-66.4	-8.9
1986	45.0	4.0	23.2	2.0	31.8	2.8
1987	50.3	5.8	23.5	2.7	26.2	3.1
1988	49.6	5.6	39.4	4.5	11.0	1.2
1989	39.6	1.6	16.4	0.7	44.0	1.8
1990	47.8	1.8	1.8	0.1	50.4	1.9
1991	65.1	6.0	24.3	2.2	10.6	1.0
1992	72.5	10.3	34.3	4.9	-6.8	-1.0
1993	59.5	8.3	78.6	11.0	-38.1	-5.3
1994	30.2	4.0	43.8	5.7	26.0	3.4
1995	44.7	4.9	55.0	6.0	0.3	
1996	60.1	6.0	34.3	3.4	5.6	0.6
1997	37.0	3.4	18.6	1.7	44.4	4.2
1998	57.1	4.4	26.4	2.1	16.5	1.3
1999	76.8	5.8	24.7	1.9	-1.5	-0.1
2000	63.8	5.4	21.7	1.8	14.5	1.2
2001	50.0	4.1	50.1	4.2	-0.1	
2002	43.6	4.0	48.8	4.4	7.6	0.7
2003	35.3	3.5	63.7	6.4	1.0	0.1
2004	38.7	3.9	55.3	5.6	6.0	0.6
2005	38.2	4.0	37.7	3.9	24.1	2.5
2006	38.9	4.2	40.7	4.3	20.4	2.2

注：1.本表按可比价格计算。三大需求指支出法国内生产总值的三大构成项目，即最终消费支出、资本形成总额、货物和服务净出口。
2.贡献率指三大需求增量分别与支出法国内生产总值增量之比。
3.拉动指国内生产总值增长速度分别与三大需求贡献率的乘积。

居民消费水平

年　份	绝对数(元)			指数（1978年=100)		
	居民	农村居民	城镇居民	居民	农村居民	城镇居民
1978	184	138	405	100.0	100.0	100.0
1979	208	159	425	106.9	106.5	102.8
1980	238	178	489	116.5	115.4	110.2
1981	264	201	521	126.2	126.8	114.6
1982	288	223	536	134.8	138.3	115.4
1983	316	250	558	145.8	153.1	117.9
1984	361	287	618	163.2	172.8	127.2
1985	446	349	765	185.2	195.7	141.3
1986	497	378	872	194.0	200.3	150.8
1987	565	421	998	205.5	210.0	159.3
1988	714	509	1311	221.5	221.0	174.7
1989	788	549	1466	221.0	217.2	176.0
1990	833	560	1596	229.2	215.4	190.9
1991	932	602	1840	249.0	227.1	211.4
1992	1116	688	2262	282.0	246.5	245.3
1993	1393	805	2924	305.8	257.1	270.8
1994	1833	1038	3852	320.0	265.0	282.8
1995	2355	1313	4931	345.1	282.9	303.2
1996	2789	1626	5532	377.6	323.8	313.6
1997	3002	1722	5823	394.6	334.0	320.4
1998	3159	1730	6109	417.8	338.1	339.2
1999	3346	1766	6405	452.3	355.3	363.0
2000	3632	1860	6850	491.0	371.3	391.1
2001	3869	1969	7113	518.8	388.0	403.6
2002	4106	2062	7387	552.5	408.1	420.5
2003	4411	2103	7901	588.5	409.5	447.2
2004	4925	2301	8679	632.3	423.5	475.7
2005	5463	2560	9410	682.3	455.7	502.8
2006	6114	2850	10363	746.4	495.8	541.0

注：本表绝对数按当年价格计算，指数按可比价格计算。

人口基本情况

指标	单位	1982年	1990年	2000年	2005年	2006年
总人口(年末)	**万人**	**101654**	**114333**	**126743**	**130756**	**131448**
按性别分						
男性人口	万人	52352	58904	65437	67375	67728
女性人口	万人	49302	55429	61306	63381	63720
按城乡分						
城镇人口	万人	21480	30195	45906	56212	57706
乡村人口	万人	80174	84138	80837	74544	73742
按农业非农业分						
农业人口	万人	83320	90446	94244	89628	89162
非农业人口	万人	18334	23887	32499	41128	42286
人口比重						
按性别分						
男性人口	%	51.5	51.5	51.6	51.5	51.5
女性人口	%	48.5	48.5	48.4	48.5	48.5
按城乡分						
城镇人口	%	21.1	26.4	36.2	43.0	43.9
乡村人口	%	78.9	73.6	63.8	57.0	56.1
出生率	**‰**	**22.28**	**21.06**	**14.03**	**12.40**	**12.09**
死亡率	**‰**	**6.60**	**6.67**	**6.45**	**6.51**	**6.81**
自然增长率	**‰**	**15.68**	**14.39**	**7.58**	**5.89**	**5.28**
各年龄段人口比重						
0-14岁人口	%	33.6	27.7	22.9	20.3	19.8
15-64岁人口	%	61.5	66.7	70.1	72.0	72.3
65岁以上人口	%	4.9	5.6	7.0	7.7	7.9
总抚养比	**%**	**62.60**	**49.93**	**42.66**	**38.88**	**38.31**
少儿抚养比	%	54.63	41.53	32.67	28.19	27.39
老年抚养比	%	7.97	8.40	9.99	10.69	10.93
各种受教育程度人口占总人口比重						
小学	%	35.4	37.2	35.7	31.2	31.0
初中	%	17.8	23.3	34.0	35.8	36.6
高中	%	6.6	8.0	11.1	11.5	12.1
大专及以上	%	0.6	1.4	3.6	5.2	5.8
婴儿死亡率	**‰**	**37.61***	**32.89**	**28.38**	**24.28**	
平均预期寿命	**岁**	**67.77***	**68.55**	**71.40**	**72.95**	

注：1.总人口包括中国人民解放军现役军人，但不包括香港、澳门特别行政区和台湾省人口（下表同）。
2.城镇人口及非农业人口中包括中国人民解放军现役军人(下表同)。
3.文盲人口指15岁及15岁以上不识字或识字很少的人口。
4.表中带"*"号的数字为1981年。
5.总人口按常住人口口径统计(下四表同)。

人　口　数

(年末数)　　　　　　　　　　单位：万人

年　份	总人口	按性别分		按城乡分	
		男	女	城镇人口	乡村人口
1978	96259	49567	46692	17245	79014
1979	97542	50192	47350	18495	79047
1980	98705	50785	47920	19140	79565
1981	100072	51519	48553	20171	79901
1982	101654	52352	49302	21480	80174
1983	103008	53152	49856	22274	80734
1984	104357	53848	50509	24017	80340
1985	105851	54725	51126	25094	80757
1986	107507	55581	51926	26366	81141
1987	109300	56290	53010	27674	81626
1988	111026	57201	53825	28661	82365
1989	112704	58099	54605	29540	83164
1990	114333	58904	55429	30195	84138
1991	115823	59466	56357	31203	84620
1992	117171	59811	57360	32175	84996
1993	118517	60472	58045	33173	85344
1994	119850	61246	58604	34169	85681
1995	121121	61808	59313	35174	85947
1996	122389	62200	60189	37304	85085
1997	123626	63131	60495	39449	84177
1998	124761	63940	60821	41608	83153
1999	125786	64692	61094	43748	82038
2000	126743	65437	61306	45906	80837
2001	127627	65672	61955	48064	79563
2002	128453	66115	62338	50212	78241
2003	129227	66556	62671	52376	76851
2004	129988	66976	63012	54283	75705
2005	130756	67375	63381	56212	74544
2006	131448	67728	63720	57706	73742

注：1.本表1982年以前数据为户籍统计数；1982-1989年数据根据1990年人口普查数据有所调整;1990-2000年数据根据2000年人口普查数据进行了调整;2001-2004年和2006年数据根据人口变动抽样调查资料推算；2005年数据根据全国1%人口抽样调查数据推算。

2.1982年以前的城镇人口是指辖区内全部人口；乡村人口是指县人口，但不包括镇人口。1982-1999年的城镇人口是指设区的市所辖区人口和不设区的市所辖街道人口以及不设区的市所辖镇的居民委员会人口和县辖镇的居民委员会人口；乡村人口是指除城镇人口以外的人口。2000年-2005年城乡人口是按国家统计局1999年发布的《关于统计上划分城乡的规定（试行)》计算的。2006年的城乡人口是按国家统计局2006年发布的《关于统计上划分城乡的暂行规定》计算的。

人口出生率、死亡率、自然增长率、人口密度和城镇人口比重

年　份	出生率 (‰)	死亡率 (‰)	自然增长率 (‰)	人口密度 (人/平方公里)	城镇人口占总人口比重 (%)
1978	18.25	6.25	12.00	100	17.92
1979	17.82	6.21	11.61	102	18.96
1980	18.21	6.34	11.87	103	19.39
1981	20.91	6.36	14.55	104	20.16
1982	22.28	6.60	15.68	106	21.13
1983	20.19	6.90	13.29	107	21.62
1984	19.90	6.82	13.08	109	23.01
1985	21.04	6.78	14.26	110	23.71
1986	22.43	6.86	15.57	112	24.52
1987	23.33	6.72	16.61	114	25.32
1988	22.37	6.64	15.73	116	25.81
1989	21.58	6.54	15.04	117	26.21
1990	21.06	6.67	14.39	119	26.41
1991	19.68	6.70	12.98	121	26.94
1992	18.24	6.64	11.60	122	27.46
1993	18.09	6.64	11.45	123	27.99
1994	17.70	6.49	11.21	125	28.51
1995	17.12	6.57	10.55	126	29.04
1996	16.98	6.56	10.42	127	30.48
1997	16.57	6.51	10.06	129	31.91
1998	15.64	6.50	9.14	130	33.35
1999	14.64	6.46	8.18	131	34.78
2000	14.03	6.45	7.58	132	36.22
2001	13.38	6.43	6.95	133	37.66
2002	12.86	6.41	6.45	134	39.09
2003	12.41	6.40	6.01	135	40.53
2004	12.29	6.42	5.87	135	41.76
2005	12.40	6.51	5.89	136	42.99
2006	12.09	6.81	5.28	137	43.90

各地区年末总人口

单位：万人

地 区	2000年	2001年	2002年	2003年	2004年	2005年	2006年
全 国	**126743**	**127627**	**128453**	**129227**	**129988**	**130756**	**131448**
北 京	1357	1383	1423	1456	1493	1538	1581
天 津	1001	1004	1007	1011	1024	1043	1075
河 北	6674	6699	6735	6769	6809	6851	6898
山 西	3248	3272	3294	3314	3335	3355	3375
内蒙古	2372	2377	2379	2380	2384	2386	2397
辽 宁	4184	4194	4203	4210	4217	4221	4271
吉 林	2682	2691	2699	2704	2709	2716	2723
黑龙江	3807	3811	3813	3815	3817	3820	3823
上 海	1641	1614	1625	1711	1742	1778	1815
江 苏	7327	7355	7381	7406	7433	7475	7550
浙 江	4596	4613	4647	4680	4720	4898	4980
安 徽	6286	6328	6338	6410	6461	6120	6110
福 建	3410	3440	3466	3488	3511	3535	3558
江 西	4149	4186	4222	4254	4284	4311	4339
山 东	8998	9041	9082	9125	9180	9248	9309
河 南	9488	9555	9613	9667	9717	9380	9392
湖 北	5960	5975	5988	6002	6016	5710	5693
湖 南	6562	6596	6629	6663	6698	6326	6342
广 东	7707	7783	7859	7954	8304	9194	9304
广 西	4750	4788	4822	4857	4889	4660	4719
海 南	789	796	803	811	818	828	836
重 庆	3092	3097	3107	3130	3122	2798	2808
四 川	8602	8640	8673	8700	8725	8212	8169
贵 州	3756	3799	3837	3870	3904	3730	3757
云 南	4241	4287	4333	4376	4415	4450	4483
西 藏	258	263	267	270	274	277	281
陕 西	3644	3659	3674	3690	3705	3720	3735
甘 肃	2557	2575	2593	2603	2619	2594	2606
青 海	517	523	529	534	539	543	548
宁 夏	554	563	572	580	588	596	604
新 疆	1849	1876	1905	1934	1963	2010	2050

注：1.全国数据包括中国人民解放军现役军人数，但不包括香港、澳门特别行政区和台湾省数据；分省数据中未包括中国人民解放军现役军人数。
2.2001-2004年部分地区数据不是常住人口口径。

各地区人口出生率、死亡率、自然增长率

(2006年)

地　区	年末总人口（万人）	出生率（‰）	死亡率（‰）	自然增长率（‰）
全　国	**131448**	**12.09**	**6.81**	**5.28**
北　京	1581	6.26	4.97	1.29
天　津	1075	7.67	6.07	1.60
河　北	6898	12.82	6.59	6.23
山　西	3375	11.48	5.73	5.75
内蒙古	2397	9.87	5.91	3.96
辽　宁	4271	6.40	5.30	1.10
吉　林	2723	7.67	5.00	2.67
黑龙江	3823	7.57	5.18	2.39
上　海	1815	7.47	5.89	1.58
江　苏	7550	9.36	7.08	2.28
浙　江	4980	10.29	5.42	4.87
安　徽	6110	12.60	6.30	6.30
福　建	3558	12.00	5.75	6.25
江　西	4339	13.80	6.01	7.79
山　东	9309	11.60	6.10	5.50
河　南	9392	11.59	6.27	5.32
湖　北	5693	9.08	5.95	3.13
湖　南	6342	11.92	6.73	5.19
广　东	9304	11.78	4.49	7.29
广　西	4719	14.44	6.10	8.34
海　南	836	14.59	5.73	8.86
重　庆	2808	9.90	6.50	3.40
四　川	8169	9.14	6.28	2.86
贵　州	3757	13.97	6.71	7.26
云　南	4483	13.20	6.30	6.90
西　藏	281	17.40	5.70	11.70
陕　西	3735	10.19	6.15	4.04
甘　肃	2606	12.86	6.62	6.24
青　海	548	15.24	6.27	8.97
宁　夏	604	15.53	4.84	10.69
新　疆	2050	15.79	5.03	10.76

注：1.全国数据根据抽样误差和调查误差进行了修正。
　　2.全国数据为31个省、自治区、直辖市和中国人民解放军现役军人数据，不包括香港、澳门特别行政区和台湾省的数据。分省数据中未包括中国人民解放军现役军人数。

就业和工资基本情况

项　　目	单位	1990年	1995年	2000年	2005年	2006年
就业人员(年底数)	**万人**	**64749**	**68065**	**72085**	**75825**	**76400**
第一产业	万人	38914	35530	36043	33970	32561
第二产业	万人	13856	15655	16219	18084	19225
第三产业	万人	11979	16880	19823	23771	24614
按城乡分就业人员(年底数)						
城镇就业人员	万人	17041	19040	23151	27331	28310
#国有单位	万人	10346	11261	8102	6488	6430
城镇集体单位	万人	3549	3147	1499	810	764
其他单位	万人	164	894	2011	4106	4519
乡村就业人员	万人	47708	49025	48934	48494	48090
#乡镇企业	万人	9265	12862	12820	14272	14680
职工人数(年底数)	**万人**	**14059**	**14908**	**11259**	**10850**	**11161**
国有单位	万人	10346	10955	7878	6232	6170
城镇集体单位	万人	3549	3076	1447	769	726
其他单位	万人	164	877	1935	3849	4264
离退休人数(年底数)	**万人**	**2301**	**3094**	**3876**	**5088**	
企业单位	万人		2366	2978	3842	
事业单位	万人		525	647	831	
机关单位	万人		203	251	312	
其　　他	万人				103	
城镇登记失业人数(年底数)	**万人**	**383**	**520**	**595**	**839**	**847**
城镇登记失业率	**%**	**2.5**	**2.9**	**3.1**	**4.2**	**4.1**
职工工资总额	**亿元**	**2951.1**	**8100.0**	**10656.2**	**19789.9**	**23265.9**
国有单位	亿元	2324.1	6080.2	7612.9	12009.2	13600.1
城镇集体单位	亿元	581.0	1182.0	919.0	867.8	944.9
其他单位	亿元	46.0	637.8	2124.3	6912.8	8720.8
职工平均工资	**元**	**2140**	**5500**	**9371**	**18364**	**21001**
国有单位	元	2284	5625	9552	19313	22112
城镇集体单位	元	1681	3931	6262	11283	13014
其他单位	元	2987	7463	10984	18244	20755

注：1998年起城镇单位就业人员、职工人数及相关指标统计口径有调整。

按三次产业分就业人员

（年底数）

年份	就业人员总计（万人）	第一产业	第二产业	第三产业	构成（以合计为100）第一产业	第二产业	第三产业
1978	40152	28318	6945	4890	70.5	17.3	12.2
1979	41024	28634	7214	5177	69.8	17.6	12.6
1980	42361	29122	7707	5532	68.7	18.2	13.1
1981	43725	29777	8003	5945	68.1	18.3	13.6
1982	45295	30859	8346	6090	68.1	18.4	13.5
1983	46436	31151	8679	6606	67.1	18.7	14.2
1984	48197	30868	9590	7739	64.0	19.9	16.1
1985	49873	31130	10384	8359	62.4	20.8	16.8
1986	51282	31254	11216	8811	60.9	21.9	17.2
1987	52783	31663	11726	9395	60.0	22.2	17.8
1988	54334	32249	12152	9933	59.3	22.4	18.3
1989	55329	33225	11976	10129	60.1	21.6	18.3
1990	64749	38914	13856	11979	60.1	21.4	18.5
1991	65491	39098	14015	12378	59.7	21.4	18.9
1992	66152	38699	14355	13098	58.5	21.7	19.8
1993	66808	37680	14965	14163	56.4	22.4	21.2
1994	67455	36628	15312	15515	54.3	22.7	23.0
1995	68065	35530	15655	16880	52.2	23.0	24.8
1996	68950	34820	16203	17927	50.5	23.5	26.0
1997	69820	34840	16547	18432	49.9	23.7	26.4
1998	70637	35177	16600	18860	49.8	23.5	26.7
1999	71394	35768	16421	19205	50.1	23.0	26.9
2000	72085	36043	16219	19823	50.0	22.5	27.5
2001	73025	36513	16284	20228	50.0	22.3	27.7
2002	73740	36870	15780	21090	50.0	21.4	28.6
2003	74432	36546	16077	21809	49.1	21.6	29.3
2004	75200	35269	16920	23011	46.9	22.5	30.6
2005	75825	33970	18084	23771	44.8	23.8	31.4
2006	76400	32561	19225	24614	42.6	25.2	32.2

按城乡分就业人员

(年底数)　　　　单位：万人

年　份	合　计	城镇小计	#国有单位	#集体单位	#股份合作单位	#联营单位	#有限责任公司
1978	40152	9514	7451	2048			
1980	42361	10525	8019	2425			
1985	49873	12808	8990	3324		38	
1990	64749	17041	10346	3549		96	
1991	65491	17465	10664	3628		49	
1992	66152	17861	10889	3621		56	
1993	66808	18262	10920	3393		66	
1994	67455	18653	11214	3285		52	
1995	68065	19040	11261	3147		53	
1996	68950	19922	11244	3016		49	
1997	69820	20781	11044	2883		43	
1998	70637	21616	9058	1963	136	48	484
1999	71394	22412	8572	1712	144	46	603
2000	72085	23151	8102	1499	155	42	687
2001	73025	23940	7640	1291	153	45	841
2002	73740	24780	7163	1122	161	45	1083
2003	74432	25639	6876	1000	173	44	1261
2004	75200	26476	6710	897	192	44	1436
2005	75825	27331	6488	810	188	45	1750
2006	76400	28310	6430	764	178	45	1920

年　份	#股份有限公司	#私营企业	#港澳台商投资单位	#外商投资单位	#个　体	乡村小计	#乡镇企业
1978					15	30638	2827
1980					81	31836	3000
1985				6	450	37065	6979
1990		57	4	62	614	47708	9265
1991		68	69	96	692	48026	9609
1992		98	83	138	740	48291	10625
1993	164	186	155	133	930	48546	12345
1994	292	332	211	195	1225	48802	12017
1995	317	485	272	241	1560	49025	12862
1996	363	620	265	275	1709	49028	13508
1997	468	750	281	300	1919	49039	13050
1998	410	973	294	293	2259	49021	12537
1999	420	1053	306	306	2414	48982	12704
2000	457	1268	310	332	2136	48934	12820
2001	483	1527	326	345	2131	49085	13086
2002	538	1999	367	391	2269	48960	13288
2003	592	2545	409	454	2377	48793	13573
2004	625	2994	470	563	2521	48724	13866
2005	699	3458	557	688	2778	48494	14272
2006	741	3954	611	796	3012	48090	14680

城镇登记失业人数及失业率

（年底数）

年 份	城镇失业人数（万人）	失业率（%）	年 份	城镇失业人数（万人）	失业率（%）
1978	530.0	5.3	1993	420.1	2.6
1979	567.6	5.4	1994	476.4	2.8
1980	541.5	4.9	1995	519.6	2.9
1981	439.5	3.8	1996	552.8	3.0
1982	379.4	3.2	1997	576.8	3.1
1983	271.4	2.3	1998	571.0	3.1
1984	235.7	1.9	1999	575.0	3.1
1985	238.5	1.8	2000	595.0	3.1
1986	264.4	2.0	2001	681.0	3.6
1987	276.6	2.0	2002	770.0	4.0
1988	296.2	2.0	2003	800.0	4.3
1989	377.9	2.6	2004	827.0	4.2
1990	383.2	2.5	2005	839.0	4.2
1991	352.2	2.3	2006	847.0	4.1
1992	363.9	2.3			

职工工资总额和指数

年 份	工资总额（亿元）				指数（上年=100）			
	合 计	国有单位	城镇集体单位	其他单位	合 计	国有单位	城镇集体单位	其他单位
1978	568.9	468.7	100.2		110.5	110.1	112.5	
1980	772.4	627.9	144.5		119.4	118.6	123.3	
1985	1383.0	1064.8	312.3	5.9	122.0	121.6	123.0	163.9
1990	2951.1	2324.1	581.0	46.0	112.7	113.4	108.7	135.7
1991	3323.9	2594.9	658.6	70.4	112.6	111.7	113.4	153.0
1992	3939.2	3090.4	743.2	105.6	118.5	119.1	112.8	150.0
1993	4916.2	3812.7	849.9	253.6	124.8	123.4	114.4	240.2
1994	6656.4	5177.4	1023.3	455.6	135.4	135.8	120.4	179.7
1995	8100.0	6080.2	1182.0	637.8	121.7	117.4	115.5	140.0
1996	9080.0	6792.7	1241.0	761.4	112.1	111.7	105.0	119.4
1997	9405.3	7211.0	1253.4	940.8	103.6	106.2	101.0	123.6
1998	9296.5	6812.5	1021.6	1462.4	100.2	95.8	83.1	156.9
1999	9875.5	7160.8	962.7	1752.0	106.2	105.1	94.2	119.8
2000	10656.2	7612.9	919.0	2124.3	107.9	106.3	95.5	121.3
2001	11830.9	8355.6	864.6	2610.7	111.0	109.8	94.1	122.9
2002	13161.1	8948.6	828.1	3384.4	111.2	107.1	95.8	129.6
2003	14743.5	9693.8	829.4	4220.3	112.0	108.3	100.2	124.7
2004	16900.2	10777.2	838.4	5284.6	114.6	111.2	101.1	125.2
2005	19789.9	12009.2	867.8	6912.8	117.1	111.4	103.5	130.8
2006	23265.9	13600.1	944.9	8720.8	117.6	113.2	108.9	126.2

注：1.1995年和1996年职工工资总额为推算数，各项相加不等于总计。
2.1998年起为在岗职工工资总额（下表同）。

职工平均货币工资及指数

年份	平均货币工资(元)				平均货币工资指数（上年=100）			
	合计	国有单位	城镇集体单位	其他单位	合计	国有单位	城镇集体单位	其他单位
1978	615	644	506		106.8	107.0	105.9	
1979	668	705	542		108.6	109.5	107.1	
1980	762	803	623		114.1	113.9	114.9	
1981	772	812	642		101.3	101.1	103.0	
1982	798	836	671		103.4	103.0	104.5	
1983	826	865	698		103.5	103.5	104.0	
1984	974	1034	811	1048	117.9	119.5	116.2	
1985	1148	1213	967	1436	117.9	117.3	119.2	137.0
1986	1329	1414	1092	1629	115.8	116.6	112.9	113.4
1987	1459	1546	1207	1879	109.8	109.3	110.5	115.3
1988	1747	1853	1426	2382	119.7	119.9	118.1	126.8
1989	1935	2055	1557	2707	110.8	110.9	109.2	113.6
1990	2140	2284	1681	2987	110.6	111.1	108.0	110.3
1991	2340	2477	1866	3468	109.3	108.5	111.0	116.1
1992	2711	2878	2109	3966	115.9	116.2	113.0	114.4
1993	3371	3532	2592	4966	124.3	122.7	122.9	125.2
1994	4538	4797	3245	6303	134.6	135.8	125.2	126.9
1995	5500	5625	3931	7463	121.2	117.3	121.1	118.4
1996	6210	6280	4302	8261	112.9	111.6	109.4	110.7
1997	6470	6747	4512	8789	104.2	107.4	104.9	106.4
1998	7479	7668	5331	8972	106.6	106.1	102.5	97.7
1999	8346	8543	5774	9829	111.6	111.4	108.3	109.6
2000	9371	9552	6262	10984	112.3	111.8	108.5	111.8
2001	10870	11178	6867	12140	116.0	117.0	109.7	110.5
2002	12422	12869	7667	13212	114.3	115.1	111.6	108.8
2003	14040	14577	8678	14574	113.0	113.3	113.2	110.3
2004	16024	16729	9814	16259	114.1	114.8	113.1	111.6
2005	18364	19313	11283	18244	114.6	115.4	115.0	112.2
2006	21001	22112	13014	20755	114.4	114.5	115.3	113.8

职工平均实际工资指数

年份	平均实际工资指数（1978年=100）				平均实际工资指数(上年=100)			
	合计	国有单位	城镇集体单位	其他单位	合计	国有单位	城镇集体单位	其他单位
1978	100.0	100.0	100.0		106.0	106.2	105.1	
1979	106.6	107.5	105.1		106.6	107.4	105.1	
1980	113.2	113.9	112.4		106.1	106.0	106.9	
1981	111.9	112.4	113.1		98.8	98.7	100.5	
1982	113.4	113.5	115.9		101.3	100.9	102.5	
1983	115.1	115.1	118.2		101.5	101.4	102.0	
1984	132.1	133.9	133.7	100.0	114.8	116.4	113.1	
1985	139.0	140.4	142.4	122.5	105.3	104.8	106.6	122.5
1986	150.4	152.9	150.3	129.8	108.2	108.9	105.5	106.0
1987	151.9	153.7	152.7	137.6	100.9	100.5	101.6	106.0
1988	150.7	152.6	149.5	144.6	99.2	99.3	97.9	105.0
1989	143.5	145.6	140.4	141.3	95.2	95.4	93.9	97.7
1990	156.7	159.8	149.6	153.9	109.2	109.7	106.6	108.9
1991	162.9	164.6	157.9	170.0	104.0	103.2	105.6	110.5
1992	173.8	176.2	164.3	179.0	106.7	107.0	104.1	105.3
1993	186.1	186.2	173.9	193.0	107.1	105.7	105.9	107.9
1994	200.4	202.3	174.3	196.0	107.7	108.7	100.2	101.5
1995	208.0	203.1	180.8	198.7	103.8	100.4	103.7	101.4
1996	215.9	208.4	181.8	202.1	103.8	102.6	100.6	101.7
1997	218.3	217.1	185.0	208.6	101.1	104.2	101.7	103.2
1998	234.0	231.6	190.7	205.1	107.2	106.7	103.1	98.3
1999	264.6	261.4	209.2	227.8	113.1	112.9	109.7	111.0
2000	294.7	289.9	225.2	252.6	111.4	110.9	107.6	110.9
2001	339.5	336.8	245.3	277.2	115.2	116.2	108.9	109.7
2002	391.9	391.6	276.6	304.6	115.5	116.3	112.7	109.9
2003	438.9	439.7	310.3	333.0	112.0	112.3	112.2	109.3
2004	484.8	488.7	339.7	359.8	110.5	111.1	109.5	108.0
2005	546.9	555.3	384.4	397.3	112.8	113.6	113.2	110.4
2006	616.2	626.4	436.8	445.3	112.7	112.8	113.6	112.1

各地区就业人员

（年底数）　　　　单位：万人

地　区	2000年	2001年	2002年	2003年	2004年	2005年
全国总计	**72085**	**73025**	**73740**	**74432**	**75200**	**75825**
北　京	622	630	799	859	895	920
天　津	407	411	403	420	422	427
河　北	3441	3380	3386	3389	3416	3467
山　西	1419	1413	1417	1469	1475	1476
内蒙古	1017	1013	1010	1005	1019	1041
辽　宁	1813	1833	1842	1861	1952	1979
吉　林	1079	1057	1095	1045	1116	1099
黑龙江	1635	1631	1626	1622	1623	1626
上　海	673	692	743	772	812	856
江　苏	3559	3565	3506	3610	3720	3878
浙　江	2700	2772	2835	2962	3092	3203
安　徽	3373	3390	3404	3416	3453	3485
福　建	1660	1678	1711	1757	1818	1868
江　西	1935	1933	1955	1972	2040	2107
山　东	4662	4672	4752	4851	4940	5111
河　南	5572	5517	5522	5536	5587	5662
湖　北	2508	2452	2467	2537	2589	2676
湖　南	3462	3439	3469	3516	3600	3658
广　东	3861	3963	3967	4120	4316	4702
广　西	2530	2543	2571	2601	2649	2703
海　南	334	340	342	354	367	378
重　庆	1636	1624	1640	1660	1689	1721
四　川	4436	4415	4409	4450	4503	4604
贵　州	2046	2068	2081	2118	2169	2216
云　南	2295	2323	2341	2350	2401	2461
西　藏	123	125	129	131	135	140
陕　西	1813	1785	1873	1911	1885	1883
甘　肃	1182	1187	1255	1304	1322	1348
青　海	239	240	247	254	263	268
宁　夏	274	278	282	291	298	300
新　疆	672	685	701	721	744	764

注：1.2000年全国数据为第五次全国人口普查修订数，2001年起为人口变动抽样调查推算数，分地区数据相加不等于全国总计。
2.因第二次全国农业普查数据正在汇总中，故2006年各地区就业人员数据暂空缺。

各地区职工人数

(2006年底)　　单位：万人

地区	职工人数	#国有单位	#城镇集体单位	#股份合作	#联营	#有限责任公司	#股份有限公司	#港澳台商投资	#外商投资
全国总计	**11160.6**	**6170.5**	**726.0**	**168.8**	**42.0**	**1820.7**	**679.6**	**593.1**	**747.2**
北　京	453.1	172.9	16.4	15.5	1.9	143.4	29.5	20.9	49.3
天　津	172.0	78.0	7.8	1.0	0.5	21.5	8.3	10.3	40.0
河　北	488.1	339.6	34.9	6.7	0.6	53.2	25.3	9.3	13.7
山　西	357.2	249.1	28.8	2.9	0.6	56.1	12.4	5.3	1.7
内蒙古	239.3	158.5	11.3	1.5	0.3	48.5	14.0	1.3	2.7
辽　宁	476.0	292.5	37.2	5.1	0.6	65.5	25.1	9.2	37.6
吉　林	259.9	171.1	19.2	2.0	0.2	33.5	20.4	2.6	7.4
黑龙江	459.2	284.0	35.9	23.1	0.8	44.9	41.5	3.1	4.4
上　海	264.5	116.7	10.1	2.0	1.3	32.4	27.8	22.6	50.2
江　苏	645.7	268.4	33.6	7.1	1.2	87.3	48.3	48.5	102.0
浙　江	580.7	177.5	27.5	16.4	1.3	174.4	51.1	59.3	71.1
安　徽	320.9	193.3	26.7	4.0	1.0	57.1	22.6	4.9	7.0
福　建	412.2	144.1	17.2	5.0	2.5	41.4	17.7	106.2	70.8
江　西	271.9	191.9	16.0	2.7	0.8	27.1	12.3	8.3	5.9
山　东	874.3	409.3	59.6	15.0	3.5	187.9	59.1	27.1	105.5
河　南	692.1	391.8	83.9	8.1	1.5	143.6	40.7	7.9	8.8
湖　北	495.3	285.9	35.6	5.9	2.7	54.5	33.8	9.2	14.6
湖　南	390.0	249.7	27.6	5.1	0.7	65.8	23.4	7.8	7.7
广　东	935.0	374.4	66.4	10.7	9.2	102.9	38.4	210.7	118.5
广　西	267.8	186.4	16.0	1.5	0.7	35.4	11.3	5.1	6.5
海　南	73.9	55.8	3.7	0.4	1.2	5.1	3.5	1.8	2.2
重　庆	213.0	120.4	12.2	3.8	4.5	52.7	11.5	2.3	4.9
四　川	500.9	304.4	40.1	7.9	1.3	94.7	36.2	3.7	7.2
贵　州	201.9	137.9	8.9	1.9	0.5	39.3	10.5	0.8	1.3
云　南	248.0	171.0	12.6	2.5	0.2	33.2	14.3	1.9	2.1
西　藏	17.0	16.1	0.5			0.3	0.2		
陕　西	323.7	239.6	19.7	7.0	0.7	39.6	13.3	1.6	1.2
甘　肃	190.2	140.9	8.4	1.7	1.0	26.5	9.2	0.5	0.6
青　海	41.2	31.2	2.0	0.6		4.5	2.6	0.2	
宁　夏	56.7	35.5	1.1	0.8	0.1	14.2	3.5		1.0
新　疆	238.9	182.9	5.2	0.6	0.3	34.2	11.9	0.7	1.1

各地区职工平均工资

(2006年)　　　　单位：元

地　区	平均工资	#国有单位	#城镇集体单位	#股份合作	#联　营	#有限责任公司	#股份有限公司	#港澳台商投资	#外商投资
全国总计	**21001**	**22112**	**13014**	**15323**	**20116**	**19509**	**25023**	**19045**	**24784**
北　京	40117	43298	17781	14595	20166	31375	59135	48587	58330
天　津	28682	31240	19125	34925	33137	28061	38064	24000	26773
河　北	16590	17152	10337	13049	24391	17915	16341	17314	17341
山　西	18300	18719	12162	10236	16431	20726	16318	14571	17669
内蒙古	18469	19386	12469	11234	12240	17477	18259	14201	18937
辽　宁	19624	20681	10888	13261	11843	19056	25312	18959	19556
吉　林	16583	17118	9787	9657	9731	15333	21004	13341	21875
黑龙江	16505	16374	9182	16285	14133	14116	24941	63747	18076
上　海	41188	44097	25318	23702	34200	37987	48991	26558	42773
江　苏	23782	28722	15550	16363	17308	20773	26071	17691	22233
浙　江	27820	42962	22360	19312	32933	19968	27583	19216	20152
安　徽	17949	17755	11869	12566	12200	21200	21760	12990	18943
福　建	19318	23926	15695	17573	20841	16980	23306	15563	17085
江　西	15590	16491	10102	12122	14556	14805	17809	10925	13655
山　东	19228	22804	13132	13784	27882	15809	17854	15387	17346
河　南	16981	17886	12483	13311	12404	17207	17613	17758	18016
湖　北	16048	18064	10416	10873	14286	14973	15265	12428	23280
湖　南	17850	18862	12883	14531	17799	16134	19232	15951	17400
广　东	26186	31352	14520	17426	25035	28243	39601	18465	24973
广　西	18064	18972	12428	11126	13451	16823	18053	12825	22328
海　南	15890	15398	9580	21224	15415	17453	27424	13582	19503
重　庆	19215	21402	13522	14507	16349	15455	22307	16190	21487
四　川	17852	20230	12726	13558	14971	13337	16778	16803	20596
贵　州	16815	17638	12873	14988	12111	14422	19597	13172	15392
云　南	18711	20017	12193	12892	15012	16639	20228	15005	19928
西　藏	31518	32355	11125	23000	17494	28311	19258		
陕　西	16918	17139	9086	19808	14698	18537	19352	14706	17410
甘　肃	17246	18108	11514	9885	6260	14116	22632	16712	20646
青　海	22679	24984	11322	15358	6805	14232	21498	17113	11406
宁　夏	21239	21370	19427	13803	16307	23003	16745	16390	21989
新　疆	17819	17704	14209	21615	16199	16777	25700	16830	17963

固定资产投资概况

指　　标	单位	1990年	1995年	2000年	2005年	2006年
全社会固定资产投资额	**亿元**	**4517.0**	**20019.3**	**32917.7**	**88773.6**	**109869.8**
按城乡划分						
城镇	亿元	3274.4	15643.7	26221.8	75095.1	93472.4
农村	亿元	1242.6	4375.6	6695.9	13678.5	16397.5
按经济类型分						
国有及其他经济	亿元	2986.3	14169.7	23406.8	62913.3	76242.5
集体经济	亿元	529.5	3289.4	4801.5	11969.7	14829.7
个体经济	亿元	1001.2	2560.2	4709.4	13890.7	18797.6
按资金来源分						
国家预算内资金	亿元	393.0	621.1	2109.5	4154.3	4792.0
国内贷款	亿元	885.5	4198.7	6727.3	16319.0	19529.6
利用外资	亿元	284.6	2295.9	1696.2	3978.8	4301.6
自筹资金	亿元	2954.4	13409.2	22577.1	55105.8	70524.5
其他资金	亿元				15033.0	19058.0
按隶属关系分						
中央项目	亿元		4533.7	6433.8	9111.0	10792.4
地方项目	亿元		15485.6	26483.9	79662.6	99077.5
按构成分						
建筑安装工程	亿元	3008.7	13173.3	20536.3	53382.6	66672.4
设备工器具购置	亿元	1165.5	4262.5	7785.6	21422.9	25485.0
其他费用	亿元	342.7	2583.5	4595.9	13968.1	17712.4
新增固定资产	**亿元**	**3995.3**	**14521.7**	**26842.2**	**57953.8**	**62743.6**
房屋建筑面积						
施工面积	万平方米	137171	215085	263294	431123	457569
#住宅	万平方米		140452	180634	239770	264300
竣工面积	万平方米	107952	145600	181974	227589	201507
#住宅	万平方米	86425	107433	134529	132836	127459
房地产开发						
房地产开发投资额	亿元	253.3	3149.0	4984.1	15909.3	19382.5
新增固定资产	亿元		1434.7	3698.6	9727.0	10236.3
开发房屋竣工住宅面积	万平方米	3527	12525	20603	43683	43247
固定资产投资效果系数	**元/百元**	**37.1**	**62.9**	**29.0**	**26.1**	**24.0**

按经济类型分全社会固定资产投资

年 份	固定资产投 资（亿元）	国有及其他经济	集体经济	个体经济	比上年增 长（%）
“六五”时期	**7997.6**	**5330.5**	**1012.0**	**1655.1**	**19.4**
1981	961.0	667.5	115.2	178.3	5.5
1982	1230.4	845.3	174.3	210.8	28.0
1983	1430.1	952.0	156.3	321.8	16.2
1984	1832.9	1185.2	238.7	409.0	28.2
1985	2543.2	1680.5	327.5	535.2	38.8
“七五”时期	**20593.5**	**13342.6**	**2750.0**	**4500.9**	**16.5**
1986	3120.6	2079.4	391.8	649.4	22.7
1987	3791.7	2448.8	547.0	795.9	21.5
1988	4753.8	3020.0	711.7	1022.1	25.4
1989	4410.4	2808.1	570.0	1032.3	-7.2
1990	4517.0	2986.3	529.5	1001.2	2.4
“八五”时期	**63808.3**	**44973.6**	**10422.8**	**8411.9**	**36.9**
1991	5594.5	3713.8	697.8	1182.9	23.9
1992	8080.1	5498.7	1359.4	1222.0	44.4
1993	13072.3	9278.8	2317.3	1476.2	61.8
1994	17042.1	12312.6	2758.9	1970.6	30.4
1995	20019.3	14169.7	3289.4	2560.2	17.5
“九五”时期	**139033.2**	**98908.4**	**20834.7**	**19290.1**	**11.2**
1996	(22974.0)	(16102.2)	(3660.6)	(3211.2)	14.8
	22913.5	16050.8	3651.5	3211.2	
1997	24941.1	17660.8	3850.9	3429.4	8.8
1998	28406.2	20469.6	4192.2	3744.4	13.9
1999	29854.7	21320.4	4338.6	4195.7	5.1
2000	32917.7	23406.8	4801.5	4709.4	10.3
“十五”时期	**295531.0**	**210880.1**	**41210.9**	**43440.2**	**20.2**
2001	37213.5	26505.3	5278.6	5429.6	13.0
2002	43499.9	30993.3	5987.4	6519.2	16.9
2003	55566.6	39837.0	8009.5	7720.1	27.7
2004	70477.4	50631.1	9965.7	9880.6	26.6
2005	88773.6	62913.3	11969.7	13890.7	26.0
“十一五”时期					
2006	109869.8	76242.5	14829.7	18797.6	24.0
平均每年增长(%)					
1981-2006年	20.1	19.3	26.0	21.0	
1998-2006年	15.6	15.6	13.7	17.4	
2003-2006年	26.6	26.2	26.7	28.1	

注：1.1997年起，除房地产投资、农村集体投资、个人投资外,其他固定资产投资的统计起点由5万元提高到50万元。为便于比较，对1996年的相应数据作了全面调整，括号内为原口径数，未加括号的为调整后的新口径数(下两表同)。增长速度按可比口径计算(下表同)。
2.增长速度未扣除价格因素；平均每年增长速度按累计法计算(下表同)。
3.受经济普查影响，2004年投资额与上年有不可比因素，增长速度按可比口径计算。
4.受农村非农户数据统计方法和渠道变更影响，2006年投资额与上年有不可比因素，增长速度按可比口计算。

按城乡和构成分全社会固定资产投资

单位：亿元

年份	按城乡分				按构成分		
	城镇	#房地产	农村	#农户	建筑安装工程	设备工器具购置	其他费用
“六五”时期	**5770.5**		**2227.1**		**5427.3**	**2100.7**	**469.6**
1981	711.1		249.9		689.8	223.6	47.5
1982	900.5		329.9		871.1	291.4	67.9
1983	1014.4		415.7		993.3	358.3	78.4
1984	1279.0		553.9		1217.6	509.2	106.1
1985	1865.5		677.7		1655.5	718.1	169.7
“七五”时期	**14871.3**		**5722.2**		**13638.3**	**5477.0**	**1477.8**
1986	2300.4		820.2		2059.7	852.0	209.0
1987	2730.6		1061.1		2475.7	1038.8	277.3
1988	3431.9		1321.9		3099.7	1305.4	348.8
1989	3134.0		1276.4		2994.6	1115.3	300.0
1990	3274.4		1242.6		3008.7	1165.5	342.7
“八五”时期	**49619.0**		**14189.3**		**40972.1**	**15492.0**	**7345.0**
1991	4057.9		1536.6		3647.7	1460.2	486.6
1992	6079.7		2000.4		5163.4	2125.1	791.6
1993	10303.4		2768.9		8201.2	3315.9	1555.2
1994	13534.3		3507.8		10786.5	4328.3	1928.1
1995	15643.7	3149.0	4375.6	2007.9	13173.3	4262.5	2583.5
“九五”时期	**109206.6**	**19096.3**	**29826.6**	**13600.6**	**87930.0**	**32338.0**	**18765.2**
1996	(17627.7)	(3216.4)	(5346.3)	(2544.0)	(15153.4)	(4940.8)	(2879.8)
	17567.2	3216.4	5346.3	2544.0	15109.3	4926.0	2878.2
1997	19194.2	3178.4	5746.9	2691.2	15614.0	6044.8	3282.3
1998	22491.4	3614.2	5914.8	2681.5	17874.5	6528.5	4003.1
1999	23732.0	4103.2	6122.7	2779.6	18795.9	7053.0	4005.7
2000	26221.8	4984.1	6695.9	2904.3	20536.3	7785.6	4595.9
“十五”时期	**245425.0**	**53356.4**	**50106.1**	**16604.0**	**179167.1**	**69350.1**	**47013.8**
2001	30001.2	6344.1	7212.3	2976.6	22954.9	8833.8	5424.8
2002	35488.8	7790.9	8011.1	3123.2	26578.9	9884.5	7036.6
2003	45811.7	10153.8	9754.9	3201.0	33447.2	12681.9	9437.5
2004	59028.2	13158.3	11449.2	3362.7	42803.6	16527.0	11146.8
2005	75095.1	15909.3	13678.5	3940.6	53382.6	21422.9	13968.1
“十一五”时期							
2006	93472.4	19382.5	16397.5	4435.7	66672.4	25485.0	17712.4
平均每年增长(%)							
1982-2006年	21.5		18.9		20.0	21.0	27.3
1998-2006年	17.0	21.4	9.9	3.9	15.1	14.9	18.9
2003-2006年	28.0	26.9	19.7	7.3	26.1	28.0	26.4

按隶属关系分全社会固定资产投资和房屋建筑面积

年份	按隶属关系分(亿元)		房屋建筑面积（万平方米）			
	中央项目	地方项目	施工面积	#住宅	竣工面积	#住宅
“六五”时期			**513964**		**516895**	**394235**
1981					86325	69444
1982			109510		90289	71459
1983			129188		111610	86540
1984			126407		106587	75820
1985			148859		122084	90972
“七五”时期			**800691**		**658745**	**513267**
1986			188184		154621	120516
1987			174597		145425	110641
1988			168951		140190	108418
1989			131788		110557	87267
1990			137171		107952	86425
“八五”时期			**924350**		**643345**	**464473**
1991			152813		120093	94685
1992			172173		116153	85880
1993			183449	98844	124949	78965
1994			200830	126486	136550	97510
1995	4533.7	15485.6	215085	140452	145600	107433
“九五”时期	**29487.5**	**109545.7**	**1240093**	**834639**	**868259**	**644421**
1996	(5185.3)	(17788.7)	(236308)	(155849)	(162849)	(122204)
	5135.3	17778.2	235259	155509	161966	121913
1997	5768.4	19172.7	230491	149658	166057	121101
1998	6255.4	22150.8	245756	167601	170905	127572
1999	5894.6	23960.1	263294	181236	187357	139306
2000	6433.8	26483.9	265294	180634	181974	134529
“十五”时期	**35945.8**	**259585.2**	**1731813.3**	**1039134.8**	**1016426.4**	**652299.6**
2001	6669.9	30543.6	276025	182767	182437	130420
2002	6526.7	36973.2	304428	193731	196738	134002
2003	6113.6	49453.1	343742	205287	202644	130161
2004	7524.6	62952.8	376495	217580	207019	124881
2005	9111.0	79662.6	431123	239770	227589	132836
“十一五”时期						
2006	10792.4	99077.5	457569	264300	201507	127459
平均每年增长(%)						
1998-2006年	4.6	18.0	7.1	6.1	3.2	1.6
2003-2006年	10.3	29.0	11.5	7.3	2.6	-1.6

各地区固定资产投资

单位：亿元

地　区	2000年	2001年	2002年	2003年	2004年	2005年	2006年
全国总计	**32917.7**	**37213.5**	**43499.9**	**55566.6**	**70477.4**	**88773.6**	**109869.8**
北　京	1280.5	1513.3	1796.1	2169.3	2528.2	2827.2	3371.5
天　津	610.9	705.0	807.5	1039.4	1245.7	1495.1	1819.1
河　北	1816.8	1912.5	2020.4	2478.0	3218.8	4139.7	5499.4
山　西	548.2	663.6	813.4	1100.9	1443.9	1826.6	2259.3
内蒙古	423.6	503.6	707.9	1174.7	1788.0	2643.6	3363.1
辽　宁	1267.7	1421.2	1605.6	2076.4	2979.6	4200.4	5689.0
吉　林	603.5	701.7	834.2	969.0	1169.1	1741.1	2595.3
黑龙江	832.6	963.6	1046.2	1166.2	1430.8	1737.3	2235.8
上　海	1869.4	2004.6	2213.7	2499.1	3050.3	3509.7	3900.0
江　苏	2570.0	2823.2	3450.1	5233.0	6557.1	8165.4	9763.6
浙　江	2350.0	2834.9	3477.5	4740.3	5781.3	6520.1	7592.7
安　徽	804.0	893.4	1074.5	1418.7	1935.2	2525.1	3544.7
福　建	1112.2	1172.9	1253.1	1496.4	1892.9	2316.7	3068.4
江　西	516.1	631.8	889.0	1303.2	1713.2	2176.6	2683.2
山　东	2531.1	2788.7	3483.3	5315.1	6970.6	9307.3	11134.7
河　南	1377.7	1544.1	1725.9	2263.0	3099.4	4311.6	5907.7
湖　北	1339.2	1486.6	1605.1	1809.5	2264.8	2676.6	3344.8
湖　南	1012.2	1174.3	1348.0	1590.3	2072.6	2629.1	3165.5
广　东	3145.1	3484.4	3850.8	4813.2	5870.0	6977.9	7978.2
广　西	583.3	655.6	750.3	921.3	1236.5	1661.2	2198.2
海　南	198.9	213.3	225.4	280.0	317.0	367.2	418.8
重　庆	572.6	697.0	899.3	1161.5	1537.0	1933.2	2405.3
四　川	1418.0	1617.5	1902.7	2336.3	2818.4	3585.2	4416.1
贵　州	397.0	536.0	633.0	748.1	865.2	998.3	1193.3
云　南	684.0	738.5	814.6	1000.1	1291.5	1777.6	2128.3
西　藏	64.1	83.3	106.6	134.0	162.4	181.4	224.2
陕　西	653.7	773.4	915.3	1200.7	1508.9	1882.2	2480.6
甘　肃	395.4	460.4	526.2	619.8	733.9	870.4	1024.9
青　海	151.1	196.4	232.4	255.6	289.2	329.8	408.5
宁　夏	157.5	191.1	227.0	318.0	376.2	443.3	508.7
新　疆	610.4	706.0	800.1	973.4	1147.1	1339.1	1565.0
不分地区	1021.0	1121.6	1464.9	962.2	1182.5	1677.9	1982.0

按登记注册类型分固定资产投资

单位：亿元

注 册 类 型	城镇固定资产投资额		房地产开发投资额	
	2005年	2006年	2005年	2006年
全国总计	**75095.1**	**93472.4**	**15909.2**	**19382.5**
内资	**66493.5**	**83084.2**	**13963.4**	**16892.4**
国有	27214.2	32041.4	932.7	1084.4
集体	1626.5	2135.6	285.0	292.3
股份合作	576.2	682.6	120.3	136.1
联营企业	500.9	464.6	89.1	86.1
国有联营企业	242.3	205.0	46.1	31.9
集体联营企业	29.0	49.9	9.2	10.8
国有与集体联营企业	122.8	92.0	13.1	19.9
其他联营企业	106.7	117.7	20.7	23.4
有限责任公司	19098.4	24160.6	6727.6	8045.6
国有独资公司	2210.4	2703.5	217.7	272.6
其他有限责任公司	16888.0	21457.1	6509.9	7773.0
股份有限公司	6648.0	7762.5	989.6	1150.2
私营企业	9772.9	13864.5	4742.6	5864.0
其他企业	1056.5	1972.5	76.6	233.8
港、澳、台商投资企业	**3767.3**	**4324.4**	**1206.0**	**1462.7**
合资经营	1626.3	1674.2	580.6	676.2
合作经营	327.4	425.3	194.3	204.5
独资	1670.5	2000.5	416.0	543.7
股份有限公司	143.2	224.4	15.2	38.3
外商投资企业	**4657.1**	**5566.4**	**739.8**	**1027.3**
合资经营	2190.1	2371.1	385.7	478.6
合作经营	233.5	267.2	126.7	154.5
独资	2068.0	2680.1	214.0	371.7
股份有限公司	165.5	247.9	13.5	22.5
个体经营	**177.2**	**497.5**		
个体户	131.1	398.0		
个人合伙	46.0	99.5		

按行业分城镇固定资产投资（一）

行　　业	投资额（亿元）		2006年比上年增长（%）	2006年比重(%)
	2005年	2006年		
全国总计	**75095.1**	**93472.4**	**24.5**	**100.0**
农林牧渔业	**842.8**	**1101.7**	**30.7**	**1.2**
#林业	180.1	236.2	31.1	0.3
采矿业	**3234.3**	**4168.0**	**28.9**	**4.5**
煤炭开采及洗选业	1162.9	1479.4	27.2	1.6
石油和天然气开采业	1463.6	1811.2	23.8	1.9
黑色金属矿采选业	278.1	356.5	28.2	0.4
有色金属矿采选业	182.3	305.9	67.8	0.3
非金属矿采选业	143.3	207.9	45.2	0.2
其他采矿业	4.1	7.2	77.0	
制造业	**20406.6**	**26398.6**	**29.4**	**28.2**
农副食品加工业	893.9	1176.1	31.6	1.3
食品制造业	543.5	775.1	42.6	0.8
饮料制造业	348.7	551.6	58.2	0.6
烟草制造业	95.5	115.3	20.8	0.1
纺织业	1059.2	1282.4	21.1	1.4
纺织服装、鞋、帽制造业	384.3	548.6	42.7	0.6
皮革、毛皮、羽毛(绒)及其制品业	202.7	295.5	45.8	0.3
木材加工及木、竹、藤、棕、草制品业	280.9	409.2	45.7	0.4
家具制造业	189.1	273.8	44.8	0.3
造纸及纸制品业	549.3	650.5	18.4	0.7
印刷业和记录媒介的复制	227.5	301.4	32.5	0.3
文教体育用品制造业	88.6	120.5	36.0	0.1
石油加工、炼焦及核燃料加工业	801.3	944.8	17.9	1.0
化学原料及化学制品制造业	2130.6	2555.5	19.9	2.7
医药制造业	696.1	752.0	8.0	0.8
化学纤维制造业	175.7	215.0	22.4	0.2
橡胶制品业	200.6	358.8	78.8	0.4
塑料制品业	475.4	704.4	48.2	0.8
非金属矿物制品业	1393.9	1854.4	33.0	2.0
黑色金属冶炼及压延加工业	2305.2	2246.5	-2.5	2.4
有色金属冶炼及压延加工业	761.2	973.9	27.9	1.0
金属制品业	745.3	1122.8	50.7	1.2
通用设备制造业	1025.2	1567.1	52.9	1.7
专用设备制造业	784.5	1096.9	39.8	1.2

按行业分城镇固定资产投资（二）

行业	投资额（亿元）		2006年比上年增长（%）	2006年比重(%)
	2005年	2006年		
交通运输设备制造业	1576.5	1973.8	25.2	2.1
电气机械及器材制造业	771.4	1123.2	45.6	1.2
通信设备、计算机及其他电子设备制造业	1215.6	1686.6	38.7	1.8
仪器仪表及文化、办公用机械制造业	161.3	228.0	41.4	0.2
工艺品及其他制造业	305.2	456.8	49.7	0.5
废弃资源和废旧材料回收加工业	18.5	38.2	107.3	
电力、燃气及水的生产和供应业	**7286.6**	**8196.0**	**12.5**	**8.8**
电力、热力的生产与供应业	6503.2	7225.1	11.1	7.7
燃气生产与供应业	274.6	330.7	20.4	0.4
水的生产与供应业	508.7	640.2	25.8	0.7
建筑业	**664.3**	**997.3**	**50.1**	**1.1**
交通运输、仓储和邮政业	**8860.4**	**11140.2**	**25.7**	**11.9**
#铁路运输业	1267.7	2039.5	60.9	2.2
道路运输业	5581.4	6277.5	12.5	6.7
城市公共交通业	531.1	855.6	61.1	0.9
水上运输业	779.3	994.7	27.6	1.1
航空运输业	302.4	463.1	53.2	0.5
信息传输、计算机服务和软件业	**1561.6**	**1785.9**	**14.4**	**1.9**
批发和零售业	**1532.1**	**1884.6**	**23.0**	**2.0**
住宿和餐饮业	**675.9**	**928.7**	**37.4**	**1.0**
金融业	**105.6**	**118.1**	**11.7**	**0.1**
房地产业	**17098.2**	**21445.6**	**25.4**	**22.9**
租赁和商务服务业	**486.2**	**666.3**	**37.0**	**0.7**
科学研究、技术服务和地质勘查业	**424.5**	**464.8**	**9.5**	**0.5**
水利、环境和公共设施管理业	**6097.9**	**7453.4**	**22.2**	**8.0**
水利管理业	837.6	951.6	13.6	1.0
环境管理业	318.7	423.8	33.0	0.5
公共设施管理业	4941.7	6078.0	23.0	6.5
居民服务和其他服务业	**135.5**	**182.3**	**34.5**	**0.2**
教育	**1966.9**	**2113.9**	**7.5**	**2.3**
卫生、社会保障和社会福利业	**591.8**	**692.5**	**17.0**	**0.7**
#卫生	550.2	639.9	16.3	0.7
文化、体育和娱乐业	**685.8**	**849.7**	**23.9**	**0.9**
公共管理和社会组织	**2438.1**	**2884.9**	**18.3**	**3.1**
国际组织				

各地区城镇固定资产投资

单位：亿元

地　区	2000年	2001年	2002年	2003年	2004年	2005年	2006年
全国总计	**26221.9**	**30001.2**	**35488.8**	**45811.7**	**59028.2**	**75095.1**	**93472.4**
北　京	1196.3	1419.6	1693.6	1999.9	2333.0	2595.4	3086.3
天　津	541.4	627.1	715.5	931.7	1128.7	1364.0	1679.0
河　北	1193.8	1260.5	1353.9	1772.8	2442.0	3307.8	4430.6
山　西	482.0	587.8	727.8	998.8	1315.2	1666.5	2059.2
内蒙古	358.6	434.0	635.4	1097.1	1707.5	2555.3	3264.8
辽　宁	1067.1	1203.8	1364.0	1771.2	2580.3	3666.5	4977.2
吉　林	531.0	628.7	750.7	872.9	1059.4	1581.3	2366.1
黑龙江	774.3	888.7	958.7	1069.5	1317.0	1581.2	2040.4
上　海	1697.7	1805.5	2012.3	2245.5	2863.0	3198.6	3497.5
江　苏	1813.5	1999.1	2515.3	4011.6	5008.2	6218.9	7473.7
浙　江	1631.2	2018.9	2429.3	3198.5	3998.8	4784.7	5428.0
安　徽	626.2	712.5	864.5	1184.5	1613.0	2126.7	3057.9
福　建	892.9	968.5	1030.6	1229.3	1594.5	1958.3	2730.1
江　西	376.2	482.5	714.6	1099.1	1477.9	1902.7	2377.4
山　东	1706.1	1971.6	2581.8	4163.9	5418.5	7275.1	8714.9
河　南	943.1	1056.9	1195.9	1677.2	2434.9	3461.2	4843.8
湖　北	1108.6	1236.2	1376.2	1573.7	2005.1	2387.4	3039.9
湖　南	709.8	842.0	988.3	1235.3	1679.4	2204.0	2718.4
广　东	2680.3	2965.0	3287.3	4145.1	5029.4	5890.1	6552.6
广　西	469.8	541.5	627.7	791.3	1094.6	1480.9	1947.3
海　南	170.6	183.0	202.7	246.2	291.0	339.2	396.7
重　庆	481.9	602.9	795.1	1040.6	1400.6	1777.1	2252.0
四　川	1079.3	1247.4	1481.2	1835.1	2322.9	2991.8	3927.6
贵　州	326.7	463.1	555.8	667.9	780.2	899.3	1048.7
云　南	559.7	600.1	664.8	839.2	1113.0	1592.3	1924.1
西　藏	64.1	83.3	106.6	134.0	162.4	181.4	196.4
陕　西	552.2	662.8	795.4	1071.0	1378.5	1740.9	2285.7
甘　肃	342.2	401.8	465.5	553.7	660.8	786.0	925.9
青　海	138.2	181.8	215.4	236.9	272.7	310.8	384.6
宁　夏	129.0	156.2	183.5	263.1	316.8	382.0	448.7
新　疆	556.9	647.0	734.5	892.6	1046.4	1210.0	1415.1
不分地区	1021.0	1121.6	1464.9	962.2	1182.5	1677.9	1982.0

各地区农村固定资产投资

单位：亿元

地　区	2000年	2001年	2002年	2003年	2004年	2005年	2006年
全国总计	**6695.9**	**7212.3**	**8011.1**	**9754.9**	**11449.2**	**13678.5**	**16397.5**
北　京	84.2	93.8	102.5	169.3	195.2	231.8	285.2
天　津	69.6	77.9	92.0	107.7	117.0	131.1	140.1
河　北	623.0	652.0	666.5	705.2	776.8	831.9	1068.8
山　西	66.1	75.8	85.6	102.0	128.7	160.1	200.1
内蒙古	65.0	69.6	72.6	77.6	80.4	88.3	98.3
辽　宁	200.6	217.4	241.5	305.1	399.3	533.9	711.8
吉　林	72.5	73.0	83.5	96.1	109.7	159.8	229.2
黑龙江	58.3	74.9	87.5	96.7	113.8	156.1	195.4
上　海	171.7	199.2	201.4	253.6	187.3	311.1	402.6
江　苏	756.4	824.1	934.8	1221.4	1548.8	1946.5	2290.0
浙　江	718.7	816.0	1048.1	1541.8	1782.6	1735.4	2164.6
安　徽	177.8	180.9	210.0	234.2	322.2	398.4	486.8
福　建	219.3	204.4	222.5	267.1	298.4	358.4	338.3
江　西	139.9	149.3	174.4	204.1	235.3	273.9	305.8
山　东	825.0	817.0	901.5	1151.2	1552.1	2032.2	2419.8
河　南	434.6	487.2	530.1	585.8	664.5	850.4	1064.0
湖　北	230.6	250.3	228.9	235.7	259.7	289.2	305.0
湖　南	302.4	332.3	359.7	355.1	393.2	425.1	447.1
广　东	464.9	519.4	563.5	668.1	840.6	1087.8	1425.7
广　西	113.5	114.2	122.6	130.0	141.9	180.3	250.9
海　南	28.3	30.3	22.7	33.8	26.0	27.9	22.0
重　庆	90.7	94.1	104.1	120.9	136.5	156.1	153.4
四　川	338.7	370.1	421.6	501.3	495.5	593.4	488.5
贵　州	70.3	73.0	77.1	80.2	85.0	98.9	144.6
云　南	124.2	138.3	149.8	160.9	178.6	185.3	204.2
西　藏							27.7
陕　西	101.5	110.6	119.9	129.6	130.4	141.3	194.9
甘　肃	53.2	58.6	60.8	66.1	73.2	84.3	98.9
青　海	13.0	14.6	16.9	18.7	16.4	19.0	23.9
宁　夏	28.5	34.9	43.5	54.9	59.4	61.3	59.9
新　疆	53.5	59.0	65.6	80.8	100.7	129.1	149.9

房地产开发企业(单位)概况

指　　标	单位	2000年	2001年	2002年	2003年	2004年	2005年	2006年
房地产开发投资额	**亿元**	**4984.1**	**6344.1**	**7790.9**	**10153.8**	**13158.3**	**15909.3**	**19382.5**
#国有经济投资	亿元	1354.2	1407.7	1267.9	1284.1	1271.6	1196.5	1388.9
#商品房建设投资	亿元	3736.3	4717.5	5767.2	7356.6	9348.8	11314.9	13323.3
#土地开发投资	亿元	402.8	496.0	559.3	746.3	715.4	941.3	1211.4
按工程用途分								
住宅	亿元	3312.0	4216.7	5227.8	6776.7	8837.0	10860.9	13611.6
办公楼	亿元	297.9	307.9	381.0	508.3	652.2	763.1	923.2
商业营业用房	亿元	580.0	755.3	933.6	1302.4	1723.7	2039.5	2345.4
其它	亿元	794.2	1064.2	1248.5	1566.4	1945.4	2245.7	2502.3
按构成分								
建筑安装工程	亿元	3442.2	4273.2	5202.7	6742.7	8825.3	10962.5	13343.9
设备工器具购置	亿元	104.1	122.7	139.8	141.0	192.9	237.4	267.4
其他费用	亿元	1437.8	1948.2	2448.4	3270.1	4140.0	4709.3	5771.1
房屋建筑面积及价值								
施工面积	万平方米	65897	79412	94104	117526	140451	166053	194090
#新开工面积	万平方米	29583	37394	42801	54708	60414	68064	78131
竣工面积	万平方米	25105	29867	34976	41464	424265	53417	53019
竣工价值	亿元	2859.3	3369.4	4141.7	5280.0	5952.5	7752.2	8302.2
商品房销售情况								
商品房销售面积	万平方米	18637	22412	26808	33718	38232	55486	60628
商品房销售额	亿元	3935.4	4862.8	6032.3	7955.7	10375.7	17576.0	20509.7
资金来源合计	**亿元**	**6996.9**	**8983.2**	**11396.1**	**15257.7**	**20242.1**	**25497.3**	**32523.2**
上年末结余资金	亿元	999.3	1286.8	1646.1	2060.8	3073.4	4099.4	5643.0
本年资金来源小计	亿元	5997.6	7696.4	9750.0	13196.9	17168.8	21397.8	26880.2
国内贷款	亿元	1385.1	1692.2	2220.3	3138.3	3158.4	3918.1	5263.4
利用外资	亿元	168.7	135.7	157.2	170.0	228.2	257.8	394.4
#外商直接投资	亿元	134.8	106.1	124.1	116.3	142.6	171.4	297.5
自筹资金	亿元	1614.2	2184.0	2738.4	3770.7	5207.6	7000.4	8587.1
#自有资金	亿元	777.4	1145.1	1505.7	2005.9	2862.9	4022.2	5025.1
其他资金	亿元	2819.3	3670.6	4619.9	6106.1	8562.6	10221.6	12635.3
#定金及预收款	亿元	2297.2	3025.4	3758.8	5106.3	7395.3	6954.2	8135.6
各项应付款	**亿元**	**1106.4**	**1357.8**	**1408.2**	**1699.0**	**1872.3**	**2490.8**	**2956.2**
#工程款	亿元	677.4	878.3	938.8	1119.7	1115.9	1424.6	1707.7

注：1.2006年数据为快报数据（下表同）。
2.2005年起商品房销售面积和销售额统计口径为期房加现房(下两表同)；2004年及以前统计口径为实际销售房屋，包括预售转销售的房屋。

各地区房地产开发企业（单位）房屋施工、竣工面积和商品房销售面积

单位：万平方米

地区	房屋施工面积		房屋竣工面积		商品房销售面积	
	2005年	2006年	2005年	2006年	2005年	2006年
全国总计	**166053.3**	**194090.2**	**53417.0**	**53019.4**	**55486.2**	**60628.1**
北京	10748.5	10483.5	3770.9	3193.9	3123.4	2607.6
天津	3470.6	4142.6	1479.2	1520.2	1408.4	1458.6
河北	3821.0	4625.6	1129.9	1172.7	1408.7	1707.6
山西	2266.5	3054.8	667.3	661.1	688.7	767.6
内蒙古	2111.3	3598.0	897.1	1301.7	1078.8	1414.3
辽宁	7058.9	8621.3	2443.9	2845.1	2564.5	3006.1
吉林	1890.0	2810.5	622.8	664.8	830.9	956.8
黑龙江	2630.5	3106.5	1305.0	1398.1	1242.8	1482.7
上海	10462.4	10938.8	3095.7	3274.3	3158.9	3025.4
江苏	15619.3	18680.2	5500.1	5370.3	5135.5	5928.9
浙江	15651.7	16931.9	4130.8	3717.5	3305.8	3495.1
安徽	5306.9	7062.4	1816.9	2067.2	1907.2	2307.8
福建	6107.7	6992.7	1576.2	1408.3	1913.8	2021.7
江西	4508.2	4557.1	1561.5	1492.3	1650.1	1683.2
山东	10670.9	12182.5	3600.4	3383.2	3754.9	3797.2
河南	4903.0	7009.2	1370.9	1677.5	1724.8	2439.9
湖北	4804.4	5504.1	1627.0	1817.7	1708.0	2038.5
湖南	5050.4	6341.0	1741.1	1706.2	1842.2	2021.6
广东	15110.0	17049.4	4385.2	3992.5	5038.9	5106.4
广西	4082.8	4711.8	1330.7	1130.5	1438.4	1502.0
海南	921.1	1004.9	187.1	106.6	249.4	195.2
重庆	7487.4	9244.0	2209.8	2224.8	2017.7	2239.5
四川	8277.7	10621.3	2769.9	3023.5	3402.5	4022.8
贵州	2784.9	3230.6	711.6	534.8	862.6	831.7
云南	2807.0	3220.7	857.5	856.6	1431.9	1561.7
西藏	43.4	69.2	26.5	18.1	25.9	34.1
陕西	3175.7	3559.2	757.2	792.1	892.0	1115.2
甘肃	1438.0	1590.2	454.9	420.3	493.2	515.5
青海	422.9	446.7	104.1	127.7	121.0	113.5
宁夏	1049.4	1140.5	568.1	524.2	377.9	379.9
新疆	1371.1	1559.1	717.4	595.6	687.2	849.9

各地区房地产开发企业(单位)投资和商品房销售额

单位：亿元

地　区	房地产开发投资额		商品房销售额		#住　宅	
	2005年	2006年	2005年	2006年	2005年	2006年
全国总计	**15909.2**	**19382.5**	**17576.1**	**20509.7**	**14563.8**	**17038.0**
北　京	1525.0	1719.9	2120.2	2159.0	1740.0	1626.3
天　津	327.5	402.3	571.1	696.3	504.1	619.5
河　北	391.5	480.0	262.3	358.6	235.0	321.4
山　西	178.0	208.6	152.2	153.3	116.3	130.0
内蒙古	162.1	325.0	178.3	257.0	128.7	202.3
辽　宁	874.3	1142.2	717.4	923.9	620.6	788.7
吉　林	195.7	310.5	156.9	194.1	131.0	169.9
黑龙江	267.6	321.3	260.9	325.5	196.3	264.3
上　海	1246.9	1275.6	2161.3	2177.1	1906.0	1841.0
江　苏	1545.2	1901.0	1724.9	2127.7	1422.8	1756.2
浙　江	1456.5	1572.8	1414.9	1678.4	1122.2	1357.9
安　徽	459.4	637.5	423.4	535.9	348.1	438.6
福　建	540.4	787.4	605.1	807.5	481.9	637.3
江　西	301.1	343.6	252.2	291.4	194.3	250.8
山　东	977.7	1178.7	910.7	988.5	784.2	851.1
河　南	388.5	582.0	322.0	483.6	255.4	401.2
湖　北	448.0	564.8	386.6	521.0	335.2	463.9
湖　南	457.0	556.1	299.3	389.9	226.4	300.4
广　东	1591.9	1834.3	2238.7	2490.6	1886.4	2135.7
广　西	286.8	370.0	289.6	329.9	239.8	270.7
海　南	70.8	89.3	72.9	70.9	66.5	66.5
重　庆	517.7	629.6	430.8	505.7	340.7	418.7
四　川	701.4	919.5	661.9	896.3	511.2	762.3
贵　州	154.1	187.6	138.6	150.2	101.3	122.8
云　南	246.9	314.6	310.0	366.3	259.1	298.7
西　藏	6.0	7.4	4.4	7.4	3.6	3.2
陕　西	299.0	394.8	183.7	274.7	164.0	243.5
甘　肃	86.6	97.7	95.5	91.7	76.5	82.2
青　海	29.1	31.2	22.2	22.4	18.2	19.8
宁　夏	74.8	76.9	84.5	78.4	56.3	63.0
新　疆	101.7	120.4	123.5	156.7	91.5	130.0

各地区房地产开发企业（单位）土地购置及开发情况

单位：万平方米

地　区	土地购置面积		2006年比上年增长(%)	土地开发面积		2006年比上年增长(%)
	2005年	2006年		2005年	2006年	
全国总计	**38253.7**	**36791.0**	**-3.8**	**22676.2**	**26605.6**	**17.3**
北　京	773.9	295.0	-61.9	314.2	840.5	167.5
天　津	730.0	905.2	24.0	986.3	1376.6	39.6
河　北	968.6	1042.6	7.6	523.0	764.9	46.3
山　西	519.1	391.8	-24.5	251.9	284.2	12.8
内蒙古	1004.5	1308.9	30.3	350.3	635.4	81.4
辽　宁	2432.8	2283.1	-6.2	1697.6	1529.1	-9.9
吉　林	604.9	662.4	9.5	218.4	253.0	15.9
黑龙江	692.5	624.2	-9.9	328.5	627.9	91.1
上　海	754.3	524.6	-30.5	558.4	250.7	-55.1
江　苏	2848.8	2892.3	1.5	1827.4	2089.4	14.3
浙　江	1801.9	1816.0	0.8	1311.6	1161.0	-11.5
安　徽	1896.4	1693.5	-10.7	1067.2	1020.4	-4.4
福　建	1822.5	1693.3	-7.1	726.1	710.7	-2.1
江　西	1517.9	916.0	-39.7	947.5	825.9	-12.8
山　东	3735.9	3037.2	-18.7	2356.3	2641.7	12.1
河　南	2015.8	1562.9	-22.5	973.2	2283.2	134.6
湖　北	1530.6	1544.7	0.9	941.3	1333.1	41.6
湖　南	1763.0	2151.8	22.1	971.5	1330.4	36.9
广　东	2894.1	2482.0	-14.2	2085.7	2315.5	11.0
广　西	1218.1	1091.1	-10.4	674.5	628.4	-6.8
海　南	205.2	396.2	93.1	66.7	65.9	-1.3
重　庆	1385.4	1467.7	5.9	916.3	804.1	-12.2
四　川	2038.3	2576.9	26.4	669.1	866.9	29.6
贵　州	519.9	761.5	46.5	247.6	242.2	-2.2
云　南	940.5	1210.9	28.7	478.5	557.8	16.6
西　藏	44.7	32.0	-28.4	36.5	50.8	39.2
陕　西	611.4	459.6	-24.8	409.2	390.2	-4.6
甘　肃	177.6	199.2	12.2	162.3	160.1	-1.4
青　海	112.2	46.7	-58.4	65.5	51.9	-20.8
宁　夏	245.6	220.0	-10.4	35.2	62.4	77.4
新　疆	447.3	501.8	12.2	478.5	451.5	-5.7

国家财政收支和债务收支情况

单位：亿元

指　　标	1990年	1995年	2000年	2005年	2006年
财政收入	**2937.1**	**6242.2**	**13395.2**	**31649.3**	**38730.6**
中央	992.4	3256.6	6989.2	16548.5	20449.8
地方	1944.7	2985.6	6406.1	15100.8	18280.9
财政收入指数（上年=100）	110.2	119.6	117.0	119.9	122.4
财政收入按项目分					
#各项税收	2821.9	6038.0	12581.5	28778.5	34785.3
#增值税	400.0	2602.3	4553.2	10792.1	12784.8
消费税		541.5	858.3	1633.8	1885.7
营业税	515.8	865.6	1868.8	4232.5	5128.6
个人所得税	21.1	131.3	659.6	2094.9	2453.7
关税	159.0	291.8	750.5	1066.2	1141.8
企业所得税	716.0	878.4	999.6	5343.9	7020.8
国有企业亏损补贴	-578.9	-327.8	-278.8	-193.3	-180.2
财政支出	**3083.6**	**6823.7**	**15886.5**	**33930.3**	**40213.2**
中央	1004.5	1995.4	5519.9	8776.0	9991.6
地方	2079.1	4828.3	10366.7	25154.3	30221.6
财政支出指数（上年=100）	109.2	117.8	120.5	119.1	118.5
财政支出按项目分					
#基本建设支出	547.4	789.2	2094.9	4041.3	4383.2
企业挖潜改造资金和科技三项费用	153.9	494.5	865.2	1494.6	1732.4
支农支出	221.8	430.2	766.9	1792.4	2147.7
文教科学卫生事业费	617.3	1467.1	2736.9	6104.2	7380.9
抚恤和社会福利救济费	55.0	115.5	213.0	716.4	900.0
社会保障补助支出			526.0	1817.6	2121.5
国防费	290.3	636.7	1207.5	2475.0	2979.3
行政管理费	303.1	872.7	1787.6	2883.5	3355.1
年末国债余额				**32614.2**	**35015.3**
内债余额				31848.6	34380.2
外债余额				765.6	635.0

注：1.本表及其他各表有关财政数据由财政部提供。2006年全国数据为预算执行数，以前各年数据为财政决算数。
2.财政收入和财政支出不包括国内外债务收入和支出。
3.行政管理费包括国家财政支出中的“行政管理费”、“公检法司支出”和“外交外事支出”。
4.1990年和1995年企业所得税数据包括国有和集体企业所得税。
5.2006年财政收入含解决出口退税历史陈欠613亿元（下表同）。

国家财政收支总额和指数

年　　份	财政收入（亿元）	财政支出（亿元）	收支差额（亿元）	指数（上年=100）	
				财政收入	财政支出
1978	1132.26	1122.09	10.17	129.5	133.0
1979	1146.38	1281.79	-135.41	101.2	114.2
1980	1159.93	1228.83	-68.90	101.2	95.9
“六五”时期	**7402.75**	**7483.18**	**-80.43**	**111.6**	**110.3**
1981	1175.79	1138.41	37.38	101.4	92.6
1982	1212.33	1229.98	-17.65	103.1	108.0
1983	1366.95	1409.52	-42.57	112.8	114.6
1984	1642.86	1701.02	-58.16	120.2	120.7
1985	2004.82	2004.25	0.57	122.0	117.8
“七五”时期	**12280.60**	**12865.67**	**-585.07**	**107.9**	**109.0**
1986	2122.01	2204.91	-82.90	105.8	110.0
1987	2199.35	2262.18	-62.83	103.6	102.6
1988	2357.24	2491.21	-133.97	107.2	110.1
1989	2664.90	2823.78	-158.88	113.1	113.3
1990	2937.10	3083.59	-146.49	110.2	109.2
“八五”时期	**22442.10**	**24387.46**	**-1945.36**	**116.3**	**117.2**
1991	3149.48	3386.62	-237.14	107.2	109.8
1992	3483.37	3742.20	-258.83	110.6	110.5
1993	4348.95	4642.30	-293.35	124.8	124.1
1994	5218.10	5792.62	-574.52	120.0	124.8
1995	6242.20	6823.72	-581.52	119.6	117.8
“九五”时期	**50774.39**	**57043.46**	**-6269.07**	**116.5**	**118.4**
1996	7407.99	7937.55	-529.56	118.7	116.3
1997	8651.14	9233.56	-582.42	116.8	116.3
1998	9875.95	10798.18	-922.23	114.2	116.9
1999	11444.08	13187.67	-1743.59	115.9	122.1
2000	13395.23	15886.50	-2491.27	117.0	120.5
“十五”时期	**115050.69**	**128022.85**	**-12972.16**	**118.8**	**116.4**
2001	16386.04	18902.58	-2516.54	122.3	119.0
2002	18903.64	22053.15	-3149.51	115.4	116.7
2003	21715.25	24649.95	-2934.70	114.9	111.8
2004	26396.47	28486.89	-2090.42	121.6	115.6
2005	31649.29	33930.28	-2280.99	119.9	119.1
“十一五”时期					
2006	38730.62	40213.16	-1482.54	122.4	118.5

注：1.本表不包括国内外债务收支。各计划时期指数为该时期年平均发展速度。
2.从2000年起，财政支出中包括国内外债务付息支出，以下各表中涉及财政支出和中央财政支出数据的均为此口径。
3.1985年及以前价格补贴冲减财政收入，1985年以后改列财政支出。为统一口径，本表对1985年及以前数字做了调整。

中央和地方财政收支

单位：亿元

年份	国家财政收入	中央	地方	国家财政支出	中央	地方
1978	1132.26	175.77	956.49	1122.09	532.12	589.97
1979	1146.38	231.34	915.04	1281.79	655.08	626.71
1980	1159.93	284.45	875.48	1228.83	666.81	562.02
“六五”时期	**7402.75**	**2583.02**	**4819.73**	**7483.18**	**3725.64**	**3757.54**
1981	1175.79	311.07	864.72	1138.41	625.65	512.76
1982	1212.33	346.84	865.49	1229.98	651.81	578.17
1983	1366.95	490.01	876.94	1409.52	759.60	649.92
1984	1642.86	665.47	977.39	1701.02	893.33	807.69
1985	2004.82	769.63	1235.19	2004.25	795.25	1209.00
“七五”时期	**12280.60**	**4104.41**	**8176.19**	**12865.67**	**4420.27**	**8445.40**
1986	2122.01	778.42	1343.59	2204.91	836.36	1368.55
1987	2199.35	736.29	1463.06	2262.18	845.63	1416.55
1988	2357.24	774.76	1582.48	2491.21	845.04	1646.17
1989	2664.90	822.52	1842.38	2823.78	888.77	1935.01
1990	2937.10	992.42	1944.68	3083.59	1004.47	2079.12
“八五”时期	**22442.10**	**9038.39**	**13403.71**	**24387.46**	**7323.13**	**17064.33**
1991	3149.48	938.25	2211.23	3386.62	1090.81	2295.81
1992	3483.37	979.51	2503.86	3742.20	1170.44	2571.76
1993	4348.95	957.51	3391.44	4642.30	1312.06	3330.24
1994	5218.10	2906.50	2311.60	5792.62	1754.43	4038.19
1995	6242.20	3256.62	2985.58	6823.72	1995.39	4828.33
“九五”时期	**50774.39**	**25618.37**	**25156.02**	**57043.46**	**17481.55**	**39561.91**
1996	7407.99	3661.07	3746.92	7937.55	2151.27	5786.28
1997	8651.14	4226.92	4424.22	9233.56	2532.50	6701.06
1998	9875.95	4892.00	4983.95	10798.18	3125.60	7672.58
1999	11444.08	5849.21	5594.87	13187.67	4152.33	9035.34
2000	13395.23	6989.17	6406.06	15886.50	5519.85	10366.65
“十五”时期	**115050.69**	**61888.28**	**53162.41**	**128022.85**	**36629.87**	**91392.98**
2001	16386.04	8582.74	7803.30	18902.58	5768.02	13134.56
2002	18903.64	10388.64	8515.00	22053.15	6771.70	15281.45
2003	21715.25	11865.27	9849.98	24649.95	7420.10	17229.85
2004	26396.47	14503.10	11893.37	28486.89	7894.08	20592.81
2005	31649.29	16548.53	15100.76	33930.28	8775.97	25154.31
“十一五”时期						
2006	38730.62	20449.77	18280.85	40213.16	9991.56	30221.60

注：1.国家财政收支不包括债务收支。
2.2000年起国家财政支出中包括国内外债务付息支出。

国家财政债务发行情况

单位：亿元

年　份	合　计	国内债务	国外借款	国内其他债务
1979	35.31		35.31	
1980	43.01		43.01	
1985	89.85	60.61	29.24	
1990	375.45	93.46	178.21	103.78
1991	461.40	199.30	180.13	81.97
1992	669.68	395.64	208.91	65.13
1993	739.22	314.78	357.90	66.54
1994	1175.25	1028.57	146.68	
1995	1549.76	1510.86	38.90	
1996	1967.28	1847.77	119.51	
1997	2476.82	2412.03	64.79	
1998	3310.93	3228.77	82.16	
1999	3715.03	3702.13		12.90
2000	4180.10	4153.59	23.10	3.41
2001	4604.00	4483.53	120.47	
2002	5679.00	5660.00		19.00
2003	6153.53	6029.24	120.68	3.61
2004	6879.34	6726.28	145.07	7.99
2005	6922.87	6922.87		

注：1999年起国内其他债务项目为债务收入大于支出部分增列的偿债基金。

国家财政债务还本付息支出

单位：亿元

年　份	合　计	国内债务还本付息	国外债务还本付息	归还人民银行借款和付息	债务收入大于支出部分增列偿债基金
1980	28.58		24.40	4.18	
1985	39.56		32.59	6.97	
1990	190.07	113.42	68.21	8.44	
1991	246.80	156.69	80.22	9.89	
1992	438.57	342.42	80.26	15.89	
1993	336.22	224.30	89.22	22.70	
1994	499.36	364.96	107.17	27.23	
1995	882.96	784.06	71.69	27.21	
1996	1355.03	1266.29	60.76	27.98	
1997	1918.37	1820.40	70.76	27.21	
1998	2352.92	2245.79	76.60	30.53	
1999	1910.53	1792.33	90.99	27.21	12.90
2000	1579.82	1552.21	27.61		3.41
2001	2007.73	1923.42	84.31		
2002	2563.13	2467.71	95.42		19.00
2003	2952.24	2876.58	75.66		3.61
2004	3671.59	3542.42	129.17		
2005	3923.37	3878.51	44.86		

注：2000年起债务支出数均为债务还本支出。

财政收支相当于国内生产总值的比重

单位：%

年　份	财政收入相当于国内生产总值的比重	财政支出相当于国内生产总值的比重	年　份	财政收入相当于国内生产总值的比重	财政支出相当于国内生产总值的比重
1978	31.1	30.8	1993	12.3	13.1
1979	28.2	31.6	1994	10.8	12.0
1980	25.5	27.0	1995	10.3	11.2
1981	24.0	23.3	1996	10.4	11.2
1982	22.8	23.1	1997	11.0	11.7
1983	22.9	23.6	1998	11.7	12.8
1984	22.8	23.6	1999	12.8	14.7
1985	22.2	22.2	2000	13.5	16.0
1986	20.7	21.5	2001	14.9	17.2
1987	18.2	18.8	2002	15.7	18.3
1988	15.7	16.6	2003	16.0	18.1
1989	15.7	16.6	2004	16.5	17.8
1990	15.7	16.5	2005	17.2	18.5
1991	14.5	15.5	2006	18.5	19.2
1992	12.9	13.9			

中央财政国债余额

（年底余额）

单位：亿元

年　份	国　债			中央财政赤　字	向国际金融组织借款统借统还部分
		内　债	外　债		
2005	32614.21	31848.59	765.62	2999.62	5.26
2006	35015.26	34380.24	635.02	2749.95	17.52

各地区财政收入

单位：亿元

地　区	2000年	2001年	2002年	2003年	2004年	2005年	2006年
地方总计	**6406.1**	**7803.3**	**8515.0**	**9850.0**	**11693.4**	**14884.2**	**18303.6**
北　京	345.0	454.2	534.0	592.4	744.5	919.2	1117.2
天　津	133.6	163.6	171.8	204.5	246.2	331.9	417.0
河　北	248.8	283.5	302.3	335.8	407.8	515.7	620.5
山　西	114.5	132.8	150.8	186.1	256.4	368.3	583.4
内蒙古	95.0	99.4	112.9	138.7	196.8	277.5	343.4
辽　宁	295.6	370.4	399.7	447.0	529.6	675.3	817.7
吉　林	103.8	121.1	131.5	154.0	166.3	207.2	245.2
黑龙江	185.3	213.6	231.9	248.9	289.4	318.2	386.8
上　海	485.4	609.5	709.0	886.2	1106.2	1417.4	1576.1
江　苏	448.3	572.1	643.7	798.1	980.5	1322.7	1656.7
浙　江	342.8	500.7	566.9	706.6	806.0	1066.6	1298.2
安　徽	178.7	192.2	200.2	220.7	274.6	334.0	428.0
福　建	234.1	274.3	272.9	304.7	333.5	432.6	541.2
江　西	111.6	132.0	140.5	168.2	205.8	252.9	305.5
山　东	463.7	573.2	610.2	713.8	828.3	1073.1	1356.3
河　南	246.5	267.7	296.7	338.1	428.8	537.7	679.2
湖　北	214.3	231.9	243.4	259.7	310.5	375.5	476.1
湖　南	177.0	205.4	231.1	268.6	320.6	395.3	477.9
广　东	910.6	1160.5	1201.6	1315.5	1418.5	1807.2	2179.5
广　西	147.1	178.7	186.7	203.7	237.8	283.0	342.6
海　南	39.2	43.8	46.2	51.3	57.0	68.7	81.8
重　庆	87.2	106.1	126.1	161.6	200.6	256.8	317.7
四　川	233.9	271.1	291.9	336.6	385.8	479.7	607.6
贵　州	85.2	99.7	108.3	124.6	149.3	182.5	226.8
云　南	180.7	191.3	206.8	229.0	263.4	312.6	380.0
西　藏	5.4	6.1	7.3	8.2	10.0	12.0	14.6
陕　西	115.0	135.8	150.3	177.3	215.0	275.3	362.5
甘　肃	61.3	69.9	76.2	87.7	104.2	123.5	141.2
青　海	16.6	19.8	21.1	24.0	27.0	33.8	42.2
宁　夏	20.8	27.6	26.5	30.0	37.5	47.7	61.4
新　疆	79.1	95.1	116.5	128.2	155.7	180.3	219.5

注：1.本表及以下各地区表中，2006年数据为月度执行情况汇总数,以前各年数据为各地区财政决算数。
2.本表数据为地方财政本级收入，不含财政部调整数据。

各地区财政支出

单位：亿元

地 区	2000年	2001年	2002年	2003年	2004年	2005年	2006年
地方总计	**10366.7**	**13134.6**	**15281.5**	**17229.9**	**20592.8**	**25154.3**	**30431.3**
北 京	443.0	559.1	628.3	734.8	898.3	1058.3	1296.8
天 津	187.0	234.7	265.2	312.1	375.0	442.1	543.1
河 北	414.3	514.2	576.6	646.7	785.6	979.2	1180.4
山 西	224.9	289.5	334.3	415.7	519.1	668.8	915.6
内蒙古	247.1	319.3	393.6	447.3	564.1	681.9	812.1
辽 宁	516.9	635.4	690.9	784.4	931.4	1204.4	1422.7
吉 林	260.7	326.4	362.6	409.2	507.8	631.1	718.4
黑龙江	381.9	478.3	531.9	564.9	697.6	787.8	968.5
上 海	608.6	708.1	862.4	1088.4	1382.5	1646.3	1795.6
江 苏	591.3	729.6	860.3	1047.7	1312.0	1673.4	2013.3
浙 江	431.3	597.3	749.9	896.8	1062.9	1265.5	1471.9
安 徽	322.5	403.8	456.9	507.4	601.5	713.1	940.2
福 建	324.1	373.2	397.6	452.3	516.7	593.1	728.7
江 西	223.2	283.7	341.4	382.1	454.1	564.0	696.4
山 东	613.0	753.8	860.6	1010.6	1189.4	1466.2	1833.4
河 南	444.0	508.6	629.2	716.6	880.0	1116.0	1440.1
湖 北	369.8	484.4	511.4	540.4	646.3	778.7	1047.0
湖 南	347.8	431.7	533.0	573.7	719.5	873.4	1064.5
广 东	1070.3	1321.0	1521.1	1695.6	1853.0	2289.1	2553.3
广 西	258.5	351.6	419.9	443.6	507.5	611.5	729.5
海 南	64.0	78.9	92.3	105.4	127.2	151.2	174.5
重 庆	187.6	237.5	305.9	341.6	395.7	487.4	594.3
四 川	451.9	594.1	701.6	732.3	895.3	1082.2	1347.4
贵 州	200.1	275.2	316.7	332.4	418.4	520.7	610.6
云 南	414.0	496.4	526.9	587.3	663.6	766.3	893.6
西 藏	60.0	104.6	137.8	145.9	133.8	185.5	200.2
陕 西	271.6	350.1	404.9	418.2	516.3	639.0	824.2
甘 肃	187.3	235.5	274.0	300.0	356.9	429.4	528.6
青 海	68.3	101.3	118.7	122.0	137.3	169.8	214.7
宁 夏	60.8	93.6	114.6	105.8	123.0	160.3	193.2
新 疆	191.0	263.3	361.2	368.5	421.0	519.0	678.5

注：本表数据为地方财政本级支出，不含财政部调整数据。

各地区财政收入分项数（一）

（2006年）　　　　单位：万元

地　区	收　入合　计	增值税	营业税	企　业所得税	企业所得税退税	个　人所得税	资源税
地方总计	**183035800**	**31963804**	**49681725**	**21824991**	**-18221**	**9815402**	**2071078**
北　京	11171514	1177984	4609912	2138573		1022754	3052
天　津	4170479	806681	1159176	534939	-2976	212141	5004
河　北	6205340	1405500	1336099	663664		293536	175241
山　西	5833752	1188365	744806	527204		156988	203968
内蒙古	3433774	594813	888508	272831	-1	120836	127755
辽　宁	8176718	1244029	2053699	739961	-1018	356348	187420
吉　林	2452045	429738	596923	178791		117041	23888
黑龙江	3868440	1031951	732253	237909	-123	160201	145207
上　海	15760742	2702130	5586744	2714672	-8393	1310730	
江　苏	16566820	3294346	4318092	2208691		817307	38816
浙　江	12982044	2486339	3868717	2042473	-166	809783	46468
安　徽	4280265	691811	1025791	410851	-1043	139687	60493
福　建	5411707	878301	1576820	712277		334377	31764
江　西	3055214	411759	755107	246651		123580	34562
山　东	13562526	2428345	2717252	1482753		458361	261376
河　南	6791715	1058397	1433424	702140	-846	240540	165884
湖　北	4760823	778051	1152962	475696	-96	195529	42462
湖　南	4779274	692813	1158144	300567	-1117	202224	20639
广　东	21794608	3979834	6617029	2974640		1569193	41807
广　西	3425788	469098	810494	234998	-210	147318	25328
海　南	818139	104951	287308	57109		39644	8568
重　庆	3177165	387112	858695	171603	-123	122390	37745
四　川	6075850	847362	1786426	543877	-146	268400	53103
贵　州	2268157	381878	557303	214095	-800	110417	30665
云　南	3799702	675019	894891	413009		144562	46110
西　藏	145607	15065	51077	8747		4466	2985
陕　西	3624805	730518	879989	341000	-639	132886	114459
甘　肃	1412152	314071	372674	106902	-293	57884	31202
青　海	422437	97547	112690	36066		14567	19422
宁　夏	613570	110274	188223	32246	-229	24599	6143
新　疆	2194628	549722	550497	100056	-2	107113	79542

各地区财政收入分项数（二）

（2006年）　　单位：万元

地　区	固定资产投资方向调节税	城市维护建设税	房产税	印花税	城镇土地使用税	土　地增值税	车船使用和牌照税
地方总计	**7427**	**9334307**	**5148467**	**2025522**	**1768092**	**2314724**	**499738**
北　京	15	451704	432935	135456	40022	56692	35137
天　津	128	192174	126191	49909	11000	35894	11601
河　北	159	334231	130461	67192	53728	36379	11205
山　西	1	256610	77599	39577	50608	4241	3271
内蒙古	747	180537	92741	45670	83743	34780	13084
辽　宁	3455	438653	298039	96161	168347	115401	22323
吉　林	21	143760	87345	21888	24757	15182	6347
黑龙江	4	316421	111264	26317	34560	8803	14500
上　海		529671	426773	269076	25815	356819	17269
江　苏	3	849160	488665	200771	85749	329167	28692
浙　江	700	770924	399495	175063	105653	202541	30605
安　徽		234844	84251	36685	56021	46022	15629
福　建	72	231489	185839	71446	56743	105348	14918
江　西		134563	52297	22722	29043	40464	7814
山　东	1566	784298	387000	123031	359719	220164	64233
河　南		350236	140178	57905	94996	45893	11635
湖　北	45	301641	117286	53469	51164	36389	12977
湖　南		297009	100861	40159	34439	10536	8867
广　东	113	775903	718371	251669	112419	304612	94759
广　西	-1	151663	81064	17670	36407	76474	6575
海　南		37559	35106	7799	9811	27888	3209
重　庆		155131	65549	31553	44602	43845	6381
四　川	45	332305	150411	58536	64538	87681	12206
贵　州	20	154212	51224	12534	20407	14304	3312
云　南	10	343424	85165	33853	34647	20286	18011
西　藏		4984		893		243	
陕　西	60	245048	78862	31387	37729	22470	11493
甘　肃	161	109908	46368	16895	15438	1829	2650
青　海	5	26563	9576	3771	903	401	458
宁　夏		35841	14050	6946	7779	2477	1160
新　疆	98	163841	73501	19519	17305	11499	9417

各地区财政收入分项数（三）

(2006年)　　　　单位：万元

地　区	屠宰税	农业税	农　业 特产税	耕　地 占用税	契　税	国有资产 经营收益
地方总计	**5**	**1314**	**35163**	**1711174**	**8676745**	**5004654**
北　京				15204	648741	23342
天　津				4932	279686	
河　北		18		39003	173577	163490
山　西				12442	38885	38155
内蒙古		89	1250	71987	76906	188849
辽　宁	3	1	988	52882	483166	409094
吉　林			4347	44825	93339	146214
黑龙江		930	2077	11168	180069	194578
上　海				36059	831259	
江　苏				177468	1054359	439059
浙　江			6	121797	781402	7777
安　徽				81660	238502	75667
福　建			1884	38836	252772	77356
江　西			611	37454	185275	120448
山　东		2	1035	396537	661374	584076
河　南			3661	108989	269748	429601
湖　北		1	269	33905	214948	139022
湖　南			4233	97905	229795	213597
广　东	2		910	68404	987319	358976
广　西		23	162	40024	149983	371691
海　南		59	31	7212	31279	37109
重　庆		82	897	43001	173331	149408
四　川			3913	83916	329330	244234
贵　州		5	2598	23140	47078	69034
云　南		30	3258	27269	77860	80930
西　藏				26		3016
陕　西			2921	26681	72257	342806
甘　肃		32	102	3286	27458	22626
青　海				2351	6872	3626
宁　夏				829	18945	38794
新　疆		42	10	1982	61230	32079

各地区财政收入分项数（四）

（2006年）　　　　单位：万元

地　区	国有企业计划亏损补贴	行政性收费收入	罚没收入	海域场地矿区使用费收入	专项收入	其他收入
地方总计	**-1490711**	**13202703**	**7063144**	**110398**	**9518845**	**2765310**
北　京	-484220	228257	207840	10618	354845	62651
天　津	-25000	535075	89009	10609	109381	24925
河　北	-8752	431923	382850	12391	423728	79717
山　西	-24026	277500	218823	4	1969464	49267
内蒙古	-9329	277816	133562		184955	51645
辽　宁	-30021	811395	298216	16939	344990	66247
吉　林	-54049	275928	130750	426	122859	41725
黑龙江	-16954	223867	132767		285213	35458
上　海	-48385	363982	202582		330676	113263
江　苏	-99838	1027043	614309	1560	615232	78169
浙　江	-432896	383911	590772	3260	527201	60219
安　徽	-30908	645101	184195		228934	56072
福　建	-2702	345432	231640	11223	170931	84941
江　西	-1995	383546	237567		133501	100245
山　东	-44610	1332044	557499	20375	608806	157290
河　南	-10400	798994	385932	401	368617	135790
湖　北	-21705	611654	273018	573	197765	93798
湖　南	-38180	554936	332835		252462	266550
广　东	-9014	1259042	662477	9982	629308	386853
广　西	-7003	354119	217527	6420	140641	95323
海　南		53849	28758	4878	23694	12318
重　庆	-10050	595151	95370	581	156487	48424
四　川	-25215	579537	240033		314933	100425
贵　州	-3747	167703	121475		139163	152137
云　南	-17479	206878	196072		262609	253288
西　藏	-2922	13094	7003		4262	32668
陕　西	-17848	150076	115421	158	251484	55587
甘　肃	-13423	100674	52726		113194	29788
青　海	-40	23713	10394		37407	16145
宁　夏		40288	25628		50935	8642
新　疆		150175	86094		165168	15740

各地区财政支出分项数（一）

（2006年）　　　　单位：万元

地区	支出合计	基本建设	企业挖潜改造资金	地质勘探费	科技三项费用	流动资金
地方总计	**304313277**	**29068577**	**9515068**	**1038708**	**3608616**	**9346**
北京	12968389	993036	516313	13994	112209	
天津	5431219	832874	346945	16862	149692	
河北	11803590	689620	193756	35817	88627	
山西	9155698	547333	16511	25223	55715	651
内蒙古	8121330	1253030	240095	16811	45414	
辽宁	14227471	1372691	384943	37903	291249	
吉林	7183588	590955	107318	49891	56101	
黑龙江	9685255	555760	345387	19478	86529	
上海	17955660	3955840	2502021	2057	42634	
江苏	20132502	1818912	717206	34818	392960	
浙江	14718593	1001210	552198	34615	415202	
安徽	9402329	976248	322134	51503	51699	
福建	7286973	555755	226137	16820	96134	521
江西	6964361	488715	166598	72051	31732	
山东	18334400	821963	748249	35346	276583	4031
河南	14400878	1192268	447541	29551	116451	
湖北	10470041	511554	136444	19892	99706	22
湖南	10645177	726660	159927	78701	104357	
广东	25533399	2726869	279731	35159	625003	181
广西	7295172	621530	150485	35361	44712	
海南	1745366	187708	4294	3611	10212	
重庆	5942543	746977	129649	7903	61033	
四川	13473951	1150322	341384	63637	83336	3640
贵州	6106411	419335	57401	41184	43847	
云南	8935821	860634	119060	32432	63474	300
西藏	2001969	585771	2775	16392	5483	
陕西	8241805	723240	152544	61405	65049	
甘肃	5285946	590842	39495	58365	31430	
青海	2146628	363827	19957	21036	8896	
宁夏	1932089	389413	40952	14941	10802	
新疆	6784723	817685	47618	55949	42345	

各地区财政支出分项数（二）

(2006年)　　单位：万元

地　区	农业支出	林业支出	农林水利气象事业费	工业交通等部门事业费	流通部门事业费	文体广播事业费
地方总计	**10686465**	**5492981**	**3492331**	**3959261**	**501949**	**7582603**
北　京	411092	129011	69011	94307	2831	310411
天　津	111385	12118	37282	25362	296	135239
河　北	373173	220479	112672	178105	19678	288068
山　西	275830	186381	79532	123334	15505	215506
内蒙古	296661	493934	86112	85474	6255	185601
辽　宁	486949	141349	128944	205116	22445	261475
吉　林	277006	217391	49172	103120	22227	180830
黑龙江	366294	360440	81197	143477	38591	215968
上　海	282709	32418	102352	80987	2216	288995
江　苏	832939	68648	323395	294151	14232	491323
浙　江	702724	100619	215355	300444	19324	459771
安　徽	339334	121724	93839	175693	14450	216137
福　建	238183	60232	93403	146366	14857	239887
江　西	338817	146137	80586	115521	18297	181927
山　东	775289	104300	204167	194739	31599	519674
河　南	452756	152696	154633	177726	18626	440976
湖　北	389588	169540	145389	140620	39021	241675
湖　南	480973	253858	108391	153518	37588	259685
广　东	519633	161326	476107	246149	43538	592184
广　西	269032	166075	97241	63952	11653	206279
海　南	64049	30176	24193	9581	1471	40185
重　庆	161974	178900	45599	40091	6723	121402
四　川	539819	455624	136040	241539	26706	339499
贵　州	288866	225013	101637	75918	12763	203300
云　南	388096	310574	139898	137284	27049	238808
西　藏	77578	38970	15488	42306	836	42490
陕　西	350518	349275	117470	191891	24045	237238
甘　肃	188778	266498	72478	53276	3790	161751
青　海	72663	75625	20779	27826	566	49009
宁　夏	90216	101141	21500	26927	2672	44353
新　疆	243541	162509	58469	64461	2099	172957

各地区财政支出分项数（三）

（2006年）　　单位：万元

地　区	教　育支　出	科　学支　出	医疗卫生支　出	其他部门的事业费	抚恤和社会福利救济	行政事业单位离退休支出
地方总计	**44851837**	**1674690**	**12959969**	**13501415**	**9020710**	**12208017**
北　京	1751755	193238	870575	482759	382210	590651
天　津	815828	33063	237784	120826	109808	12286
河　北	1895526	39768	502031	677001	353444	553083
山　西	1208708	24942	354622	346967	243473	426034
内蒙古	950332	21354	282462	446523	198760	492834
辽　宁	1668888	53972	437296	679320	515158	620144
吉　林	912752	32480	269189	350324	292802	423857
黑龙江	1337055	38465	363780	486682	402902	257340
上　海	2054600	202682	614972	717225	271621	93483
江　苏	2982252	106015	895249	771372	485623	545418
浙　江	2690418	128065	835322	980591	371232	93136
安　徽	1520858	33438	347649	277282	330804	462768
福　建	1362444	52315	340692	367726	219975	417831
江　西	1037596	26554	288172	372952	283328	221838
山　东	2922839	90544	733206	844126	494988	759925
河　南	2331485	55507	614162	627552	497072	773414
湖　北	1454723	29183	449741	419127	444851	320087
湖　南	1422621	30522	346152	521401	424118	504250
广　东	3926235	171660	1035579	1387583	524351	1147878
广　西	1354638	50309	334041	396135	182096	287412
海　南	278479	6676	76109	94043	58206	65377
重　庆	786380	13548	197870	142150	214810	351927
四　川	1818699	59908	574949	472605	516313	659142
贵　州	1119194	32000	300375	216673	185470	37129
云　南	1503948	47653	571204	372659	251795	740211
西　藏	205964	3521	80941	7612	38854	20589
陕　西	1280080	28305	288357	407515	257912	301327
甘　肃	874820	23387	232159	174081	159762	275364
青　海	243755	5787	115786	63497	63679	188475
宁　夏	246179	8698	70085	63103	52366	74117
新　疆	892786	31131	299458	214003	192927	490690

各地区财政支出分项数（四）

(2006年)　　单位：万元

地　区	社会保障补助支出	国　防支　出	行　政管理费	外交外事支　出	武装警察部队支出	公检法司支　出
地方总计	**18826993**	**320386**	**28947597**	**136124**	**526459**	**20755269**
北　京	374205	2943	839533	3172	2626	1015621
天　津	515659	3115	319670	6263	3905	389768
河　北	828572	11645	1129634	9223	5888	778060
山　西	680089	8930	826868	1827	9730	494477
内蒙古	401224	6700	821707	3699	21253	395100
辽　宁	2024175	24390	1095417	17894	15546	914260
吉　林	818202	6484	567059	3555	21118	431382
黑龙江	1349257	19494	865111	2678	26384	585064
上　海	1006739	5847	807473	11117		1001909
江　苏	838542	18306	2318910	6778	36207	1578049
浙　江	361897	15025	1608880	8906	39908	1317280
安　徽	650938	9005	933113	6078	8624	525970
福　建	116918	20312	590591	2745	24730	542511
江　西	486189	7504	586446	1407	8482	465571
山　东	675428	13885	1929519	4905	18251	1168852
河　南	828252	7394	1466931	1704		851139
湖　北	1069869	3012	1112894	2696	24483	800146
湖　南	1025543	14098	1058309	3393	14965	684229
广　东	492191	27224	2563287	5835	104206	2578450
广　西	319890	15260	737856	10942	11316	535696
海　南	138928	2420	170519	1645	6943	119658
重　庆	527904	5946	617006	661	17774	389346
四　川	894102	23176	1602024	3989	27330	856554
贵　州	276238	5622	745898	2087	4502	410117
云　南	341539	19229	952075	3754	29817	616507
西　藏	49724	1882	322954	323	5749	88234
陕　西	697609	4735	785192	1929	8156	418755
甘　肃	425362	5895	534555	2830	4968	238827
青　海	176788	1818	199185	1262	3028	101905
宁　夏	112041	1959	129959	1748	6272	97586
新　疆	322979	7131	709022	1079	14298	364246

各地区财政支出分项数（五）

（2006年） 单位：万元

地区	城市维护费	政策性补贴支出	支援不发达地区支出	海域开发建设和场地使用费支出	车辆税费支出	债务利息支出	专项支出	其他支出
地方总计	**15374481**	**8373047**	**2159214**	**55881**	**2113280**	**360352**	**8473589**	**28718062**
北京	759902	77333		586	5950		351724	2611391
天津	668999	46433	4550	10709	1005	9000	104697	349796
河北	576929	525182	64394	9081	79380	605	413531	1150618
山西	337371	143663	58825	20	88363	192	1893109	465967
内蒙古	545077	235350	73359	50	45833	7959	195482	266885
辽宁	941709	365017	54218	4297	40812	146927	298215	976752
吉林	295594	583563	45758	59	80977	36428	96566	261428
黑龙江	362839	589142	53065	150	153540	6075	246910	326201
上海	1047647	36660			3056		316171	2472229
江苏	1739125	451891	20582	814	34536	8617	560113	1745519
浙江	843596	162968	48601	621	42532		448691	919462
安徽	274345	434996	62130	115	138468	2920	230546	789521
福建	234827	130347	44189	5384	70862	6649	154016	893614
江西	342484	251580	64868	64	122178	51	126374	630342
山东	1470287	657001	20787	10695	37399	6434	562013	2197376
河南	488613	843679	97612	122	125132	21317	363663	1222904
湖北	323245	524908	73445	296	116873	4562	166901	1235548
湖南	440988	395987	82532	89	122895	3237	208549	977641
广东	1207928	238510	184332	8328	48439	4934	557804	3612765
广西	271391	111021	101394	2925	62910	12168	105209	726243
海南	61549	42310	35960	915	17368	1287	22898	168596
重庆	485258	88339	52483		70546	5097	128609	346638
四川	389344	292761	126113	67	133726	45419	252996	1343188
贵州	147201	58999	168396	68	72738	15436	107775	731229
云南	280649	83572	193809	187	62974	3550	142633	400447
西藏	5347	20912	33971		71477		7276	208550
陕西	330826	123653	120099	22	64680	890	110862	738226
甘肃	145813	101860	107131	61	60874	2365	110008	339121
青海	27710	17845	48052	36	46613	8233	39010	133980
宁夏	81276	32994	43867	60	25529		42132	99201
新疆	246612	704571	74692	60	65615		109106	376684

金融、证券、保险基本情况

（年底数）

项　　目	单位	2002年	2003年	2004年	2005年	2006年
金融						
金融机构人民币资金来源	亿元	184025	225313	262740	302043	391912
#各项存款	亿元	170917	208056	241424	287170	335460
金融机构人民币资金运用	亿元	184025	225313	262740	302043	391912
#各项贷款	亿元	131294	158996	178198	194690	225347
金融机构现金收入和支出						
现金收入	亿元	365593	455528	567879	626978	705733
现金支出	亿元	367182	457996	569601	629542	708774
投放(+) 回笼(-)	亿元	1589	2468	1722	2563	3041
货币供应量						
货币和准货币(M_2)	亿元	185007	221223	254107	298756	345604
狭义货币(M_1)	亿元	70882	84119	95970	107279	126035
流通中现金(M_0)	亿元	17278	19746	21468	24032	27073
黄金储备	万盎司	1929	1929	1929	1929	1929
外汇储备	亿美元	2864	4033	6099	8189	10663
证券						
境内上市公司（A、B股）	家	1224	1287	1377	1381	1434
境外上市公司（H股）	家	75	93	111	122	156
股票发行量	亿股	291.7	281.4	227.9	567.1	
股票筹资额	亿元	961.8	1357.8	1510.9	1882.5	5594.0
保险						
保险系统职工人数	万人	19.4	20.0	26.2	36.6	42.8
保险公司业务经济技术指标						
保费	亿元	3054	3880	4318	4929	5643
赔款及给付	亿元	707	841	1004	1137	1438

注：国家银行统计口径包括中国人民银行、政策性银行、国有独资商业银行、邮政储蓄机构。

金融机构本外币存贷款余额

项　目	各项存款余额	#企业存款	#城乡居民储蓄存款	#人民币	各项贷款余额	#短期贷款	#中长期贷款
年底余额(亿元)							
2003	220364	76785	110695	103618	169771	87398	67252
2004	253188	89438	126196	119555	188566	90808	81010
2005	300209	101751	147054	141051	206838	91157	92941
2006	348065	118881	166617	161587	238519	101762	113173
比上年增长(%)							
2003	20.2	19.4	17.4	19.2	21.4	13.8	30.0
2004	15.3	16.4	14.0	15.4	14.4	7.4	22.1
2005	18.2	13.8	16.5	18.0	12.8	6.5	16.2
2006	16.0	16.8	13.3	14.6	14.7	10.9	21.3

注：本表中外币存贷余额已折合人民币。

金融机构人民币存贷款余额和货币供应量

单位：亿元

年份	金融机构		货币供应量		
	存款余额	贷款余额	货币和准货币 (M_2)	狭义货币 (M_1)	流通中现金 (M_0)
1978	1134.5	1850.0			212.0
1979	1339.1	2039.6			267.7
1980	1661.2	2414.3			346.2
1981	2027.4	2860.2			396.3
1982	2369.9	3180.6			439.1
1983	2788.6	3589.9			529.8
1984	3583.9	4766.1			792.1
1985	4264.9	5905.6			987.8
1986	5354.7	7590.8			1218.4
1987	6517.0	9032.5			1454.5
1988	7425.8	10551.3			2134.0
1989	10786.2	14360.1			2344.0
1990	14012.6	17680.7	15293.4	6950.7	2644.4
1991	18079.0	21337.8	19349.9	8633.3	3177.8
1992	23468.0	26322.9	25402.2	11731.5	4336.0
1993	29627.0	32943.1	34879.8	16280.4	5864.7
1994	40472.5	40810.1	46923.5	20540.7	7288.6
1995	53862.2	50538.0	60750.5	23987.1	7885.3
1996	68571.2	61152.8	76094.9	28514.8	8802.0
1997	82390.3	74914.1	90995.3	34826.3	10177.6
1998	95697.9	86524.1	104498.5	38953.7	11204.2
1999	108778.9	93734.3	119897.9	45837.3	13455.5
2000	123804.4	99371.1	134610.4	53147.2	14652.7
2001	143617.2	112314.7	158301.9	59871.6	15688.8
2002	170917.4	131293.9	185007.0	70881.8	17278.0
2003	208055.6	158996.2	221222.8	84118.6	19745.9
2004	241424.3	178197.8	254107.0	95969.7	21467.3
2005	287169.5	194690.4	298755.7	107278.8	24031.7
2006	335459.8	225347.2	345603.6	126035.1	27072.6

注：1.1978-1988年金融机构存贷款余额为国家银行存贷款余额。
2.2001年6月起已将证券公司客户保证金计入货币供应量(M_2)。

金融机构人民币信贷收支

(年底余额)　　　　单位：亿元

项　　目	2000年	2001年	2002年	2003年	2004年	2005年	2006年
资金来源总计	**135484**	**154876**	**184025**	**225313**	**262740**	**302043**	**391912**
各项存款	123804	143617	170917	208056	241424	287170	335460
企业存款	44094	51547	60029	72487	84669	96144	113239
财政存款	3508	3370	3482	5127	6236	7996	10927
机关团体存款	2224	2853	5184	6728	8152	12052	15046
城乡储蓄存款	64332	73762	86911	103617	119555	141051	161587
农业存款	2643	3083	3764	4898	5526	6204	7414
信托类存款	2874	2690	2414	2458	3009	3462	11
其他类存款	4129	6313	9133	12740	14276	20261	27236
金融债券	30	51	90	2226	3955	5673	6483
流通中现金	14653	15689	17278	19746	21468	24032	27073
对国际金融机构负债	368	485	423	483	562	642	
其它	-3372	-4966	-4684	-5197	-4670	-15473	22897
资金运用总计	**135484**	**154876**	**184025**	**225313**	**262740**	**302043**	**391912**
各项贷款	99371	112315	131294	158996	178198	194690	225347
短期贷款	65748	67327	74248	83661	86841	87449	98534
工业贷款	17019	18637	20190	22756	23897	22517	28654
商业贷款	17869	18563	17973	17994	17074	16448	16672
建筑业贷款	1617	2100	2748	3002	2780	2984	3613
农业贷款	4889	5711	6885	8411	9843	11530	13208
乡镇企业贷款	6061	6413	6812	7662	8069	7902	6222
三资企业贷款	3050	3264	2697	2569	2198	1975	1834
私营企业及个体贷款	655	918	1059	1462	2082	2181	2668
其他短期贷款	14589	11722	15883	19805	20897	21913	25665
中长期贷款	27931	39328	48642	63401	76703	81370	106549
信托类贷款	2410	2498	2170	2281	2721	3126	12
其它类贷款	3282	3252	6234	9652	11933	22746	20251
有价证券及投资	19651	22113	26790	30259	30931	34942	39491
金银占款	12	256	337	337	337	337	637
外汇占款	14291	17856	23223	34847	52591	71211	98980
财政借款	1582	1582	1582				
在国际金融机构资产	576	754	798	873	683	862	1075

注：1.资金来源项目2006年发生变化，“其他”项数据与历史数据不可比。
2.2000-2005年数据来源于《中国金融年鉴-2006》，2006年数据为月报数据。

金融机构现金收入和支出

单位：亿元

项　　目	2000年	2001年	2002年	2003年	2004年	2005年	2006年
收入总计	**277067**	**321380**	**365593**	**455528**	**567879**	**626978**	**705733**
商品销售收入	32593	35716	40101	48546	57944	61763	65605
服务业收入	13316	14957	16849	19369	22865	24091	25924
税款收入	1586	1831	2114	2514	2880	3157	3520
城乡个体经营收入	10652	11598	12645	15458	19109	20230	20655
储蓄存款收入	183023	217657	252323	321578	404744	454954	520492
其他金融机构收入	3060	2710	2260	2272	2565	2347	2183
居民归还贷款收入	4078	5060	6261	8063	10290	11875	12705
汇兑收入	5935	6204	5901	5092	5444	5326	5045
有价证券收入	1918	1645	952	1124	1148	928	833
其他收入	20907	24003	26188	31512	40889	42307	48771
#兑换外币收入	207	160	116	165	186	207	343
支出总计	**278264**	**322416**	**367182**	**457996**	**569601**	**629542**	**708774**
工资性支出	20398	21537	23744	28641	34307	36963	39936
农副产品采购支出	7126	7640	8340	10483	13059	14898	15897
行政企事业管理费支出	15298	17640	19997	23768	27241	28585	30139
城乡个体经营支出	13319	14815	16779	20958	24774	26450	27157
储蓄存款支出	184907	218044	251240	318132	401910	451556	517701
其他金融机构支出	2106	2477	2340	2233	2353	2123	2177
居民提取贷款支出	3977	4955	6362	8080	9467	10322	10119
汇兑支出	3790	3997	3931	3280	3280	2981	2822
工矿及其它产品采购支出	4653	5245	6329	8741	11125	12697	13901
有价证券支出	1304	1392	941	1002	923	762	689
其他支出	21387	24673	27179	32676	41163	42205	48235

人民币一年期存贷款利率

单位：年利率 %

执行日期	金融机构存款基准利率	金融机构贷款基准利率	中央银行对金融机构贷款基准利率
1978	3.24	5.04	
1980	3.96-5.76	5.04	
1985	5.40-7.20	3.60-7.92	
1990.01.01	11.34	11.34	
1990.04.15	10.08	10.08	
1990.08.21	8.64	9.36	
1991.04.21	7.56	8.64	
1993.05.15	9.18	9.36	
1993.07.11	10.98	10.98	
1995.07.01	10.98	12.06	
1996.05.01	9.18	10.98	10.98
1996.08.23	7.47	10.08	10.62
1997.10.23	5.67	8.64	9.36
1998.03.25	5.22	7.92	7.92
1998.07.01	4.77	6.93	5.67
1998.12.07	3.78	6.39	5.13
1999.06.10	2.25	5.85	3.78
2002.02.21	1.98	5.31	3.24
2004.03.25	1.98	5.31	3.87
2004.10.29	2.25	5.58	3.87
2006.04.28	2.25	5.85	3.87
2006.08.19	2.52	6.12	3.87

金融机构存款利率调整时间表

单位：年利率%

项　　目	2002年2月21日	2004年10月29日	2006年8月19日
活期存款	**0.72**	**0.72**	**0.72**
定期存款			
整存整取			
三个月	1.71	1.71	1.80
半　年	1.89	2.07	2.25
一　年	1.98	2.25	2.52
二　年	2.25	2.70	3.06
三　年	2.52	3.24	3.69
五　年	2.79	3.60	4.14
零存整取、整存零取、存本取息			
一　年	1.71	1.71	1.8
三　年	1.89	2.07	2.25
五　年	1.98	2.25	2.52
定活两便	按一年以内定期整存整取同档次利率打六折执行	按一年以内定期整存整取同档次利率打六折执行	按一年以内定期整存整取同档次利率打六折执行
协定存款	**1.44**	**1.44**	**1.44**
通知存款			
一　天	1.08	1.08	1.08
七　天	1.62	1.62	1.62

金融机构贷款利率调整时间表

单位：年利率%

项　　目	2002年2月21日	2004年10月29日	2005年3月17日	2006年8月19日
短期贷款				
六个月以内（含六个月）	5.04	5.22	5.22	5.58
六个月至一年（含一年）	5.31	5.58	5.58	6.12
中长期贷款				
一至三年（含三年）	5.49	5.76	5.76	6.3
三至五年（含五年）	5.58	5.85	5.85	6.48
五年以上	5.76	6.12	6.12	6.84
贴现	在再贴现利率基础上，按不超过同期贷款利率（含浮动）加点			
个人住房贷款				
个人住房公积金贷款				
五年以下（含五年）	3.6	3.78	3.96	4.14
五年以上	4.05	4.23	4.41	4.59
商业银行自营性个人住房贷款				
六个月（含）以内			5.22	
六个月至一年（含）			5.58	
一至三年（含）		4.95	5.76	
三至五年（含）	4.77		5.85	
五年以上	5.04	5.31	6.12	

注：从2005年3月17日起，自营性个人住房贷款利率改按商业性贷款利率执行，上限放开，实行下限管理，下限利率水平为相应期限档次贷款基准利率的0.9倍。

黄金和国家外汇储备

年　份	黄金储备(万盎司)	国家外汇储备(亿美元)	年　份	黄金储备(万盎司)	国家外汇储备(亿美元)
1978	1280	1.67	1993	1267	211.99
1979	1280	8.40	1994	1267	516.20
1980	1280	-12.96	1995	1267	735.97
1981	1267	27.08	1996	1267	1050.29
1982	1267	69.86	1997	1267	1398.90
1983	1267	89.01	1998	1267	1449.59
1984	1267	82.20	1999	1267	1546.75
1985	1267	26.44	2000	1267	1655.74
1986	1267	20.72	2001	1267	2121.65
1987	1267	29.23	2002	1929	2864.07
1988	1267	33.72	2003	1929	4032.51
1989	1267	55.50	2004	1929	6099.32
1990	1267	110.93	2005	1929	8188.72
1991	1267	217.12	2006	1929	10663.00
1992	1267	194.43			

保险业基本情况

年份	机构数（个）	职工人数（人）	保费（亿元）	财产保险公司	人寿保险公司	赔款及给付（亿元）	财产保险公司	人寿保险公司
1994			376					
1995			453					
1996			538					
1997			773	382	390	247	215	32
1998		172892	1256	506	750	532	290	242
1999		171865	1406	527	879	508	280	228
2000	33	166602	1598	608	990	526	308	218
2001	35	185502	2109	685	1424	597	333	264
2002	44	194383	3054	780	2274	707	403	304
2003	62	199705	3880	869	3011	841	476	365
2004	68	262429	4318	1125	3194	1004	579	426
2005	93	366482	4929	1284	3646	1137	691	446
2006	108	428315	5643	1581	4061	1438	825	614

保险公司业务经济技术指标

单位：亿元

项　目	保　费		赔款及给付	
	2005年	2006年	2005年	2006年
合计	**4929**	**5643**	**1137**	**1438**
财产保险公司	**1284**	**1581**	**691**	**825**
企业财产保险	150	159	93	92
家庭财产保险	12	11	3	3
机动车辆保险	858	1108	484	599
工程保险	23	25	13	9
责任保险	45	56	18	22
信用保险	23	29	10	13
保证保险	18	8	15	15
船舶保险	25	28	10	12
货物运输保险	51	56	20	21
特殊风险保险	19	21	1	2
农业保险	7	8	6	6
健康险	5	9	3	5
意外伤害保险	46	62	16	24
其他险	2	2	1	1
人寿保险公司	**3646**	**4061**	**446**	**614**
寿险	3244	3593	311	465
健康险	307	368	106	120
人身意外伤害险	95	100	28	28

证券市场基本情况(一)

项　　　目	单位	1992年	1993年	1994年	1995年	1996年
境内上市公司数（A、B股）	家	53	183	291	323	530
境内上市外资股（B股）	家	18	41	58	70	85
境外上市公司数（H股）	家		6	15	18	25
股票总发行股本	亿股	69	388	685	848	1220
#流通股本	亿股	21	108	226	301	430
股票市价总值	亿元	1048	3531	3691	3474	9842
#股票流通市值	亿元		862	969	938	2867
股票成交量	百万股	3795	23422	201334	70547	253314
股票成交金额	亿元	681	3667	8128	4036	21332
上证综合指数(收盘)		780	834	648	555	917
深证综合指数(收盘)		241	238	141	113	327
投资者帐户数	万户	217	835	1108	1294	2422
平均市盈率						
上海			42	23	16	31
深圳			43	10	9	35
平均换手率						
上海	%			1135	529	913
深圳	%			584	255	1350
国债发行额	亿元	461	381	1138	1511	1848
企业债发行额	亿元	684	236	162	301	269
债券成交量	万手				100661	174297
债券成交额	亿元				59368	18039
国债现货成交金额	亿元	7	61	468	775	5029
国债回购成交金额	亿元			76	1249	13009
证券投资基金只数	只					
证券投资基金规模	亿元					
证券投资基金成交金额	亿元					
期货总成交量	万手		891	12111	63612	34257
期货总成交额量	亿元		5522	31601	100565	84119

注：本表资料由中国证券监督管理委员会提供。

证券市场基本情况(二)

项　　目	单位	1997年	1998年	1999年	2000年	2001年
境内上市公司数（A、B股）	家	745	851	949	1088	1160
境内上市外资股（B股）	家	101	106	108	114	112
境外上市公司数（H股）	家	42	43	46	52	60
股票总发行股本	亿股	1943	2527	3089	3792	5218
#流通股本	亿股	671	862	1080	1354	1813
股票市价总值	亿元	17529	19506	26471	48091	43522
#股票流通市值	亿元	5204	5746	8214	16088	14463
股票成交量	百万股	256079	215411	293239	475840	315229
股票成交金额	亿元	30722	23544	31320	60827	38305
上证综合指数(收盘)		1194	1147	1367	2073	1646
深证综合指数(收盘)		381	344	402	636	476
投资者帐户数	万户	3480	4260	4811	6123	6899
平均市盈率						
上海		40	34	38	58	38
深圳		41	32	38	56	40
平均换手率						
上海	%	702	454	471	493	269
深圳	%	817	407	425	509	228
国债发行额	亿元	2412	3809	4015	4657	4884
企业债发行额	亿元	255	148	158	83	147
债券成交量	万手	161732	203161	170716	197979	204708
债券成交额	亿元	16477	21662	18284	19119	20418
国债现货成交金额	亿元	3583	6060	5301	4157	4816
国债回购成交金额	亿元	12876	15541	12891	14734	15488
证券投资基金只数	只		6	22	34	51
证券投资基金规模	亿元		120	510	562	804
证券投资基金成交金额	亿元		555	1623	2466	2562
期货总成交量	万手	15876	10446	7364	5461	12046
期货总成交额量	亿元	61171	36967	22343	16082	30145

证券市场基本情况(三)

项　　目	单位	2002年	2003年	2004年	2005年	2006年
境内上市公司数（A、B股）	家	1224	1287	1377	1381	1434
境内上市外资股（B股）	家	111	111	110	109	109
境外上市公司数（H股）	家	75	93	111	122	156
股票总发行股本	亿股	5875	6428	7149	7630	
#流通股本	亿股	2037	2270	2577	2915	
股票市价总值	亿元	38329	42458	37056	32430	89404
#股票流通市值	亿元	12485	13179	11689	10631	25004
股票成交量	百万股	301619	416308	582773	662373	1614522
股票成交金额	亿元	27990	32115	42334	31665	90469
上证综合指数(收盘)		1358	1497	1267	1161	2675
深证综合指数(收盘)		389	379	316	279	551
投资者帐户数	万户	6842	6981	7216	7336	7854
平均市盈率						
上海		34	37	24	16	33
深圳		37	36	25	16	33
平均换手率						
上海	%	214	251	289	274	
深圳	%	199	214	288	316	
国债发行额	亿元	5934	6280	6924	7042	
企业债发行额	亿元	325	358	327	2047	
债券成交量	万手	329252	620194	504219	283714	
债券成交额	亿元	33250	62136	50323	28368	
国债现货成交金额	亿元	8709	5756	2966	2781	1541
国债回购成交金额	亿元	24420	53000	44087	23621	15413
证券投资基金只数	只	71	95	161	218	301
证券投资基金规模	亿元	1319	1615	3309	4714	6020
证券投资基金成交金额	亿元	1167	683	479	773	1910
期货总成交量	万手	13943	27992	30570	32287	44696
期货总成交额量	亿元	39490	108397	146935	134463	209534

股票发行筹资情况

指　　标	单位	1991年	1992年	1993年	1994年	1995年	1996年	1997年	1998年
股票发行量	**亿股**	**5.0**	**20.8**	**95.8**	**91.3**	**31.6**	**86.1**	**267.6**	**105.6**
A股	亿股	5.0	10.0	42.6	11.0	5.3	38.3	105.7	86.3
B股	亿股		10.8	12.8	10.4	10.9	16.1	25.1	9.9
H股	亿股			40.4	69.9	15.4	31.8	136.9	12.9
股票筹资额	**亿元**	**5.0**	**94.1**	**375.5**	**326.8**	**150.3**	**425.1**	**1293.8**	**841.5**
A股	亿元	5.0	50.0	276.4	99.8	85.5	294.3	825.9	778.0
首发	亿元	5.0	50.0	194.8	49.6	22.7	224.5	655.1	409.1
增发	亿元								30.5
配股	亿元			81.6	50.2	62.8	69.9	170.9	335.0
可转债	亿元								3.5
B股	亿元		44.1	38.1	38.3	33.4	47.2	107.9	25.6
H股	亿元			60.9	188.7	31.5	83.6	360.0	38.0

指　　标	单位	1999年	2000年	2001年	2002年	2003年	2004年	2005年	2006年
股票发行量	**亿股**	**122.9**	**512.0**	**141.5**	**291.7**	**281.4**	**227.9**	**567.1**	**1287.8**
A股	亿股	98.1	145.7	93.0	134.2	83.6	54.9	13.8	351.1
B股	亿股	1.8	7.1			1.0	1.5		
H股	亿股	23.1	359.3	48.5	157.5	196.8	171.5	553.3	936.7
股票筹资额	**亿元**	**944.6**	**2103.2**	**1252.3**	**961.7**	**1357.7**	**1510.9**	**1882.5**	**5594.3**
A股	亿元	893.6	1527.0	1182.1	779.8	819.6	835.7	338.1	2463.7
首发	亿元	497.9	812.4	534.3	517.0	453.5	353.4	56.7	1572.2
增发	亿元	59.8	166.7	217.2	164.7	110.7	168.7	278.8	847.1
配股	亿元	321.0	519.5	430.6	56.6	74.8	104.5	2.6	4.3
可转债	亿元	15.0	28.5		41.5	180.6	209.0		40.0
B股	亿元	3.8	14.0			3.5	27.2		
H股	亿元	47.2	562.2	70.2	182.0	534.7	648.1	1544.4	3130.6

注：1.本表资料由中国证券监督管理委员会提供。
　　2.A股发行量为首次公开发行(IPO)数量。

股票交易情况

项　　目	单位	1993年	1994年	1995年	1996年	1997年	1998年	1999年
交易所会员总数	个	907	1046	1085	1066	840	659	628
#异地会员	个	836	967	1002	986	773	632	603
上市公司数	个	183	291	323	530	745	851	949
上市股票数	只	218	345	381	599	821	931	1029
发行总股本	亿股	329	640	766	1111	1771	2345	2909
流通股本	亿股	82	186	235	346	561	741	952
流通市值	亿元	862	969	938	2867	5204	5746	8214
市价总值	亿元	3531	3691	3474	9842	17529	19506	26471
成交金额	亿元	3627	8128	4036	21332	30722	23544	31320
成交量	百万股	22656	101334	70531	253314	256002	215411	293239
最高上证综合股价指数		1559	1053	926	1259	1510	1423	1756
最低上证综合股价指数		750	326	524	513	870	1043	1048
最高深证综合股价指数		359	242	170	473	518	441	525
最低深证综合股价指数		204	97	113	105	306	317	311

项　　目	单位	2000年	2001年	2002年	2003年	2004年	2005年	2006年
交易所会员总数	个	631	547	437	382	350	328	
#异地会员	个	603	521	406	348	315	290	
上市公司数	个	1088	1160	1224	1287	1377	1380	1434
上市股票数	只	1174	1240	1310	1372	1463	1467	
发行总股本	亿股	3613	4838	5463	5998	6715	7164	
流通股本	亿股	1233	1481	1680	1897	2194	2499	
流通市值	亿元	16088	14463	12485	13179	11689	10631	
市价总值	亿元	48091	43522	38329	42458	37056	32430	89404
成交金额	亿元	60827	38305	27990	32115	42334	31665	90469
成交量	百万股	475838	315229	301619	416308	582773	662373	1614522
最高上证综合股价指数		2126	2245	1749	1650	1783	1329	
最低上证综合股价指数		1361	1515	1339	1307	1259	998	
最高深证综合股价指数		654	665	512	449	471	333	
最低深证综合股价指数		415	439	372	351	315	237	

注：本表资料来源于上海和深圳证券交易所。

国际收支概况

单位：百万美元

年份	经常项目差额	货物和服务	收益	经常转移	资本和金融项目差额	资本项目	金融项目	储备资产	净误差与遗漏
1982	5674	4812	376	486	338		338	-6291	279
1983	4240	2571	1158	511	-226		-226	-4131	117
1984	2030	54	1534	442	-1003		-1003	-95	-932
1985	-11417	-12501	841	243	8972		8972	2353	92
1986	-7035	-7390	-23	378	5944		5944	1954	-863
1987	300	291	-215	224	6002		6002	-4931	-1371
1988	-3803	-4061	-161	419	7132		7132	-2318	-1011
1989	-4317	-4927	229	381	3724		3724	503	90
1990	11997	10668	1055	274	3255		3255	-12118	-3134
1991	13270	11600	840	830	8032		8032	-14554	-6748
1992	6401	4998	248	1155	-251		-251	2102	-8252
1993	-11903	-11791	-1284	1172	23474		23474	-1767	-9804
1994	7658	7357	-1036	1337	32644		32644	-30527	-9775
1995	1618	11958	-11774	1434	38675		38675	-22481	-17812
1996	7242	17550	-12437	2129	39967		39967	-31643	-15566
1997	36963	42823	-11004	5143	21015	-21	21036	-35724	-22254
1998	31471	43837	-16644	4278	-6321	-47	-6275	-6426	-18724
1999	21114	30641	-14470	4943	5180	-26	5205	-8505	-17788
2000	20519	28873	-14666	6311	1922	-35	1958	-10548	-11893
2001	17405	28086	-19173	8492	34775	-54	34829	-47325	-4856
2002	35422	37383	-14945	12984	32291	-50	32340	-75507	7794
2003	45875	36079	-7838	17634	52726	-48	52774	-117023	18422
2004	68659	49284	-3523	22898	110660	-69	110729	-206364	27045
2005	160818	124798	10635	25385	62964	4102	58862	-207016	-16766

国际收支平衡表

单位：万美元

项　　目	2004年			2005年		
	差　额	贷　方	借　方	差　额	贷　方	借　方
一、经常项目	**6865916**	**70069701**	**63203785**	**16081831**	**90358179**	**74276348**
A.货物和服务	4928364	65582658	60654293	12479770	83688783	71209013
a.货物	5898228	59339251	53441024	13418910	76248373	62829464
b.服务	-969863	6243407	7213270	-939139	7440410	8379549
1.运输	-1247627	1206749	2454376	-1302102	1542652	2844755
2.旅游	658970	2573900	1914930	753693	2929600	2175907
3.通讯服务	-3174	44046	47220	-11817	48523	60340
4.建筑服务	12866	146749	133883	97357	259295	161938
5.保险服务	-574279	38078	612357	-665014	54942	719956
6.金融服务	-4415	9395	13810	-1424	14523	15948
7.计算机和信息服务	38440	163715	125275	21768	184018	162251
8.专有权利使用费和特许费	-426025	23636	449661	-516385	15740	532125
9.咨询	-158179	315252	473431	-86141	532213	618354
10.广告、宣传	15029	84863	69834	36052	107573	71521
11.电影、音像	-13484	4099	17583	-2010	13386	15395
12.其它商业服务	747262	1595075	847814	749703	1688478	938775
13.别处未提及的政府服务	-15249	37850	53099	-12818	49466	62284
B.收益	-352267	2054410	2406676	1063514	3895910	2832396
1.职工报酬	63219	201436	138217	151965	333706	181741
2.投资收益	-415486	1852974	2268460	911549	3562204	2650655
C.经常转移	2289819	2432634	142815	2538547	2773486	234939
1.各级政府	-8906	9754	18659	-17623	4885	22508
2.其它部门	2298725	2422880	124155	2556170	2768601	212431
二、资本和金融项目	**11065976**	**34335015**	**23269040**	**6296392**	**41895620**	**35599228**
A.资本项目	-6935		6935	410179	415515	5336
B.金融项目	11072910	34335015	23262105	5886212	41480105	35593893
1. 直接投资	5313143	6090578	777435	6782104	8607126	1825022
2. 证券投资	1968987	2026212	57224	-493284	2199744	2693027
3. 其它投资	3790780	26218226	22427446	-402608	30673235	31075843
三、储备资产	**-20636400**	**47800**	**20684200**	**-20701600**	**192900**	**20894500**
1.货币黄金						
2.特别提款权	-16100		16100	-500		500
3.在基金组织的储备头寸	47800	47800		192900	192900	
4.外汇	-20668100		20668100	-20894000		20894000
5.其它债权						
四、净误差与遗漏	**2704508**	**2704508**		**-1676623**		**1676623**

注：2005年国际收支平衡表中，外国来华直接投资流入（贷方）包括我国非金融部门和金融部门的外国来华直接投资投资流入。同时，根据《国际收支手册》（第五版）的原则，境内外母子公司往来和贷款，以及对非居民的建筑物出售收入亦属于直接投资统计范畴，本次也纳入统计。

国家外债余额和外债风险指标

年 份	外债余额（亿美元）				
	合 计	按债务类型分			
		外国政府贷款	国际金融组织贷款	国际商业贷款	贸易信贷
1985	158.3				
1986	214.8				
1987	302.0				
1988	400.0				
1989	413.0				
1990	525.5	83.9	62.9	291.9	
1991	605.6	95.1	70.7	315.9	
1992	693.2	115.0	84.2	354.8	
1993	835.7	143.2	104.6	410.8	
1994	928.1	195.9	129.4	473.4	
1995	1065.9	220.6	148.0	526.3	
1996	1162.8	221.6	167.4	569.4	
1997	1309.6	207.8	192.1	647.7	
1998	1460.4	224.1	229.5	682.2	
1999	1518.3	265.6	251.4	653.8	
2000	1457.3	246.1	263.5	947.7	
2001	1701.1	237.0	275.7	972.3	216.1
2002	1713.6	244.2	277.0	929.1	263.2
2003	1936.3	254.2	264.7	1051.7	365.7
2004	2286.0	322.1	251.0	1247.8	465.0
2005	2810.5	272.0	267.9	1362.6	908.0
2006	3229.9	276.7	278.1	1635.0	1040.0

年 份	按偿还期限分		外债风险指标（%）		
	长期债务	短期债务	偿债率	负债率	债务率
1985	94.1	64.2	2.7	5.2	56.0
1986	167.1	47.7	15.4	7.3	72.1
1987	244.8	57.2	9.0	9.4	77.1
1988	326.9	73.1	6.5	10.0	87.1
1989	370.3	42.7	8.3	9.2	86.4
1990	457.8	67.7	8.7	13.5	91.6
1991	502.6	103.0	8.5	14.9	91.9
1992	584.7	108.5	7.1	14.4	87.9
1993	700.2	135.5	10.2	13.9	96.5
1994	823.9	104.2	9.1	17.1	78.0
1995	946.7	119.2	7.6	15.2	72.4
1996	1021.7	141.1	6.0	14.2	67.7
1997	1128.2	181.4	7.3	14.5	63.2
1998	1287.0	173.4	10.9	15.2	70.4
1999	1366.5	151.8	11.3	15.3	69.5
2000	1326.5	130.8	9.2	13.5	52.1
2001	1195.3	505.8	7.5	14.7	56.8
2002	1155.6	558.0	7.9	13.6	46.1
2003	1165.9	770.4	6.9	13.7	39.9
2004	1242.9	1043.1	3.2	13.9	34.9
2005	1249.0	1561.4	3.1	12.6	33.6
2006	1393.6	1836.3	2.1	12.3	30.4

注：1.本表资料由国家外汇管理局提供。2001年及以后外债余额按新口径统计，比2000年及以前的登记债务余额增加了3个月以内贸易项下的对外融资余额。

2.偿债率指偿还外债本息与当年贸易和非贸易外汇收入(国际收支口径)之比；负债率指外债余额与当年国内生产总值之比；债务率指外债余额与当年贸易和非贸易外汇收入（国际收支口径)之比。

各种价格指数

（上年=100）

年份	居民消费价格指数	城市居民	农村居民	商品零售价格指数	农业生产资料价格指数	工业品出厂价格指数	原材料、燃料、动力购进价格指数	固定资产投资价格指数
1978	100.7	100.7		100.7	99.9	100.1		
1979	101.9	101.9		102.0	100.4	101.5		
1980	107.5	107.5		106.0	101.0	100.5		
1981	102.5	102.5		102.4	101.7	100.2		
1982	102.0	102.0		101.9	101.9	99.8		
1983	102.0	102.0		101.5	103.0	99.9		
1984	102.7	102.7		102.8	108.9	101.4		
1985	109.3	111.9	107.6	108.8	104.8	108.7		
1986	106.5	107.0	106.1	106.0	101.1	103.8		
1987	107.3	108.8	106.2	107.3	107.0	107.9		
1988	118.8	120.7	117.5	118.5	116.2	115.0		
1989	118.0	116.3	119.3	117.8	118.9	118.6	126.4	
1990	103.1	101.3	104.5	102.1	105.5	104.1	105.6	108.0
1991	103.4	105.1	102.3	102.9	102.9	106.2	109.1	109.5
1992	106.4	108.6	104.7	105.4	103.7	106.8	111.0	115.3
1993	114.7	116.1	113.7	113.2	114.1	124.0	135.1	126.6
1994	124.1	125.0	123.4	121.7	121.6	119.5	118.2	110.4
1995	117.1	116.8	117.5	114.8	127.4	114.9	115.3	105.9
1996	108.3	108.8	107.9	106.1	108.4	102.9	103.9	104.0
1997	102.8	103.1	102.5	100.8	99.5	99.7	101.3	101.7
1998	99.2	99.4	99.0	97.4	94.5	95.9	95.8	99.8
1999	98.6	98.7	98.5	97.0	95.8	97.6	96.7	99.6
2000	100.4	100.8	99.9	98.5	99.1	102.8	105.1	101.1
2001	100.7	100.7	100.8	99.2	99.1	98.7	99.8	100.4
2002	99.2	99.0	99.6	98.7	100.5	97.8	97.7	100.2
2003	101.2	100.9	101.6	99.9	101.4	102.3	104.8	102.2
2004	103.9	103.3	104.8	102.8	110.6	106.1	111.4	105.6
2005	101.8	101.6	102.2	100.8	108.3	104.9	108.3	101.6
2006	101.5	101.5	101.5	101.0	101.5	103.0	106.0	101.5

注：居民消费价格指数1985年及以前为职工生活费用价格指数（下表同）。

各种价格定基指数

年份	居民消费价格指数(1978年=100	城市居民(1978年=100)	农村居民(1985年=100)	商品零售价格指数(1978年=100)	农业生产资料价格指数(1978年=100)	工业品出厂价格指数(1985年=100)	原材料、燃料、动力购进价格指数(1990年=100)	固定资产投资价格指数(1991年=100)
1978	100.0	100.0		100.0	100.0			
1979	101.9	101.9		102.0	100.4			
1980	109.5	109.5		108.1	101.4			
1981	112.2	112.2		110.7	103.1			
1982	114.4	114.4		112.8	105.1			
1983	116.7	116.7		114.5	108.3			
1984	119.9	119.9		117.7	117.9			
1985	131.1	134.2	100.0	128.1	123.6	100.0		
1986	139.6	143.6	106.1	135.8	125.0	103.8		
1987	149.8	156.2	112.7	145.7	133.8	112.0		
1988	177.9	188.5	132.4	172.7	155.5	128.8		
1989	209.9	219.2	157.9	203.4	184.9	152.8		
1990	216.4	222.0	165.1	207.7	195.1	159.0	100.0	
1991	223.8	233.3	168.9	213.7	200.8	168.9	109.1	100.0
1992	238.1	253.4	176.8	225.2	208.2	180.4	121.1	115.3
1993	273.1	294.2	201.0	254.9	237.6	223.7	163.6	145.9
1994	339.0	367.8	248.0	310.2	288.9	267.3	193.4	161.1
1995	396.9	429.6	291.4	356.1	368.1	307.1	222.9	170.6
1996	429.9	467.4	314.4	377.8	399.0	316.0	231.6	177.4
1997	441.9	481.9	322.3	380.8	397.0	315.0	234.6	180.4
1998	438.4	479.0	319.1	370.9	375.2	302.1	224.7	180.0
1999	432.2	472.8	314.3	359.8	359.4	294.8	217.3	179.3
2000	434.0	476.6	314.0	354.4	356.2	303.1	228.4	181.3
2001	437.0	479.9	316.5	351.6	353.0	299.2	227.9	182.0
2002	433.5	475.1	315.2	347.0	354.8	292.6	222.7	182.4
2003	438.7	479.4	320.2	346.7	359.8	299.3	233.4	186.4
2004	455.8	495.2	335.6	356.4	397.9	317.6	260.0	196.8
2005	464.0	503.1	343.0	359.3	430.9	333.2	281.6	199.9
2006	471.0	510.6	348.1	362.9	437.4	343.2	298.5	202.9

居民消费价格指数

(上年=100)

项　　目	2001年	2002年	2003年	2004年	2005年	2006年
居民消费价格指数	**100.7**	**99.2**	**101.2**	**103.9**	**101.8**	**101.5**
食品	**100.0**	**99.4**	**103.4**	**109.9**	**102.9**	**102.3**
#粮食	99.3	98.3	102.3	126.4	101.4	102.7
油脂	91.7	98.7	112.6	118.2	94.3	98.6
肉禽及其制品	101.6	99.5	103.3	117.6	102.5	97.1
蛋	106.0	102.6	98.6	120.2	104.6	96.0
水产品	97.1	96.7	100.3	112.7	105.9	101.2
菜	100.9	98.2	117.7	95.1	109.1	108.2
糖	104.6	97.3	97.5	102.2	104.0	111.2
茶及饮料	99.1	99.0	99.2	100.0	100.1	101.0
干鲜瓜果	99.9	103.1	103.0	104.0	102.2	117.9
奶及奶制品	99.1	99.0	99.2	100.5	100.9	100.9
烟酒及用品	**99.7**	**99.9**	**99.8**	**101.2**	**100.4**	**100.6**
#烟草	99.6	99.9	99.8	100.9	100.4	100.2
酒	99.9	100.1	100.1	102.2	100.6	101.2
衣着	**98.1**	**97.6**	**97.8**	**98.5**	**98.3**	**99.4**
#服装	97.6	97.4	97.6	98.3	98.1	99.0
鞋袜帽	99.0	98.0	97.7	98.3	98.3	100.2
家庭设备用品及服务	**97.7**	**97.5**	**97.4**	**98.6**	**99.9**	**101.2**
#耐用消费品	96.1	95.9	95.8	97.1	98.8	100.8
室内装饰品	98.3	98.8	98.8	99.2	99.5	100.0
家庭服务及加工维修服务	101.5	101.2	101.1	101.9	104.4	105.8
医疗保健和个人用品	**100.0**	**98.8**	**100.9**	**99.7**	**99.9**	**101.1**
医疗保健	100.3	98.5	101.2	99.1	99.5	100.2
个人用品及服务费	99.5	99.5	100.2	101.2	100.8	103.2
交通和通信	**99.0**	**98.1**	**97.8**	**98.5**	**99.0**	**99.9**
交通	101.0	99.1	99.5	100.4	101.5	103.2
通信	96.8	97.2	96.1	96.8	96.6	96.4
娱乐教育文化	**106.6**	**100.6**	**101.3**	**101.3**	**102.2**	**99.5**
文娱用耐用消费品及服务	91.2	90.5	92.7	93.3	93.8	94.2
教育	113.6	103.7	104.3	103.4	105.1	100.0
文化娱乐用品	101.7	101.2	101.3	101.1	101.2	101.0
旅游及外出	100.3	95.9	95.4	100.6	99.6	103.1
居住	**101.2**	**99.9**	**102.1**	**104.9**	**105.4**	**104.6**
建房及装修材料	98.8	98.4	99.5	104.3	102.6	103.9
租房	108.6	104.4	103.5	103.0	101.9	102.7
自有住房	100.0	95.4	99.1	100.9	105.6	103.7
水电燃料	102.5	102.9	105.7	107.5	108.6	105.9

各地区居民消费价格指数

(上年=100)

地　区	2000年	2001年	2002年	2003年	2004年	2005年	2006年
全　国	**100.4**	**100.7**	**99.2**	**101.2**	**103.9**	**101.8**	**101.5**
北　京	103.5	103.1	98.2	100.2	101.0	101.5	100.9
天　津	99.6	101.2	99.6	101.0	102.3	101.5	101.5
河　北	99.7	100.5	99.0	102.2	104.3	101.8	101.7
山　西	103.9	99.8	98.4	101.8	104.1	102.3	102.0
内蒙古	101.3	100.6	100.2	102.2	102.9	102.4	101.5
辽　宁	99.9	100.0	98.9	101.7	103.5	101.4	101.2
吉　林	98.6	101.3	99.5	101.2	104.1	101.5	101.4
黑龙江	98.3	100.8	99.3	100.9	103.8	101.2	101.9
上　海	102.5	100.0	100.5	100.1	102.2	101.0	101.2
江　苏	100.1	100.8	99.2	101.0	104.1	102.1	101.6
浙　江	101.0	99.8	99.1	101.9	103.9	101.3	101.1
安　徽	100.7	100.5	99.0	101.7	104.5	101.4	101.2
福　建	102.1	98.7	99.5	100.8	104.0	102.2	100.8
江　西	100.3	99.5	100.1	100.8	103.5	101.7	101.2
山　东	100.2	101.8	99.3	101.1	103.6	101.7	101.0
河　南	99.2	100.7	100.1	101.6	105.4	102.1	101.3
湖　北	99.0	100.3	99.6	102.2	104.9	102.9	101.6
湖　南	101.4	99.1	99.5	102.4	105.1	102.3	101.4
广　东	101.4	99.3	98.6	100.6	103.0	102.3	101.8
广　西	99.7	100.6	99.1	101.1	104.4	102.4	101.3
海　南	101.1	98.5	99.5	100.1	104.4	101.5	101.5
重　庆	96.7	101.7	99.6	100.6	103.7	100.8	102.4
四　川	100.1	102.1	99.7	101.7	104.9	101.7	102.3
贵　州	99.5	101.8	99.0	101.2	104.0	101.0	101.7
云　南	97.9	99.1	99.8	101.2	106.0	101.4	101.9
西　藏	99.9	100.1	100.4	100.9	102.7	101.5	102.0
陕　西	99.5	101.0	98.9	101.7	103.1	101.2	101.5
甘　肃	99.5	104.0	100.0	101.1	102.3	101.7	101.3
青　海	99.5	102.6	102.3	102.0	103.2	100.8	101.6
宁　夏	99.6	101.6	99.4	101.7	103.7	101.5	101.9
新　疆	99.4	104.0	99.4	100.4	102.7	100.7	101.3

各地区居民消费价格分类指数

(2006年)　　　　(上年=100)

地　区	居民消费价格指数	食 品	烟酒及用品	衣　着	家庭设备用品及服务	医疗保健和个人用品	交通和通信	娱乐教育文化	居　住
全　国	**101.5**	**102.3**	**100.6**	**99.4**	**101.2**	**101.1**	**99.9**	**99.5**	**104.6**
北　京	100.9	102.8	99.9	99.7	101.2	101.1	99.3	98.7	101.4
天　津	101.5	102.7	103.0	97.5	100.5	101.4	98.9	99.0	104.4
河　北	101.7	103.2	100.6	99.9	99.7	100.3	100.5	100.0	104.5
山　西	102.0	103.0	102.3	99.4	101.8	104.0	100.3	99.8	104.4
内蒙古	101.5	102.6	101.9	100.1	100.3	99.5	101.1	100.8	103.9
辽　宁	101.2	102.4	100.2	100.0	100.2	101.0	99.3	98.7	104.2
吉　林	101.4	102.4	99.6	99.6	99.9	100.0	97.8	101.1	105.5
黑龙江	101.9	103.0	100.6	101.9	101.0	100.4	100.9	99.4	104.9
上　海	101.2	102.5	100.2	106.4	102.7	101.1	97.3	98.2	102.9
江　苏	101.6	102.6	99.9	100.9	101.4	101.5	99.6	99.3	104.5
浙　江	101.1	101.9	99.5	97.8	101.8	101.7	100.3	98.0	104.8
安　徽	101.2	101.6	100.6	99.8	101.0	100.5	99.8	100.8	103.8
福　建	100.8	102.0	100.6	97.3	100.9	99.7	99.3	97.2	105.5
江　西	101.2	101.1	100.3	99.7	101.5	101.6	99.0	99.6	105.6
山　东	101.0	102.1	100.8	97.6	101.1	100.8	98.7	100.0	104.4
河　南	101.3	101.7	100.7	98.7	101.2	100.1	99.6	100.1	105.4
湖　北	101.6	102.0	101.0	99.3	100.7	103.8	100.1	99.4	104.9
湖　南	101.4	101.4	101.2	99.9	102.7	100.8	100.9	100.2	104.7
广　东	101.8	102.4	101.1	99.3	101.7	100.4	100.5	100.0	104.6
广　西	101.3	101.9	98.8	97.6	100.9	105.6	99.1	99.1	104.4
海　南	101.5	102.3	100.5	95.8	101.1	98.8	101.2	99.0	107.7
重　庆	102.4	103.1	100.3	98.2	100.3	100.8	98.7	104.3	106.0
四　川	102.3	102.9	101.4	101.5	102.5	101.2	101.7	100.6	104.4
贵　州	101.7	103.4	99.0	97.5	101.0	100.1	100.5	101.6	103.9
云　南	101.9	102.4	101.6	97.0	100.2	105.3	100.2	99.2	107.1
西　藏	102.0	102.9	100.3	99.7	98.6	100.8	104.0	104.8	103.6
陕　西	101.5	102.9	102.0	103.1	101.6	100.8	100.2	96.1	104.3
甘　肃	101.3	103.7	99.2	94.7	100.5	102.8	100.3	98.1	105.2
青　海	101.6	102.9	101.7	99.4	99.4	103.5	99.3	98.3	104.3
宁　夏	101.9	103.9	100.7	101.7	100.6	100.0	100.3	98.0	105.2
新　疆	101.3	102.4	100.5	98.0	99.3	100.0	100.5	99.8	105.7

商品零售价格指数

(上年=100)

项　目	2004年	2005年	2006年	
			城　市	农　村
商品零售价格指数	**102.8**	**100.8**	**101.0**	**100.9**	**101.4**
食品	**109.9**	**103.1**	**102.6**	**102.6**	**102.4**
#粮食	126.5	101.4	102.5	102.7	102.4
油脂	116.8	94.7	98.7	99.0	98.4
肉禽及其制品	117.1	103.0	97.3	97.3	97.2
蛋	119.8	104.7	96.3	96.2	96.4
水产品	112.5	105.8	101.6	101.9	100.7
菜	95.2	108.1	108.1	107.9	108.8
干鲜瓜果	104.1	101.7	117.0	116.0	119.5
奶及奶制品	100.4	100.9	101.0	101.1	100.9
饮料、烟酒	**101.0**	**100.5**	**100.7**	**100.9**	**100.5**
服装、鞋帽	**98.2**	**97.9**	**99.8**	**99.8**	**99.6**
纺织品	**100.0**	**99.8**	**100.0**	**99.8**	**100.3**
家用电器及音像器材	**94.7**	**96.3**	**97.3**	**96.7**	**98.6**
#家庭设备	96.0	98.8	101.0	101.0	101.1
文娱用耐用消费品	92.3	92.8	92.5	90.8	96.2
音像器材	96.9	97.0	96.7	96.8	96.3
文化办公用品	**96.9**	**96.7**	**97.6**	**97.2**	**98.8**
日用品	**99.6**	**100.2**	**100.8**	**100.9**	**100.6**
体育娱乐用品	**98.2**	**98.4**	**98.5**	**98.3**	**99.2**
#体育用品	99.4	99.8	99.7	99.8	99.5
娱乐用品	97.2	97.4	97.6	97.4	99.0
交通、通信用品	**91.8**	**91.7**	**92.3**	**91.5**	**94.9**
#交通运输机械	95.2	95.3	97.0	96.5	98.8
通讯器材	86.1	85.6	84.5	82.1	90.2
家具	**98.8**	**99.1**	**100.1**	**99.9**	**100.5**
化妆品	**98.9**	**99.3**	**99.8**	**99.5**	**100.5**
金银珠宝	**111.6**	**104.4**	**119.7**	**119.2**	**121.1**
中西药品及医疗保健用品	**96.7**	**97.6**	**99.1**	**99.2**	**99.1**
#中药材及中成药	98.4	96.5	100.0	100.1	99.7
西药	94.5	97.8	98.4	98.3	98.7
书报杂志及电子出版物	**101.0**	**100.3**	**100.2**	**100.3**	**99.9**
#教材及参考书	102.8	100.8	100.1	100.5	99.5
书报杂志	100.6	100.7	100.6	100.6	100.6
电子音像制品	98.4	98.7	99.5	99.6	99.3
燃料	**112.4**	**115.4**	**112.4**	**112.5**	**112.0**
#煤炭及制品	119.2	121.5	107.2	108.2	105.9
石油及制品	110.6	113.6	113.6	113.2	114.9
建筑材料及五金电料	**103.7**	**102.1**	**103.0**	**103.0**	**103.0**
#建筑装潢材料	104.2	102.3	102.8	102.7	103.0
五金电料	102.0	101.5	103.6	103.9	103.0

各地区农业生产资料价格分类指数

(2006年)　　(上年=100)

地　区	农业生产资料价格指数	农用手工工具	饲料	产品畜	半机械化农具	机械化农具	化学肥料	农药及农药械	农用机油	其他农业生产资料	农业生产服务
全　国	**101.5**	**106.2**	**101.1**	**88.0**	**101.8**	**101.5**	**100.1**	**101.6**	**113.4**	**105.8**	**107.8**
河　北	101.6	100.8	100.0	83.2	99.9	100.5	101.0	100.4	115.1	107.7	110.4
山　西	103.6	107.3	99.9	74.5	100.5	100.0	103.2	102.2	109.3	113.7	114.9
内蒙古	101.1	100.1	102.9	89.4	100.2	100.3	101.0	100.6	109.2	101.3	100.4
辽　宁	100.5	104.6	101.8	76.6	100.2	100.0	100.6	101.6	114.3	103.4	109.1
吉　林	97.2	106.1	94.8	84.0	105.7	100.3	95.7	97.1	110.7	106.3	100.0
黑龙江	101.9	102.3	100.0	78.7	102.9	103.2	102.8	97.6	116.6	98.4	100.3
江　苏	101.7	102.4	97.3	90.3	130.4	100.9	99.7	101.9	114.3	107.3	105.9
浙　江	99.6	105.2	98.1	83.9	100.3	103.5	99.0	99.8	111.7	102.6	104.0
安　徽	100.0	108.4	99.9	95.7	104.6	102.7	97.8	97.8	114.2	102.4	103.5
福　建	100.9	104.6	101.8	96.6	100.1	101.0	99.3	104.7	109.5	104.7	102.5
江　西	101.1	106.1	100.3	88.3	100.6	101.0	101.4	99.7	115.2	103.3	102.6
山　东	103.0	106.2	104.3	90.1	103.1	103.1	100.2	105.4	112.0	101.9	116.2
河　南	101.2	100.2	99.1	89.1	99.4	101.8	99.4	103.9	113.2	106.2	104.1
湖　北	101.4	110.8	104.1	79.1	102.7	102.8	99.7	102.8	117.2	105.1	107.3
湖　南	100.7	119.8	103.5	85.1	103.4	99.5	99.2	101.9	113.9	105.1	115.1
广　东	102.6	104.1	100.4	101.9	102.7	100.2	101.5	103.2	113.5	104.7	104.5
广　西	101.0	102.4	99.6	105.3	110.4	103.7	97.0	98.7	116.1	97.3	103.4
海　南	100.7	101.9	100.9	75.9	103.5	100.1	102.8	99.8	116.7	110.1	106.8
四　川	103.3	108.9	101.5	94.5	104.0	101.5	103.1	99.0	112.4	109.3	110.4
贵　州	105.4	107.1	102.3	105.9	113.0	100.1	102.1	97.6	109.0	129.3	101.8
云　南	102.8	105.5	103.7	99.3	100.2	101.4	99.3	101.2	121.9	108.9	100.1
西　藏	100.4	101.6	101.2	100.4	97.2	99.1	99.5	100.6	102.4	100.2	100.0
陕　西	100.7	102.0	101.2	78.7	101.9	101.8	98.5	103.3	114.9	106.9	103.8
甘　肃	104.4	112.6	107.6	79.8	101.7	101.1	105.7	101.6	119.3	104.5	102.8
青　海	102.1	97.7	102.4	83.3	100.0	100.2	99.2	102.7	120.5	100.3	104.3
宁　夏	100.8	101.8	101.6	71.3	103.2	102.1	100.0	99.2	123.5	105.0	112.0
新　疆	102.5	109.3	96.6	100.1	102.9	100.2	104.7	101.3	114.9	100.3	100.6

农产品生产价格指数

（上年＝100）

指　　标	2002年	2003年	2004年	2005年	2006年
农产品生产价格指数	**99.6**	**104.4**	**113.1**	**101.4**	**101.2**
农业产品	**100.0**	**107.4**	**115.9**	**101.6**	**104.5**
谷物	95.8	102.3	128.1	99.2	102.1
小麦	98.1	103.0	131.2	96.4	100.1
稻谷	97.2	99.9	136.3	101.6	102.0
玉米	91.5	104.6	116.9	98.0	103.0
大豆	98.9	120.6	120.2	94.2	99.2
油料	104.8	119.4	116.6	91.3	104.8
棉花	103.4	135.3	79.5	111.8	97.1
糖料	86.0	90.5	104.9	111.6	121.1
蔬菜	95.1	110.4	105.2	107.2	109.3
水果	109.9	102.0	97.4	107.4	111.4
林业产品	**98.3**	**107.0**	**104.6**	**104.8**	**112.8**
畜牧产品	**100.2**	**101.8**	**111.1**	**100.5**	**94.3**
猪（毛重）	98.0	102.9	112.8	97.6	90.6
牛（毛重）	91.4	101.7	103.9	101.7	100.6
羊（毛重）	140.0	96.3	103.7	101.7	101.8
家禽（毛重）	106.1	101.0	111.3	105.6	97.2
蛋类	102.8	101.1	112.6	106.4	96.0
奶类	99.7	103.7	103.7	99.6	102.9
渔业产品	**95.9**	**100.3**	**110.2**	**104.7**	**103.9**
海水鱼类	104.9	104.0	109.2	104.2	109.6
淡水鱼类	93.1	98.7	111.5	106.2	99.9

各地区农产品生产价格指数

(上年=100)

地　区	2003年	2004年	2005年	2006年
全　国	**104.4**	**113.1**	**101.4**	**101.2**
北　京	102.5	105.8	103.5	99.1
天　津	104.4	108.1	103.4	103.4
河　北	107.5	110.1	102.5	100.2
山　西	103.9	110.6	103.5	100.2
内蒙古	106.5	112.0	103.2	103.6
辽　宁	103.3	120.4	101.5	105.8
吉　林	136.9	118.1	100.3	104.6
黑龙江	110.2	117.3	101.0	100.0
上　海	102.1	110.8	105.7	101.9
江　苏	107.2	122.7	100.3	99.9
浙　江	101.9	116.8	105.9	102.7
安　徽	106.4	117.8	98.7	99.3
福　建	101.7	106.8	103.9	102.7
江　西	105.1	119.5	100.5	101.4
山　东	108.5	112.3	102.9	103.4
河　南	111.8	121.9	100.7	100.9
湖　北	106.9	121.7	100.3	99.5
湖　南	111.7	127.3	99.5	100.7
广　东	101.3	110.7	103.5	102.6
广　西	104.5	118.9	100.0	106.8
海　南	104.3	106.4	102.2	105.6
重　庆	103.8	125.5	100.0	93.6
四　川	103.5	120.4	103.2	102.7
贵　州	101.9	111.1	101.8	101.4
云　南	100.3	112.9	104.0	106.6
西　藏				
陕　西	105.5	111.7	104.9	103.2
甘　肃	103.4	113.1	103.1	102.6
青　海	105.7	108.8	103.3	104.5
宁　夏	104.4	114.2	103.3	101.2
新　疆	126.2	100.8	108.3	98.4

工业品出厂价格指数

(上年=100)

项　　目	2000年	2001年	2002年	2003年	2004年	2005年	2006年
工业品出厂价格指数	**102.8**	**98.7**	**97.8**	**102.3**	**106.1**	**104.9**	**103.0**
生产资料	105.1	98.8	97.7	103.6	107.8	106.8	103.9
采掘工业	124.9	100.1	101.9	113.3	118.8	125.8	114.1
原材料工业	108.4	99.7	98.0	106.7	110.2	109.8	106.6
加工工业	98.6	98.1	96.9	100.2	104.8	102.2	101.1
生活资料	97.8	98.5	97.9	98.9	101.2	99.8	100.2
食品类	96.0	100.5	99.7	100.9	105.2	100.9	100.5
衣着类	100.6	99.0	98.8	99.8	100.9	100.8	101.3
一般日用品类	98.0	98.3	97.9	99.5	101.9	101.9	100.8
耐用消费品类	96.4	95.3	94.7	95.6	96.2	96.8	98.0

原材料、燃料、动力购进价格分类指数

(上年=100)

项　　目	2000年	2001年	2002年	2003年	2004年	2005年	2006年
原材料、燃料、动力购进价格指数	**105.1**	**99.8**	**97.7**	**104.8**	**111.4**	**108.3**	**106.0**
燃料、动力类	115.4	100.2	100.1	107.4	109.7	115.0	111.9
黑色金属材料类	100.9	100.5	98.2	107.9	120.4	107.5	98.3
有色金属材料类	110.3	95.6	96.5	105.3	120.1	114.0	130.8
化工原料类	105.6	98.4	97.5	102.9	108.9	108.3	102.1
木材及纸浆类	99.8	100.4	98.7	100.3	102.8	103.5	102.6
建材类	101.5	98.6	98.2	99.7	105.1	103.1	101.9
农副产品类	99.9	101.2	95.7	106.7	114.2	101.7	104.3
纺织原料类	102.4	99.7	97.1	101.4	104.7	102.4	102.9

按工业行业分工业品出厂价格指数

(上年=100)

行业	2003年	2004年	2005年	2006年
工业品出厂价格指数	**102.3**	**106.1**	**104.9**	**103.0**
煤炭开采和洗选业	103.8	116.8	123.2	105.0
石油和天然气开采业	119.1	119.6	129.9	122.0
黑色金属矿采选业	110.4	145.3	112.3	96.8
有色金属矿采选业	107.2	117.6	119.6	123.4
非金属矿采选业	100.2	105.8	109.4	102.5
农副食品加工业	103.1	114.0	101.1	100.1
食品制造业	99.7	102.9	101.5	101.1
饮料制造业	99.2	100.6	100.6	100.5
烟草制品业	100.6	101.1	100.9	100.5
纺织业	101.8	104.3	100.5	102.1
纺织服装、鞋、帽制造业	99.8	100.7	99.8	100.9
皮革、毛皮、羽毛(绒)及其制品业	99.7	100.9	102.5	101.2
木材加工及木、竹、藤、棕、草制品业	99.1	102.2	101.8	102.3
家具制造业	99.6	101.8	102.7	100.3
造纸及纸制品业	98.7	101.3	101.4	100.7
印刷业和记录媒介的复制	97.6	98.1	99.6	99.8
文教体育用品制造业	100.2	102.2	102.0	101.4
石油加工、炼焦及核燃料加工业	114.7	112.2	118.4	118.0
化学原料及化学制品制造业	103.4	110.2	108.5	100.4
医药制造业	98.8	97.8	101.6	98.6
化学纤维制造业	104.5	108.1	104.7	101.2
橡胶制品业	100.0	101.0	104.5	104.7
塑料制品业	99.8	106.5	105.5	101.0
非金属矿物制品业	99.6	103.3	100.6	101.5
黑色金属冶炼及压延加工业	110.1	118.9	104.7	96.0
有色金属冶炼及压延加工业	105.1	118.9	111.7	122.5
金属制品业	100.4	107.4	104.0	101.0
通用设备制造业	99.8	103.1	101.8	100.2
专用设备制造业	99.6	101.8	101.8	101.2
交通运输设备制造业	97.9	98.2	98.9	99.5
电气机械及器材制造业	97.9	103.7	103.2	107.4
通信设备、计算机及其他电子设备制造业	93.7	95.1	95.3	96.6
仪器仪表及文化、办公用机械制造业	97.3	98.5	98.7	99.2
工艺品及其他制造业	102.1	105.7	103.9	102.5
废弃资源和废旧材料回收加工业	111.5	116.9	105.3	103.4
电力、热力的生产和供应业	100.9	102.4	104.2	102.8
燃气生产和供应业	103.3	102.5	105.2	106.8
水的生产和供应业	105.3	104.1	104.0	106.4

固定资产投资价格指数

年　份	上年=100				1990年=100			
	固定资产投资	建筑安装工程	设备工器具购置	其他费用	固定资产投资	建筑安装工程	设备工器具购置	其他费用
1990	108.0	106.9	109.1	112.4	100.0	100.0	100.0	100.0
1991	109.5	109.7	106.1	116.8	109.5	109.7	106.1	116.8
1992	115.3	116.8	109.4	120.9	126.3	128.1	116.1	141.2
1993	126.6	131.3	119.7	123.4	159.8	168.2	138.9	174.3
1994	110.4	110.4	109.5	112.1	176.5	185.7	152.1	195.3
1995	105.9	104.7	106.3	112.4	186.9	194.5	161.7	219.6
1996	104.0	105.1	101.6	104.3	194.3	204.4	164.3	229.0
1997	101.7	102.9	98.1	102.9	197.6	210.3	161.2	235.6
1998	99.8	100.5	97.5	100.4	197.3	211.4	157.2	236.6
1999	99.6	100.3	97.5	99.9	196.5	212.0	153.2	236.3
2000	101.1	102.4	97.4	101.0	198.6	217.1	149.2	238.7
2001	100.4	101.4	97.0	101.0	199.4	220.1	144.8	241.1
2002	100.2	101.0	97.0	101.2	199.8	222.3	140.4	244.0
2003	102.2	104.2	97.0	101.6	204.2	231.7	136.2	247.9
2004	105.6	108.2	99.4	103.5	215.7	250.7	135.4	256.6
2005	101.6	101.8	99.4	103.2	219.1	255.2	134.6	264.8
2006	101.5	101.3	100.7	103.3	222.4	258.5	135.5	273.5

建筑安装工程价格指数

(上年=100)

项　　目	2000年	2001年	2002年	2003年	2004年	2005年	2006年
建筑安装工程价格指数	**102.4**	**101.4**	**101.0**	**104.2**	**108.2**	**101.8**	**101.3**
人工费	107.0	104.2	104.1	103.8	104.6	105.6	106.7
材料费	102.1	100.5	100.2	105.0	110.7	100.9	99.8
#钢材	103.5	99.8	99.3	109.7	117.4	100.6	96.5
木材	100.5	101.2	101.4	101.5	103.7	102.1	102.5
水泥	99.6	100.8	100.7	101.8	106.4	98.0	100.8
地方材料	101.2	102.1	101.4	101.9	105.3	100.9	101.8
其他材料	100.7	100.1	99.8	100.6	102.8	101.3	101.8

各地区固定资产投资价格指数

(上年=100)

地 区	2000年	2001年	2002年	2003年	2004年	2005年	2006年
全 国	**101.1**	**100.4**	**100.2**	**102.2**	**105.6**	**101.6**	**101.5**
北 京	101.0	100.6	100.4	102.2	104.3	100.7	100.4
天 津	99.9	99.7	99.5	102.6	107.3	101.2	100.7
河 北	101.1	99.9	99.5	102.3	107.0	101.9	101.7
山 西	101.8	101.7	100.5	102.9	105.2	103.0	101.5
内蒙古	101.9	100.8	101.0	102.6	105.0	103.7	103.3
辽 宁	101.1	100.4	100.7	102.5	104.8	102.8	102.1
吉 林	102.0	101.1	101.2	101.1	104.1	102.0	102.2
黑龙江	101.5	100.1	100.2	102.3	105.0	102.2	102.1
上 海	100.0	100.7	100.3	102.4	106.7	100.8	100.1
江 苏	101.1	100.8	101.7	104.3	109.4	100.9	101.2
浙 江	100.3	100.4	100.5	103.5	105.9	100.3	101.5
安 徽	101.6	99.5	101.1	103.5	106.1	101.0	101.9
福 建	100.2	99.5	99.7	101.4	103.4	100.7	102.0
江 西	101.4	98.9	100.0	105.1	107.4	100.5	103.2
山 东	102.4	101.4	101.1	102.9	107.4	102.9	101.8
河 南	102.9	100.4	98.7	103.8	110.1	101.4	101.6
湖 北	101.7	100.1	99.8	103.3	106.0	102.2	101.8
湖 南	102.3	101.3	100.3	102.8	105.5	103.6	103.1
广 东		100.2	99.7	102.2	106.4	101.6	100.7
广 西	101.4	102.0	100.3	101.8	104.6	101.4	101.2
海 南	101.8	100.3	98.2	103.2	105.6	101.2	101.0
重 庆	102.5	100.8	100.7	102.9	105.1	102.3	101.7
四 川	100.9	101.5	100.5	102.2	106.8	103.9	102.9
贵 州	102.2	100.4	100.2	102.3	104.9	101.4	101.1
云 南	101.6	101.0	100.0	102.2	108.0	104.6	101.8
西 藏							
陕 西	103.6	103.6	102.0	101.7	104.5	103.7	102.6
甘 肃	103.3	102.0	100.2	101.7	105.5	102.2	104.1
青 海	101.6	100.3	103.2	102.0	102.8	102.1	102.4
宁 夏	104.5	101.5	100.7	102.3	104.9	102.1	101.3
新 疆	103.6	102.5	100.2	103.4	104.5	102.8	102.2

房地产价格指数

（上年=100）

项目	2000年	2001年	2002年	2003年	2004年	2005年	2006年
房屋销售价格指数	**101.1**	**102.2**	**103.7**	**104.8**	**109.7**	**107.6**	**105.5**
商品房	100.8	101.8	103.4	105.0	109.0	107.7	105.8
住宅	101.4	101.9	104.0	105.7	109.4	108.4	106.4
经济适用房	101.4	102.1	101.8	102.6	103.2	103.7	103.7
普通住宅	101.5	102.0	104.3	106.2	109.8	108.2	105.9
多层住宅	102.4	102.8	105.5	106.8	109.9	108.5	105.7
高层住宅	100.2	101.5	103.0	106.1	109.7	107.6	106.4
其他住宅						115.6	99.4
高档住宅	101.3	101.0	101.7	104.0	110.0	109.5	107.7
非住宅	98.7	101.2	101.3	102.7	107.1	105.6	104.0
办公楼	98.1	100.8	99.8	103.4	108.1	107.2	104.6
商业娱乐用房	99.6	102.0	102.4	102.3	107.0	104.6	104.6
工业仓储用房						103.9	101.9
其他用房	96.9	100.3	102.1	103.7	103.9	103.8	103.9
二手房						107.5	104.7
住宅						108.4	105.2
非住宅						105.5	103.4
土地交易价格指数	**100.2**	**101.7**	**106.9**	**108.3**	**110.1**	**109.1**	**105.8**
居住用地	101.0	102.2	107.7	112.4	111.6	110.3	106.0
高档住宅用地	101.6	102.4	101.9	105.9	107.6	120.5	107.4
普通住宅用地	100.9	102.1	108.4	113.0	111.8	108.9	105.7
经济适用房用地						105.3	108.2
工业仓储用地	98.6	100.8	100.4	101.3	104.3	103.6	104.7
商业、旅游、娱乐用地	100.4	101.2	107.0	104.9	110.4	107.9	106.4
其他用地	99.8	101.7	106.9	104.4	105.5	106.7	103.5
房屋租赁价格指数	**102.4**	**102.8**	**100.8**	**101.9**	**101.4**	**101.9**	**101.4**
住宅	114.2	108.1	102.0	107.5	102.2	100.5	101.4
普通住宅						100.6	102.3
高档住宅						100.1	100.2
经济适用房						101.2	100.1
廉租房						100.0	100.2
办公楼	96.2	100.6	99.5	99.9	100.2	102.9	100.9
商业娱乐用房	99.0	100.2	100.2	99.6	102.0	101.7	101.8
工业仓储用房	99.6	99.2	100.7	100.5	100.9	99.9	100.0
其他用房						104.5	101.9
物业管理价格指数						**100.0**	**100.3**
住宅						100.1	100.2
办公楼						99.9	100.2
商业娱乐用房						99.8	100.6
工业仓储用房						100.4	100.1

2006年70个大中城市房地产价格指数(一)

(上年=100)

地　区	房屋销售价格指数	#商品房住宅	#二手房住宅	土地交易价格指数	房屋租赁价格指数	物业管理价格指数
全　国	**105.5**	**106.4**	**105.2**	**105.8**	**101.4**	**100.3**
北　京	108.8	109.6	109.8	105.2	102.9	100.8
天　津	106.7	107.1	106.2	103.9	100.2	100.0
石家庄	104.3	104.6	104.6	100.3	100.5	100.0
太　原	103.9	104.1	103.2	102.6	105.4	101.6
呼和浩特	109.5	110.2	108.3	112.8	105.6	100.0
沈　阳	106.6	106.9	106.1	107.3	102.3	100.5
大　连	110.9	110.7	117.5	103.8	99.7	100.9
长　春	101.6	102.3	101.3	112.1	100.3	100.0
哈尔滨	103.3	103.1	103.9	106.7	102.7	100.0
上　海	98.7	96.8	101.8	101.2	104.0	100.0
南　京	104.3	103.8	105.6	103.0	100.4	100.3
杭　州	102.6	103.2	101.6	107.1	101.1	100.1
宁　波	102.2	102.5	101.9	109.2	103.4	102.3
合　肥	101.3	101.4	101.2	101.4	101.7	100.0
福　州	106.7	108.3	105.2	107.9	101.7	100.0
厦　门	107.0	108.6	105.0	108.3	102.5	100.1
南　昌	106.2	106.3	107.1	105.1	101.3	100.4
济　南	104.3	104.3	104.3	104.9	101.2	100.1
青　岛	106.9	107.1	106.3	103.2	110.1	99.8
郑　州	105.7	104.8	111.1	104.0	100.5	100.1
武　汉	103.0	103.6	102.4	101.5	100.3	100.0
长　沙	105.3	105.8	105.3	118.6	102.8	100.0
广　州	106.2	107.9	102.9	100.0	102.2	100.5
深　圳	112.3	111.7	113.2	100.3	102.5	100.0
南　宁	104.1	105.0	101.9	102.6	103.6	100.1
海　口	102.8	104.6	97.5	115.1	100.7	100.0
重　庆	103.0	103.2	101.9	100.6	102.8	100.7
成　都	107.1	108.6	104.3	106.2	101.1	100.4
贵　阳	104.4	105.4	104.6	101.6	101.7	103.1
昆　明	101.3	101.2	101.2	100.6	100.1	100.0
西　安	103.6	103.9	104.7	104.5	101.2	100.2
兰　州	104.7	105.7	102.5	100.0	99.7	100.2
西　宁	102.8	103.0	103.4	102.5	101.1	100.0
银　川	102.3	102.1	103.5	103.1	101.7	100.0
乌鲁木齐	101.2	101.0	101.4	100.2	100.3	100.1

2006年70个大中城市房地产价格指数(二)

(上年=100)

地　区	房屋销售价格指数	#商品房住宅	#二手房住宅	土地交易价格指数	房屋租赁价格指数	物业管理价格指数
唐　山	106.5	107.1	107.3	105.8	101.3	100.0
秦皇岛	105.5	107.0	104.5	98.8	102.3	100.1
包　头	107.5	107.8	107.8	104.2	101.6	113.3
丹　东	103.0	100.5	107.9	104.9	101.4	100.0
锦　州	100.9	100.8	101.0	101.5	100.5	100.0
吉　林	104.0	104.9	103.0	131.0	100.2	100.0
牡丹江	102.4	102.8	102.9	99.6	100.9	100.0
无　锡	103.9	103.8	103.0	105.6	99.5	99.9
扬　州	104.2	104.7	103.1	104.2	100.8	100.0
徐　州	105.5	107.3	103.1	104.8	104.4	105.8
温　州	100.7	100.9	100.5	105.6	101.2	99.2
金　华	100.7	100.6	100.8	107.2	100.2	100.6
蚌　埠	104.3	104.2	104.3	105.9	100.1	100.0
安　庆	105.8	106.4	105.0	105.6	104.9	103.5
泉　州	105.8	106.4	105.8	110.8	101.5	99.9
九　江	105.2	104.9	107.2	104.8	101.6	100.0
赣　州	105.3	105.1	106.1	104.9	101.3	101.7
烟　台	105.5	106.5	104.9	105.1	100.2	100.0
济　宁	105.4	105.9	103.7	103.2	101.5	100.0
洛　阳	102.7	103.2	101.7	109.2	100.2	100.1
平顶山	103.8	103.8	102.4	108.4	101.7	100.5
宜　昌	105.3	105.4	106.4	106.6	100.3	100.5
襄　樊	105.6	106.3	104.6	108.6	100.4	110.3
岳　阳	104.1	105.1	102.8	105.7	101.0	100.0
常　德	103.6	105.0	101.7	117.7	100.8	100.7
惠　州	103.4	104.2	102.5	100.0	99.2	100.2
湛　江	104.4	103.9	106.8	100.0	100.0	100.0
韶　关	104.9	105.8	104.0	112.8	101.1	100.0
桂　林	103.7	104.5	101.6	106.1	101.9	100.2
北　海	101.2	102.7	98.6	106.9	99.1	100.0
三　亚	101.9	102.0	101.4	102.8	103.2	100.0
泸　州	107.1	108.1	106.0	115.8	98.5	104.2
南　充	106.6	108.6	107.9	108.4	101.6	100.0
遵　义	102.5	102.5	103.1	102.4	101.2	100.2
大　理	104.5	102.9	109.4	102.8	100.0	100.1

人民物质文化生活状况

项　　目	单　位	1997年	2002年	2005年	2006年
就　业					
城镇居民家庭每一就业者负担人数	人	1.74	1.92	1.96	1.93
农村居民家庭每一劳动力负担人数	人	1.56	1.50	1.44	1.43
年末城镇登记失业率	%	3.1	4.0	4.2	4.1
收　入					
城镇居民人均可支配收入	元	5160	7703	10493	11759
城镇居民人均可支配收入指数	1978年=100	312	472	607	671
农村居民人均纯收入	元	2090	2476	3255	3587
农村居民人均纯收入指数	1978年=100	437	528	625	671
职工平均工资	元	6470	12422	18364	21001
消　费					
全国居民消费水平	元	3002	4106	5463	6114
农村居民	元	1722	2062	2560	2850
城镇居民	元	5823	7387	9410	10363
城镇居民人均消费性支出	元	4186	6030	7943	8697
城镇居民恩格尔系数	%	46.6	37.7	36.7	35.8
农村居民人均生活消费支出	元	1617	1834	2555	2829
农村居民恩格尔系数	%	55.1	46.2	45.5	43.0
储　蓄					
城乡居民人民币储蓄存款余额	亿元	46280	86911	141051	161587
平均每人储蓄存款余额	元	3744	6766	10787	12293
住　房					
城镇新建住宅面积	亿平方米	4.1	6.0	6.6	5.9
农村新建住宅面积	亿平方米	8.1	7.4	6.7	6.9
城市人均住宅建筑面积	平方米	17.8	22.8	26.1	
农村人均住房面积	平方米	22.5	26.5	29.7	30.7
城市公用事业					
用水普及率	%	61.2	77.9	91.1	
人均公共绿地面积	平方米	2.9	5.4	7.9	
文　化					
城镇每百户拥有彩色电视机	台	100.5	126.4	134.8	137.4
农村每百户拥有彩色电视机	台	27.3	60.5	84.1	89.4
广播人口覆盖率	%	86.0	93.3	94.5	95.0
电视人口覆盖率	%	87.6	94.6	95.8	96.2
教育卫生					
学龄儿童净入学率	%	98.9	98.6	99.2	99.3
每十万人口高等学校在校学生数	人	482	1146	1613	1816
每万人口医院、卫生院床位数	张	23.5	23.2	24.5	25.4
每万人口医生数	人	16.5	14.7	15.2	15.5

注：1.本表价值量指标按当年价格计算，指数按可比价格计算。
　　2.城市人均住宅建筑面积和城市公用事业数据来源于建设部。

城乡居民家庭人均收入和指数

年　份	城镇居民家庭人均可支配收入			农村居民家庭人均纯收入		
	绝对数（元）	指　　数（1978年=100）	指　　数（上年=100）	绝对数（元）	指　　数（1978年=100）	指　　数（上年=100）
1978	343.4	100.0		133.6	100.0	
1979	405.0	115.7	115.7	160.2	119.2	119.2
1980	477.6	127.0	109.7	191.3	139.0	116.6
1981	500.4	129.9	102.2	223.4	160.4	115.4
1982	535.3	136.3	104.9	270.1	192.3	119.9
1983	564.6	141.5	103.9	309.8	219.6	114.2
1984	652.1	158.7	112.2	355.3	249.5	113.6
1985	739.1	160.4	101.1	397.6	268.9	107.8
1986	900.9	182.7	113.9	423.8	277.6	103.2
1987	1002.1	186.8	102.2	462.6	292.0	105.2
1988	1180.2	182.3	97.6	544.9	310.7	106.4
1989	1373.9	182.5	100.1	601.5	305.7	98.4
1990	1510.2	198.1	108.5	686.3	311.2	101.8
1991	1700.6	212.4	107.1	708.6	317.4	102.0
1992	2026.6	232.9	109.7	784.0	336.2	105.9
1993	2577.4	255.1	109.5	921.6	346.9	103.2
1994	3496.2	276.8	108.5	1221.0	364.3	105.0
1995	4283.0	290.3	104.9	1577.7	387.6	105.3
1996	4838.9	301.6	103.8	1926.1	418.1	109.0
1997	5160.3	311.9	103.4	2090.1	437.3	104.6
1998	5425.1	329.9	105.8	2162.0	456.1	104.3
1999	5854.0	360.6	109.3	2210.3	473.5	103.8
2000	6280.0	383.7	106.4	2253.4	483.4	102.1
2001	6859.6	416.3	108.5	2366.4	503.7	104.2
2002	7702.8	472.1	113.4	2475.6	527.9	104.8
2003	8472.2	514.6	109.0	2622.2	550.6	104.3
2004	9421.6	554.2	107.7	2936.4	588.0	106.8
2005	10493.0	607.4	109.6	3254.9	624.5	106.2
2006	11759.5	670.7	110.4	3587.0	670.7	107.4
平均每年增长（%）						
1979-2006年	7.0			7.0		
1998-2006年	8.9			4.9		
2003-2006年	9.2			6.2		

注：本表绝对数按当年价格计算，指数和平均增长速度按可比价格计算。

城乡居民家庭人均消费支出和住房情况

单位：元

年份	城镇居民家庭		农村居民家庭		城市	农村人均
	人均消费性支出（元）	恩格尔系数（%）	人均生活消费支出（元）	恩格尔系数（%）	人均住宅建筑面积（平方米）	住房面积（平方米）
1978	311.16	57.5	116.06	67.7	6.7	8.1
1979			134.51	64.0	6.9	8.4
1980	412.44	56.9	162.21	61.8	7.2	9.4
1981	456.84	56.7	190.81	59.9	7.7	10.2
1982	471.00	58.6	220.23	60.7	8.2	10.7
1983	505.92	59.2	248.29	59.4	8.7	11.6
1984	559.44	58.0	273.80	59.2	9.1	13.6
1985	673.20	53.3	317.42	57.8	10.0	14.7
1986	798.96	52.4	356.95	56.4	12.4	15.3
1987	884.40	53.5	398.29	55.8	12.7	16.0
1988	1103.98	51.4	476.66	54.0	13.0	16.6
1989	1210.95	54.5	535.37	54.8	13.5	17.2
1990	1278.89	54.2	584.63	58.8	13.7	17.8
1991	1453.81	53.8	619.79	57.6	14.2	18.5
1992	1671.73	53.0	659.21	57.6	14.8	18.9
1993	2110.81	50.3	769.65	58.1	15.2	20.7
1994	2851.34	50.0	1016.81	58.9	15.7	20.2
1995	3537.57	50.1	1310.36	58.6	16.3	21.0
1996	3919.47	48.8	1572.08	56.3	17.0	21.7
1997	4185.64	46.6	1617.15	55.1	17.8	22.5
1998	4331.61	44.7	1590.33	53.4	18.7	23.3
1999	4615.91	42.1	1577.42	52.6	19.4	24.2
2000	4998.00	39.4	1670.13	49.1	20.3	24.8
2001	5309.01	38.2	1741.09	47.7	20.8	25.7
2002	6029.88	37.7	1834.31	46.2	22.8	26.5
2003	6510.94	37.1	1943.30	45.6	23.7	27.2
2004	7182.10	37.7	2184.65	47.2	25.0	27.9
2005	7942.90	36.7	2555.40	45.5	26.1	29.7
2006	8696.55	35.8	2829.02	43.0		30.7

注：1.本表城镇居民家庭恩格尔系数按2002年口径进行了调整。
2.城市人均住宅建筑面积为建设部统计数字。

城乡居民人民币储蓄存款年底余额和年增加额

单位：亿元

年份	年底余额			年增加额		
	总计	定期	活期	总计	定期	活期
1978	210.6	128.9	81.7	29.0	17.2	11.8
1980	399.5	304.9	94.6	118.5	138.5	-20.0
1985	1622.6	1225.2	397.4	407.9	324.3	83.6
1990	7119.8	5911.2	1208.6	1923.4	1695.8	227.6
1991	9241.6	7691.7	1549.9	2121.8	1780.5	341.3
1992	11759.4	9425.2	2334.2	2517.8	1733.5	784.3
1993	15203.5	11971.0	3232.5	3444.1	2545.8	898.3
1994	21518.8	16838.7	4680.1	6315.3	4867.7	1447.6
1995	29662.3	23778.2	5884.1	8143.5	6939.5	1204.0
1996	38520.8	30873.4	7647.4	8858.5	7095.2	1763.3
1997	46279.8	36226.7	10053.1	7759.0	5353.3	2405.7
1998	53407.5	41791.6	11615.9	7127.7	5564.9	1562.8
1999	59621.8	44955.1	14666.7	6214.3	3163.5	3050.8
2000	64332.4	46141.7	18190.7	4710.6	1186.6	3524.0
2001	73762.4	51434.9	22327.6	9457.6	4144.5	5313.2
2002	86910.7	58788.9	28121.7	13233.1	7431.9	5801.2
2003	103617.3	68498.6	35118.7	16631.6	9674.5	6957.1
2004	119555.4	78138.9	41416.5	15929.4	9640.6	6288.9
2005	141051.0	92263.5	48787.5	21496.8	14127.2	7369.6
2006	161587.3	103011.4	58575.9	20544.0	10777.3	9766.7

农村居民贫困状况

年份	贫困标准（元/人）	贫困人口（万人）	贫困发生率(%)	年份	贫困标准（元/人）	贫困人口（万人）	贫困发生率(%)
1978	100	25000	30.7	1995	530	6540	7.1
1984	200	12800	15.1	1997	640	4962	5.4
1985	206	12500	14.8	1998	635	4210	4.6
1986	213	13100	15.5	1999	625	3412	3.7
1987	227	12200	14.3	2000	625	3209	3.5
1988	236	9600	11.1	2001	630	2927	3.2
1989	259	10200	11.6	2002	627	2820	3.0
1990	300	8500	9.4	2003	637	2900	3.1
1991	304	9400	10.4	2004	668	2610	2.8
1992	317	8000	8.8	2005	683	2365	2.5
1994	440	7000	7.7	2006	693	2148	2.3

注:贫困发生率也称贫困人口比重，指低于贫困线的人口数占总人口数的比重。

城镇居民家庭基本情况

项　　目	单位	1990年	1995年	2000年	2005年	2006年
调查户数	**户**	**35660**	**35520**	**42220**	**54496**	**56094**
平均每户家庭人口数	人	3.50	3.23	3.13	2.96	2.95
平均每户就业人口数	人	1.98	1.87	1.68	1.51	1.53
平均每户就业面	%	56.57	57.89	53.67	51.01	51.86
平均每一就业者负担人数（含本人）	人	1.77	1.73	1.86	1.96	1.93
平均每人全部年收入	**元**	**1516.2**	**4279.0**	**6295.9**	**11320.8**	**12719.2**
工薪收入	元	1149.7	3390.2	4480.5	7797.5	8767.0
经营净收入	元	22.5	72.6	246.2	679.6	809.6
财产性收入	元	15.6	90.4	128.4	192.9	244.0
转移性收入	元	328.4	725.8	1440.8	2650.7	2898.7
#可支配收入	元	1510.2	4283.0	6280.0	10493.0	11759.5
平均每人每年总支出	**元**	**1413.9**	**4102.9**	**6147.4**	**10579.5**	**11881.8**
#消费性支出	元	1278.9	3537.6	4998.0	7942.9	8696.6
非消费性支出	元	37.2	561.1	1146.1	2636.6	3185.2
恩格尔系数	**%**	**54.2**	**50.1**	**39.4**	**36.7**	**35.8**

注：1.本表为城镇居民家庭抽样调查资料。2002年起城镇住户调查对象由原来的非农业人口改为城市市区和县城关镇区常住人口。
2.本表各项收入指标及恩格尔系数均按2002年口径进行了调整。

城镇居民家庭平均每人全年消费支出和购买的主要商品数量

项　目	单位	2000年	2001年	2002年	2003年	2004年	2005年	2006年
消费性支出	**元**	**4998.0**	**5309.0**	**6029.9**	**6510.9**	**7182.1**	**7942.9**	**8696.6**
食品	元	1971.3	2028.0	2271.8	2416.9	2709.6	2914.4	3111.9
#粮油类	元	304.1	296.7	299.2	321.1	382.3	389.4	395.7
肉禽蛋水产品类	元	611.4	622.3	683.9	704.5	773.1	825.2	816.1
蔬菜类	元	192.3	194.3	213.5	236.4	256.5	275.5	298.5
糖烟酒饮料类	元	228.3	233.1	250.6	268.8	285.6	309.7	346.5
干鲜瓜果类	元	151.4	155.9	167.8	174.9	189.6	206.3	240.2
糕点、奶及奶制品	元	110.4	122.6	154.8	178.2	189.8	200.0	214.4
饮食服务	元	301.7	329.0	414.6	439.5	534.3	608.5	692.6
衣着	元	500.5	533.7	590.9	637.7	686.8	800.5	901.8
家庭设备用品及服务	元	374.5	376.2	388.7	410.3	407.4	446.5	498.5
医疗保健	元	318.1	343.3	430.1	476.0	528.2	600.9	620.5
交通和通信	元	427.0	493.9	626.0	721.1	843.6	996.7	1147.1
交通	元	194.2	212.5	267.2	297.1	389.1	499.6	606.9
通信	元	232.8	281.5	358.8	424.0	454.6	497.1	540.2
娱乐教育文化服务	元	669.6	736.6	902.3	934.4	1032.8	1097.5	1203.0
文化娱乐用品	元	217.8	211.6	245.2	264.5	256.7	280.2	310.3
文化娱乐服务	元	88.1	96.8	161.9	155.9	217.2	245.9	280.8
教育	元	363.8	428.3	495.2	514.0	559.0	571.3	612.0
居住	元	565.3	610.7	624.4	699.4	733.5	808.7	904.2
#住房	元	238.2	249.5	242.6	256.5	247.9	249.3	285.1
水电燃料及其他	元	296.3	327.1	357.0	412.7	451.5	516.3	569.4
杂项商品和服务	元	171.8	186.6	195.8	215.1	240.2	277.8	309.5
购买的主要商品数量								
粮食	千克	82.3	79.7	78.5	79.5	78.2	77.0	75.9
鲜菜	千克	114.7	115.9	116.5	118.3	122.3	118.6	117.6
食用植物油	千克	8.2	8.1	8.5	9.2	9.3	9.3	9.4
猪肉	千克	16.7	16.0	20.3	20.4	19.2	20.2	20.0
牛羊肉	千克	3.3	3.2	3.0	3.3	3.7	3.7	3.8
家禽	千克	5.4	7.3	9.2	9.2	6.4	9.0	8.3
鲜蛋	千克	11.2	11.1	10.6	11.2	10.4	10.4	10.4
水产品	千克	11.7	12.3	13.2	13.4	12.5	12.6	13.0
酒	千克	10.0	9.7	9.1	9.4	8.9	8.9	9.1
煤炭	千克	128.1	129.5	101.3	104.7	92.0	84.0	70.9

注：本表消费性支出中，各项分类指标均按2002年口径进行了调整。

城镇居民家庭平均每百户耐用消费品年底拥有量

项目	单位	2000年	2001年	2002年	2003年	2004年	2005年	2006年
摩托车	辆	18.8	20.4	22.2	24.0	24.8	25.0	25.3
洗衣机	台	90.5	92.2	92.9	94.4	95.9	95.5	96.8
电冰箱	台	80.1	81.9	87.4	88.7	90.2	90.7	91.8
彩色电视机	台	116.6	120.5	126.4	130.5	133.4	134.8	137.4
录放像机	台	20.1	19.9	18.4	17.9	17.6	15.5	15.1
组合音响	台	22.2	23.8	25.2	26.9	28.3	28.8	29.1
照相机	台	38.4	39.8	44.1	45.4	47.0	46.9	48.0
空调器	台	30.8	35.8	51.1	61.8	69.8	80.7	87.8
淋浴热水器	台	49.1	52.0	62.4	66.6	69.4	72.7	75.1
排油烟机	台	54.1	55.5	60.7	63.6	65.6	67.9	69.8
影碟机	台	37.5	42.6	52.6	58.7	63.3	68.1	70.2
家用电脑	台	9.7	13.3	20.6	27.8	33.1	41.5	47.2
摄像机	台	1.3	1.6	1.9	2.5	3.2	4.3	5.1
微波炉	台	17.6	22.3	30.9	37.0	41.7	47.6	50.6
健身器材	件	3.5	4.0	3.7	4.1	4.2	4.7	5.0
家用汽车	辆	0.5	0.6	0.9	1.4	2.2	3.4	4.3
移动电话	部	19.5	34.0	62.9	90.1	111.4	137.0	152.9
普通电话	部			93.7	95.4	96.4	94.4	93.3

按五等份分组的城镇居民家庭收入与支出

单位：元

项目	2000年	2001年	2002年	2003年	2004年	2005年	2006年
平均每人可支配收入	**6280.0**	**6859.6**	**7702.8**	**8472.2**	**9421.6**	**10493.0**	**11759.5**
低收入户	3132.0	3319.7	3032.1	3295.4	3642.2	4017.3	4567.1
中低收入户	4623.5	4946.6	4932.0	5377.3	6024.1	6710.6	7554.2
中等收入户	5897.9	6366.2	6656.8	7278.8	8166.5	9190.1	10269.7
中高收入户	7487.4	8164.2	8869.5	9763.4	11050.9	12603.4	14049.2
高收入户	11299.0	12662.6	15459.5	17471.8	20101.6	22902.3	25410.8
平均每人消费性支出	**4998.0**	**5309.0**	**6029.9**	**6510.9**	**7182.1**	**7942.9**	**8696.6**
低收入户	2899.1	3064.4	2826.0	3066.8	3396.3	3708.3	4102.7
中低收入户	3947.9	4197.6	4206.0	4557.8	5096.2	5574.3	6108.3
中等收入户	4794.6	5131.6	5452.9	5848.0	6498.4	7308.1	7905.4
中高收入户	5894.9	6241.5	6940.0	7547.3	8345.7	9410.8	10218.3
高收入户	8135.7	8624.0	11023.1	12066.9	13753.1	15575.9	17050.1

各地区城镇居民家庭人均可支配收入

单位：元

地 区	2000年	2001年	2002年	2003年	2004年	2005年	2006年
全国总计	**6280.0**	**6859.6**	**7702.8**	**8472.2**	**9421.6**	**10493.0**	**11759.5**
北 京	10349.7	11577.8	12463.9	13882.6	15637.8	17653.0	19977.5
天 津	8140.5	8958.7	9337.6	10312.9	11467.2	12638.6	14283.1
河 北	5661.2	5984.8	6679.7	7239.1	7951.3	9107.1	10304.6
山 西	4724.1	5391.1	6234.4	7005.0	7902.9	8913.9	10027.7
内蒙古	5129.1	5535.9	6051.0	7012.9	8123.0	9136.8	10358.0
辽 宁	5357.8	5797.0	6524.5	7240.6	8007.6	9107.6	10369.6
吉 林	4810.0	5340.5	6260.2	7005.2	7840.6	8690.6	9775.1
黑龙江	4912.9	5425.9	6100.6	6678.9	7470.7	8272.5	9182.3
上 海	11718.0	12883.5	13249.8	14867.5	16682.8	18645.0	20667.9
江 苏	6800.2	7375.1	8177.6	9262.5	10481.9	12318.6	14084.3
浙 江	9279.2	10464.7	11715.6	13179.5	14546.4	16293.8	18265.1
安 徽	5293.6	5668.8	6032.4	6778.0	7511.4	8470.7	9771.1
福 建	7432.3	8313.1	9189.4	9999.5	11175.4	12321.3	13753.3
江 西	5103.6	5506.0	6335.6	6901.4	7559.6	8619.7	9551.1
山 东	6490.0	7101.1	7614.4	8399.9	9437.8	10744.8	12192.2
河 南	4766.3	5267.4	6245.4	6926.1	7704.9	8668.0	9810.3
湖 北	5524.5	5856.0	6788.5	7322.0	8022.8	8785.9	9802.7
湖 南	6218.7	6780.6	6958.6	7674.2	8617.5	9524.0	10504.7
广 东	9761.6	10415.2	11137.2	12380.4	13627.7	14770.0	16015.6
广 西	5834.4	6665.7	7315.3	7785.0	8690.0	9286.7	9898.8
海 南	5358.3	5838.8	6822.7	7259.3	7735.8	8123.9	9395.1
重 庆	6276.0	6721.1	7238.0	8093.7	9221.0	10243.5	11569.7
四 川	5894.3	6360.5	6610.8	7041.9	7709.9	8386.0	9350.1
贵 州	5122.2	5451.9	5944.1	6569.2	7322.1	8151.1	9116.6
云 南	6324.6	6797.7	7240.6	7643.6	8870.9	9265.9	10069.9
西 藏	7426.3	7869.2	8079.1	8765.5	9106.1	9431.2	8941.1
陕 西	5124.2	5483.7	6330.8	6806.4	7492.5	8272.0	9267.7
甘 肃	4916.3	5382.9	6151.4	6657.2	7376.7	8086.8	8920.6
青 海	5170.0	5853.7	6170.5	6745.3	7319.7	8057.9	9000.4
宁 夏	4912.4	5544.2	6067.4	6530.5	7217.9	8093.6	9177.3
新 疆	5644.9	6395.0	6899.6	7173.5	7503.4	7990.2	8871.3

注：本表绝对数按当年价格计算。

各地区城镇居民家庭人均可支配收入指数

（上年=100）

地区	2001年	2002年	2003年	2004年	2005年	2006年
全国总计	**108.5**	**113.4**	**109.0**	**107.7**	**109.6**	**110.4**
北京	108.5	109.7	111.1	111.6	111.3	112.2
天津	108.7	104.6	109.3	108.7	108.5	111.3
河北	105.3	113.3	105.9	105.9	112.9	111.3
山西	114.7	118.2	110.6	108.9	111.0	110.5
内蒙古	107.3	110.0	114.2	113.0	110.2	112.0
辽宁	108.3	113.8	109.7	107.6	112.9	112.6
吉林	109.4	118.2	110.7	108.0	109.3	111.2
黑龙江	109.5	113.3	108.6	108.0	109.8	109.1
上海	109.9	102.3	112.1	109.8	110.7	109.5
江苏	108.3	112.7	112.3	109.1	115.3	112.6
浙江	113.2	113.3	111.9	107.3	110.3	110.8
安徽	107.1	107.3	110.4	106.2	111.7	113.7
福建	113.8	111.4	108.1	107.7	108.2	110.4
江西	108.1	114.8	107.9	106.0	112.4	109.8
山东	108.3	108.6	109.5	109.3	112.6	112.3
河南	109.8	118.8	109.1	105.5	110.2	111.9
湖北	105.6	116.9	105.1	104.8	106.7	110.0
湖南	110.2	103.1	108.7	107.9	108.3	108.6
广东	107.5	108.5	110.4	107.2	106.2	106.5
广西	112.8	110.9	105.5	107.3	103.8	109.3
海南	110.3	118.1	107.0	103.2	103.7	109.9
重庆	105.3	108.2	111.2	109.9	110.2	110.3
四川	106.0	104.5	104.5	104.7	107.0	108.9
贵州	103.9	110.3	109.6	107.7	110.7	110.1
云南	109.6	107.2	104.2	109.4	102.7	106.7
西藏	106.9	101.6	107.6	101.8	102.0	104.3
陕西	106.9	117.6	106.7	106.9	109.4	109.7
甘肃	106.3	115.1	107.3	109.4	108.3	109.0
青海	109.9	103.2	107.4	106.3	110.5	109.7
宁夏	111.4	110.1	106.1	107.0	110.4	111.5
新疆	108.9	109.0	103.5	102.4	105.9	110.0

注：本表按可比价格计算。

各地区城镇居民家庭人均收支情况

(2006年)　　单位：元

地　区	总收入	#可支配收入	总支出	消费性支出	非消费性支出	恩格尔系数(%)
全国总计	**12719.2**	**11759.5**	**11881.8**	**8696.6**	**3185.2**	**35.8**
北　京	22417.2	19977.5	20239.7	14825.4	5414.3	30.8
天　津	15476.0	14283.1	15900.3	10548.1	5352.2	34.9
河　北	10887.2	10304.6	9972.6	7343.5	2629.1	33.9
山　西	10793.9	10027.7	10206.4	7170.9	3035.5	31.4
内蒙古	10811.9	10358.0	9883.7	7666.6	2217.1	30.3
辽　宁	11230.0	10369.6	10910.6	7987.5	2923.1	38.8
吉　林	10245.3	9775.1	9535.2	7352.6	2182.5	33.4
黑龙江	9721.9	9182.3	8850.8	6655.4	2195.4	33.3
上　海	22808.6	20667.9	21108.9	14761.8	6347.2	35.6
江　苏	15248.7	14084.3	13793.0	9628.6	4164.5	36.0
浙　江	19954.0	18265.1	18984.4	13348.5	5635.9	32.9
安　徽	10574.5	9771.1	10449.7	7294.7	3154.9	42.4
福　建	15102.4	13753.3	14319.4	9807.7	4511.7	39.3
江　西	10014.6	9551.1	8719.2	6645.5	2073.7	39.7
山　东	13222.9	12192.2	11717.5	8468.4	3249.1	32.0
河　南	10339.2	9810.3	8722.5	6685.2	2037.3	33.1
湖　北	10533.3	9802.7	9839.7	7397.3	2442.4	38.8
湖　南	11146.1	10504.7	11123.5	8169.3	2954.2	34.9
广　东	17725.6	16015.6	16675.5	12432.2	4243.3	36.2
广　西	10624.3	9898.8	9277.7	6792.0	2485.7	42.1
海　南	10081.7	9395.1	9066.0	7126.8	1939.2	43.5
重　庆	12548.9	11569.7	12157.1	9398.7	2758.4	36.3
四　川	10117.0	9350.1	10063.9	7524.8	2539.1	37.7
贵　州	9439.3	9116.6	8654.8	6848.4	1806.4	38.7
云　南	10848.1	10069.9	9839.4	7379.8	2459.6	42.0
西　藏	9540.9	8941.1	7741.1	6192.6	1548.6	50.2
陕　西	9938.2	9267.7	10022.4	7553.3	2469.1	34.3
甘　肃	9586.5	8920.6	9205.0	6974.2	2230.8	34.5
青　海	9803.1	9000.4	8787.7	6530.1	2257.6	36.2
宁　夏	10002.0	9177.3	10582.1	7205.6	3376.6	33.9
新　疆	9689.1	8871.3	8583.8	6730.0	1853.8	35.5

农村居民家庭基本情况

项　　目	单位	1990年	1995年	2000年	2005年	2006年
调查户数	**户**	**66960**	**67340**	**68116**	**68190**	**68190**
调查户常住人口	**人**	**321429**	**301878**	**286162**	**277759**	**276460**
平均每户常住人口	人	4.80	4.48	4.20	4.07	4.05
平均每户整、半劳动力	人	2.92	2.88	2.76	2.82	2.83
平均每个劳动力负担人口(含本人)	人	1.64	1.56	1.52	1.44	1.43
平均每户生产性固定资产原值	元	1258	2774	4673	7156	7647
平均每人经营耕地面积	亩	2.10	2.17	1.98	2.08	2.11
平均每人年收入						
总收入	**元**	**990.4**	**2337.9**	**3146.2**	**4631.2**	**5025.1**
工资性收入	元	138.8	353.7	702.3	1174.5	1374.8
家庭经营收入	元	815.8	1877.4	2251.3	3164.4	3310.0
财产性收入	元	35.8	41.0	45.0	88.5	100.5
转移性收入	元		65.8	147.6	203.8	239.8
纯收入	**元**	**686.3**	**1577.7**	**2253.4**	**3254.9**	**3587.0**
工资性收入	元	138.8	353.7	702.3	1174.5	1374.8
家庭经营收入	元	518.6	1125.8	1427.3	1844.5	1931.0
财产性收入	元	29.0	41.0	45.0	88.5	100.5
转移性收入	元		57.3	78.8	147.4	180.8
现金收入	**元**	**676.7**	**1595.6**	**2381.6**	**3915.5**	**4301.9**
工资性收入	元	136.4	352.9	700.4	1173.1	1373.8
家庭经营收入	元	481.2	1116.7	1498.8	2472.3	2609.4
财产性收入	元	59.1	38.2	38.9	71.8	83.8
转移性收入	元		87.8	143.5	198.3	235.0
平均每人年支出						
总支出	元	903.5	2138.3	2652.4	4126.9	4485.4
#生活消费支出	元	584.6	1310.4	1670.1	2555.4	2829.0
恩格尔系数	%	58.8	58.6	49.1	45.5	43.0
现金支出	元	639.1	1545.8	2140.4	3567.3	3931.8
房屋使用情况						
平均每人年内新建房屋面积	平方米	0.82	0.78	0.87	0.83	0.84
平均每人年末住房面积	平方米	17.83	21.01	24.82	29.68	30.65

农村居民家庭平均每人全年支出和主要食品消费量

项　　目	单位	2000年	2001年	2002年	2003年	2004年	2005年	2006年
平均每人总支出	**元**	**2652.4**	**2780.0**	**2923.6**	**3025.0**	**3430.1**	**4126.9**	**4485.4**
#家庭经营费用支出	元	654.3	696.0	731.0	755.4	923.9	1189.7	1242.3
购置生产性固定资产支出	元	63.9	78.1	85.5	100.3	107.7	131.1	139.6
税费支出	元	95.5	91.2	78.7	67.3	37.5	13.1	10.9
#缴纳生产税	元	36.1	38.1	53.8	55.3	29.6	4.7	2.9
#生活消费支出	元	1670.1	1741.1	1834.3	1943.3	2184.7	2555.4	2829.0
食品	元	820.5	830.7	848.4	886.0	1031.9	1162.2	1217.0
衣着	元	96.0	98.7	105.0	110.3	120.2	148.6	168.0
居住	元	258.3	279.1	300.2	308.4	324.3	370.2	469.0
家庭设备用品及服务	元	75.5	77.0	80.4	81.7	89.2	111.4	126.6
交通及通讯	元	93.1	110.0	128.5	162.5	192.6	245.0	288.8
文化教育娱乐用品及服务	元	186.7	192.6	210.3	235.7	247.6	295.5	305.1
医疗保健	元	87.6	96.6	103.9	115.8	130.6	168.1	191.5
其他商品及服务	元	52.5	56.4	57.7	43.0	48.3	54.5	63.1
平均每人现金支出	**元**	**2140.4**	**2284.6**	**2437.7**	**2537.4**	**2862.5**	**3567.3**	**3931.8**
#家庭经营费用支出	元	544.5	584.8	617.4	638.4	788.5	1052.5	1104.1
生活消费支出	元	1284.7	1364.1	1467.6	1576.6	1754.5	2134.6	2415.5
#食品	元	464.3	484.5	511.0	551.2	629.9	770.7	835.4
衣着	元	95.2	98.0	104.5	109.5	119.6	147.9	167.3
居住	元	231.1	249.8	271.5	278.1	297.2	342.3	438.3
主要食品消费量								
粮食(原粮)	千克	250.2	238.6	236.5	222.4	218.3	208.8	205.6
#细粮	千克	207.1	199.7	196.6	192.5	189.8	181.8	178.0
蔬菜	千克	106.7	109.3	110.6	107.4	106.6	102.3	100.5
食油	千克	7.1	7.0	7.5	6.3	5.3	6.0	5.8
猪牛羊肉	千克	14.4	14.5	14.5	15.0	14.8	17.1	17.0
家禽	千克	2.8	2.9	2.9	3.2	3.1	3.7	3.5
蛋及制品	千克	4.8	4.7	4.7	4.8	4.6	4.7	5.0
水产品	千克	3.9	4.1	4.4	4.7	4.5	4.9	5.0
食糖	千克	1.3	1.4	1.6	1.2	1.1	1.1	1.1
酒	千克	7.0	7.1	7.5	7.7	7.8	9.6	10.0

农村居民家庭平均每百户主要耐用消费品年底拥有量

项　目	单 位	2000年	2001年	2002年	2003年	2004年	2005年	2006年
电视机	台	101.7	105.2	108.6	110.6	113.0	105.7	106.9
#彩电	台	48.7	54.4	60.5	67.8	75.1	84.1	89.4
电冰箱	台	12.3	13.6	14.8	15.9	17.8	20.1	22.5
摩托车	辆	21.9	24.7	28.1	31.8	36.2	40.7	44.6
洗衣机	台	28.6	29.9	31.8	34.3	37.3	40.2	43.0
空调机	台	1.3	1.7	2.3	3.5	4.7	6.4	7.3
电话机	部	26.4	34.1	40.8	49.1	54.5	58.4	64.1
移动电话	部	4.3	8.1	13.7	23.7	34.7	50.2	62.1
家用计算机	台	0.5	0.7	1.1	1.4	1.9	2.1	2.7

按五等份分组的农村居民家庭纯收入与生活消费支出

单位：元

项　目	2000年	2001年	2002年	2003年	2004年	2005年	2006年
平均每人全年纯收入	**2253**	**2366**	**2476**	**2622**	**2936**	**3255**	**3587**
低收入户	802	818	857	866	1007	1067	1182
中低收入户	1440	1491	1548	1607	1842	2018	2222
中等收入户	2004	2081	2164	2273	2579	2851	3149
中高收入户	2767	2891	3031	3207	3608	4003	4447
高收入户	5190	5534	5903	6347	6931	7747	8475
平均每人生活消费支出	**1670**	**1741**	**1834**	**1943**	**2185**	**2555**	**2829**
低收入户	977	992	1006	1065	1248	1548	1625
中低收入户	1233	1274	1310	1378	1581	1913	2039
中等收入户	1501	1563	1645	1733	1951	2328	2568
中高收入户	1877	1946	2087	2189	2460	2879	3230
高收入户	3086	3308	3500	3756	4129	4593	5277

各地区农村居民家庭人均纯收入

单位：元

地　区	2000年	2001年	2002年	2003年	2004年	2005年	2006年
全国总计	**2253.4**	**2366.4**	**2475.6**	**2622.2**	**2936.4**	**3254.9**	**3587.0**
北　京	4604.6	5025.5	5398.5	5601.6	6170.3	7346.3	8275.5
天　津	3622.4	3947.7	4278.7	4566.0	5019.5	5579.9	6227.9
河　北	2478.9	2603.6	2685.2	2853.4	3171.1	3481.6	3801.8
山　西	1905.6	1956.0	2149.8	2299.2	2589.6	2890.7	3180.9
内蒙古	2038.2	1973.4	2086.0	2267.7	2606.4	2988.9	3341.9
辽　宁	2355.6	2557.9	2751.3	2934.4	3307.1	3690.2	4090.4
吉　林	2022.5	2182.2	2301.0	2530.4	2999.6	3264.0	3641.1
黑龙江	2148.2	2280.3	2405.2	2508.9	3005.2	3221.3	3552.4
上　海	5596.4	5870.9	6223.6	6653.9	7066.3	8247.8	9138.7
江　苏	3595.1	3784.7	3979.8	4239.3	4753.9	5276.3	5813.2
浙　江	4253.7	4582.3	4940.4	5389.0	5944.1	6660.0	7334.8
安　徽	1934.6	2020.0	2117.6	2127.5	2499.3	2641.0	2969.1
福　建	3230.5	3380.7	3538.8	3733.9	4089.4	4450.4	4834.8
江　西	2135.3	2231.6	2306.5	2457.5	2786.8	3128.9	3459.5
山　东	2659.2	2804.5	2947.7	3150.5	3507.4	3930.5	4368.3
河　南	1985.8	2097.9	2215.7	2235.7	2553.2	2870.6	3261.0
湖　北	2268.6	2352.2	2444.1	2566.8	2890.0	3099.2	3419.4
湖　南	2197.2	2299.5	2397.9	2532.9	2837.8	3117.7	3389.6
广　东	3654.5	3769.8	3911.9	4054.6	4365.9	4690.5	5079.8
广　西	1864.5	1944.3	2012.6	2094.5	2305.2	2494.7	2770.5
海　南	2182.3	2226.5	2423.2	2588.1	2817.6	3004.0	3255.5
重　庆	1892.4	1971.2	2097.6	2214.6	2510.4	2809.3	2873.8
四　川	1903.6	1987.0	2107.6	2229.9	2518.9	2802.8	3002.4
贵　州	1374.2	1411.7	1489.9	1564.7	1721.6	1877.0	1984.6
云　南	1478.6	1533.7	1608.6	1697.1	1864.2	2041.8	2250.5
西　藏	1330.8	1404.0	1462.3	1690.8	1861.3	2077.9	2435.0
陕　西	1443.9	1490.8	1596.3	1675.7	1866.5	2052.6	2260.2
甘　肃	1428.7	1508.6	1590.3	1673.1	1852.2	1979.9	2134.1
青　海	1490.5	1557.3	1668.9	1794.1	1957.7	2151.5	2358.4
宁　夏	1724.3	1823.1	1917.4	2043.3	2320.1	2508.9	2760.1
新　疆	1618.1	1710.4	1863.3	2106.2	2244.9	2482.2	2737.3

注：本表按当年价格计算。

各地区农村居民家庭人均收支情况

（2006年）　　单位：元

地区	总收入	#纯收入	#现金收入	总支出	#生活消费	#现金支出	恩格尔系数（%）
全国总计	**5025.1**	**3587.0**	**4301.9**	**4485.4**	**2829.0**	**3931.8**	**43.0**
北　京	9821.3	8275.5	9643.9	7626.1	5724.5	7555.1	32.8
天　津	8586.2	6227.9	8105.8	5812.4	3341.1	5697.5	36.3
河　北	5426.8	3801.8	4729.1	4251.4	2495.3	3913.4	36.7
山　西	3992.9	3180.9	3419.8	3231.0	2253.2	2958.1	38.5
内蒙古	5802.5	3341.9	4674.5	5491.5	2772.0	4656.6	39.0
辽　宁	6521.4	4090.4	5783.5	5959.4	3066.9	5446.9	37.9
吉　林	5734.1	3641.1	4712.9	5209.5	2700.7	4754.5	40.1
黑龙江	6238.7	3552.4	5577.8	6070.3	2618.2	5634.1	35.3
上　海	9817.5	9138.7	9592.5	9344.1	8006.0	9137.1	37.8
江　苏	7267.4	5813.2	6544.2	5933.8	4135.2	5397.2	41.8
浙　江	9453.9	7334.8	9093.2	8790.0	6057.2	8523.7	36.6
安　徽	4130.1	2969.1	3530.0	3762.6	2420.9	3324.6	43.2
福　建	5982.0	4834.8	5471.8	4910.2	3591.4	4508.7	45.2
江　西	4555.9	3459.5	3807.7	3975.8	2676.6	3350.6	49.0
山　东	6188.5	4368.3	5636.4	5090.5	3143.8	4712.0	37.9
河　南	4459.4	3261.0	3536.6	3637.7	2229.3	3211.2	40.9
湖　北	4580.8	3419.4	3793.2	3999.5	2732.5	3267.1	46.8
湖　南	4737.0	3389.6	3930.3	4503.1	3013.3	3765.5	48.6
广　东	6292.7	5079.8	5726.7	5205.3	3886.0	4693.1	48.6
广　西	3996.2	2770.5	3252.5	3740.5	2413.9	3121.1	49.5
海　南	4507.1	3255.5	3912.5	3495.2	2232.2	2953.4	53.4
重　庆	3814.2	2873.8	2834.5	3294.0	2205.2	2407.2	52.2
四　川	4342.8	3002.4	3367.0	3882.5	2395.0	2941.6	50.8
贵　州	2799.4	1984.6	2097.1	2629.5	1627.1	1948.9	51.5
云　南	3593.6	2250.5	2664.8	3686.9	2195.6	2763.5	48.8
西　藏	3158.1	2435.0	2229.1	2713.7	2002.2	1927.9	48.2
陕　西	3337.6	2260.2	2833.0	3486.3	2181.0	3119.2	39.0
甘　肃	3105.8	2134.1	2401.7	2957.1	1855.5	2327.0	46.7
青　海	3208.5	2358.4	2592.6	3170.8	2178.9	2495.2	43.1
宁　夏	4565.4	2760.1	3728.6	4358.6	2247.0	3643.8	41.4
新　疆	5166.2	2737.3	4465.3	4758.2	2032.4	4317.6	39.9

农村基层组织和农业基本情况（一）

项　　目	单 位	1990年	1995年	2000年	2005年
农村基层组织					
乡镇数	个	55838	47136	43735	35509
#镇数	个	11392	17282	19692	18888
村民委员会	个	743278	740150	734715	640139
乡村人口和从业人员					
乡村户数	万户	22237	23282	24149	25223
乡村人口数	万人	89590	91675	92820	94907
乡村从业人员	万人	42010	45042	47962	50387
按性别分					
男	万人	22552	24037	25518	26930
女	万人	19458	21004	22444	23457
按行业分					
农林牧渔业	万人	33336	32335	32798	29976
工　业	万人	3229	3971	4109	6011
建筑业	万人	1523	2204	2692	3653
交通运输业、仓储及邮电通讯业	万人	635	983	1171	1567
批发零售贸易业餐饮业	万人	693	1170	1752	2938
其他非农行业	万人	2593	4380	5442	6242
农业机械拥有量					
农用机械总动力	万千瓦	28708	36118	52574	68398
大中型拖拉机	万台	81.4	67.2	97.5	139.6
大中型拖拉机动力	万千瓦	2746	2404	3161	4294
小型拖拉机	万台	698	865	1264	1527
小型拖拉机动力	万千瓦	6231	7848	11664	14661
大中型拖拉机配套农具	万部	97	99	140	226
小型拖拉机配套农具	万部	649	958	1789	2465

注：1.本表乡镇数是指经国家批准设立乡、镇人民政府的乡和农村建制镇，不包括县政府驻地镇和工矿区。
2.本表乡村人口数是指户口在乡村的常住人口，具体范围按1964年建镇标准划分，包括后来的新建制镇人口，口径大于人口部分的乡村总人口。
3.本表乡村从业人员是指乡村人口中16岁以上实际参加生产经营活动并取得实物或货币收入的人员。
4.分行业从业人员是按从事的主行业划分的，如以农业为主兼营商业的，仍作为农业从业人员。

农村基层组织和农业基本情况（二）

项　目	单 位	1990年	1995年	2000年	2005年	2006年
农用排灌柴油机	万台	411.1	491.2	688.1	809.9	
农用排灌柴油机动力	万千瓦	3348.5	3839.0	5232.6	6034.0	
渔用机动船	万艘	32.1	37.7	46.0	44.0	
渔用机动船动力	万千瓦	696.0	965.7	1338.7	1376.1	
灌溉、施肥、用电量						
有效灌溉面积	万公顷	4740.3	4928.2	5382.0	5502.9	
农用化肥施用量(折纯)	万吨	2590.3	3593.7	4146.4	4766.2	
乡村办水电站个数	个	52387	40699	29962	26726	
乡村办水电站发电能力	万千瓦	428.8	519.5	698.5	1099.2	
农村用电量	亿千瓦小时	844.5	1655.7	2421.3	4375.7	
农作物总播种面积	**万公顷**	**14836**	**14988**	**15630**	**15549**	**15702**
粮食	万公顷	11347	11006	10846	10428	10549
谷物	万公顷		8931	8526	8187	8313
豆类	万公顷		1123	1266	1290	1243
薯类	万公顷	912	952	1054	950	993
油料	万公顷	1090	1310	1540	1432	1374
棉花	万公顷	559	542	404	506	541
麻类	万公顷	50	38	26	33	28
糖料	万公顷	168	182	151	156	178
烟叶	万公顷	159	147	144	136	134
蔬菜	万公顷	634	952	1524	1772	1822
茶园面积	**万公顷**	**106**	**112**	**109**	**135**	**143**
果园面积	**万公顷**	**518**	**810**	**893**	**1003**	**1004**
受灾面积和成灾面积						
受灾面积	万公顷	3847	4582	5469	3882	4109
成灾面积	万公顷	1782	2227	3437	1997	2463
成灾占受灾面积的比重	%	46.3	48.6	62.9	51.4	59.9

农林牧渔业总产值

单位：亿元

年　份	农林牧渔业总产值	#农　业	#林　业	#牧　业	#渔　业
1978	1397.0	1117.5	48.1	209.3	22.1
1980	1922.6	1454.1	81.4	354.2	32.9
1985	3619.5	2506.4	188.7	798.3	126.1
1990	7662.1	4954.3	330.3	1967.0	410.6
1991	8157.0	5146.4	367.9	2159.2	483.5
1992	9084.7	5588.0	422.6	2460.5	613.6
1993	10995.5	6605.1	494.0	3014.4	882.0
1994	15750.5	9169.2	611.1	4672.0	1298.2
1995	20340.9	11884.6	709.9	6045.0	1701.3
1996	22353.7	13539.8	778.0	6015.5	2020.4
1997	23788.4	13852.5	817.8	6835.4	2282.7
1998	24541.9	14241.9	851.3	7025.8	2422.9
1999	24519.1	14106.2	886.3	6997.6	2529.0
2000	24915.8	13873.6	936.5	7393.1	2712.6
2001	26179.6	14462.8	938.8	7963.1	2815.0
2002	27390.8	14931.5	1033.5	8454.6	2971.7
2003	29691.8	14870.1	1239.9	9538.8	3137.6
2004	36239.0	18138.4	1327.1	12173.8	3605.6
2005	39450.9	19613.4	1425.5	13310.8	4016.1
2006	42424.4	21549.1	1602.0	13640.2	4433.0

注：本表按当年价格计算，从2003年起执行新国民经济行业分类标准，总产值包括农林牧渔服务业产值（下表同）。

农林牧渔业总产值指数

(1978年=100)

年　份	农林牧渔业总产值	#农　业	#林　业	#牧　业	#渔　业
1978	100.0	100.0	100.0	100.0	100.0
1980	109.1	106.4	113.7	122.6	103.9
1985	161.6	152.2	176.2	203.4	185.1
1990	203.9	186.5	179.5	282.0	346.7
1991	211.4	188.2	193.7	306.9	373.2
1992	224.9	196.2	208.6	333.9	430.3
1993	242.5	206.5	225.4	369.8	509.5
1994	263.3	213.2	245.3	431.4	611.4
1995	291.9	230.1	257.7	495.4	730.3
1996	319.3	248.0	272.2	551.6	832.4
1997	340.8	259.1	281.2	607.3	928.2
1998	361.1	271.9	289.4	651.9	1009.9
1999	377.9	283.6	298.6	681.6	1082.5
2000	391.5	287.6	314.7	724.5	1152.9
2001	408.1	297.7	315.2	770.1	1197.8
2002	428.1	309.3	337.6	816.3	1270.9
2003	444.8	310.8	360.9	875.9	1338.3
2004	478.2	337.2	368.2	939.0	1418.6
2005	505.5	351.0	380.0	1012.2	1510.8
2006	532.9	369.9	401.2	1062.8	1601.3

注：本表按可比价格计算。

各地区农林牧渔业总产值及增长速度

(2006年)

地 区	农林牧渔业总产值(亿元)	#农业	#林业	#牧业	#渔业	农林牧渔业总产值比上年增长(%)
全国总计	**42424.4**	**21549.1**	**1602.0**	**13640.2**	**4433.0**	**5.4**
北 京	270.0	109.3	14.8	123.6	9.8	1.2
天 津	271.0	105.4	2.0	104.2	38.7	3.5
河 北	2771.8	1394.7	44.3	1136.8	86.9	5.5
山 西	512.4	304.0	15.3	150.4	3.5	5.7
内蒙古	1085.9	532.4	41.8	487.3	8.3	6.8
辽 宁	1841.3	715.1	52.3	654.6	366.4	7.0
吉 林	1155.5	597.0	44.3	483.5	17.0	7.5
黑龙江	1387.7	787.4	68.0	480.7	30.1	6.4
上 海	237.0	120.0	10.4	46.3	55.3	0.7
江 苏	2707.1	1389.6	54.2	571.4	552.2	4.9
浙 江	1514.6	712.5	86.0	287.3	403.5	3.5
安 徽	1779.9	905.6	88.4	540.4	191.1	6.5
福 建	1496.4	628.7	105.8	279.7	463.4	3.0
江 西	1228.3	556.9	104.6	368.2	178.7	6.1
山 东	4056.6	2221.4	65.5	1160.4	537.7	5.2
河 南	3589.7	1996.2	94.9	1299.1	44.0	7.4
湖 北	1871.0	1018.8	40.5	523.8	259.8	4.9
湖 南	2131.9	1023.5	112.5	808.3	150.5	4.9
广 东	2678.3	1261.1	67.6	656.8	570.4	4.0
广 西	1648.1	829.4	79.7	564.5	153.6	7.3
海 南	543.9	214.6	70.5	99.3	148.3	9.4
重 庆	637.2	341.0	22.3	240.3	21.9	-3.9
四 川	2602.1	1075.1	76.7	1317.4	87.2	3.7
贵 州	610.6	354.6	25.8	207.6	12.4	4.8
云 南	1209.8	630.2	142.6	362.9	26.3	8.4
西 藏	70.0	31.8	2.8	33.0	0.2	0.8
陕 西	818.7	531.6	28.9	221.9	5.6	7.3
甘 肃	561.4	395.4	15.0	135.6	1.2	4.6
青 海	100.6	38.1	2.0	56.3	0.1	3.7
宁 夏	152.2	89.2	5.0	49.4	4.4	6.8
新 疆	883.5	638.6	17.2	189.1	4.7	7.5

注：本表绝对数按当年价格计算，增长速度按可比价格计算。

化肥施用量、小水电站、农村用电量和灌溉面积

年　份	化　肥 施用量 (万吨)	乡村办水电站 个　数 (个)	发　电 能　力 (万千瓦)	农　村 用电量 (亿千瓦小时)	有　效 灌溉面积 (万公顷)	#机　电 排　灌	机电排灌面积占灌溉面积比重 (%)
1978	884	82387	228.4	253.1	4496.5	2489.5	55.4
1980	1269	80319	304.1	320.8	4488.8	2531.5	56.4
1985	1776	55754	380.2	508.9	4403.6	2462.9	55.9
1990	2590	52387	428.8	844.5	4740.3	2714.8	57.3
1991	2805	49644	456.9	963.2	4782.2	2762.9	57.8
1992	2930	48082	478.7	1106.9	4859.0	2828.3	58.2
1993	3152	45153	481.9	1244.8	4872.8	3162.5	65.0
1994	3318	48722	503.6	1473.9	4875.9	3152.8	64.7
1995	3594	40699	519.5	1655.7	4928.1	3220.5	65.3
1996	3828	37743	533.7	1812.7	5038.1	3289.1	65.3
1997	3981	36117	562.5	1980.1	5123.9	3437.0	67.1
1998	4084	33185	634.8	2042.1	5229.6	3471.6	66.4
1999	4124	31678	664.1	2173.4	5315.8	3563.9	67.0
2000	4146	29962	698.5	2421.3	5382.0	3595.4	66.7
2001	4254	29183	896.6	2610.8	5424.9	3621.2	66.8
2002	4339	27633	812.2	2993.4	5435.5	3621.3	66.6
2003	4412	26696	862.3	3432.9	5401.4	3616.1	67.0
2004	4637	27115	993.8	3933.0	5447.8	3605.5	66.2
2005	4766	26726	1099.2	4375.7	5502.9	3671.5	66.7

注：1.化肥施用量按有效成分100%计算。

2.农村用电量包括国家电网的供电量和农村自办电站供电量，不包括在农村的国有单位的用电量。

主要农作物播种面积及比例

年　份	农作物总播种面积 (万公顷)	#粮　食	#油　料	#棉　花	占总播种面积比例（%） 粮　食	油　料	棉　花
1978	15010.4	12058.7	622.2	486.6	80.3	4.1	3.2
1980	14638.0	11723.4	792.8	492.0	80.1	5.4	3.4
1985	14362.6	10884.5	1180.0	514.0	75.8	8.2	3.6
1990	14836.2	11346.6	1090.0	558.8	76.5	7.3	3.8
1991	14958.6	11231.4	1153.0	653.8	75.1	7.7	4.4
1992	14900.7	11056.0	1148.9	683.5	74.2	7.7	4.6
1993	14774.1	11050.9	1114.2	498.5	74.8	7.5	3.4
1994	14824.1	10954.4	1208.1	552.8	73.9	8.2	3.7
1995	14987.9	11006.0	1310.2	542.2	73.4	8.7	3.6
1996	15238.1	11254.8	1255.5	472.2	73.9	8.2	3.1
1997	15396.9	11291.2	1238.1	449.1	73.3	8.0	2.9
1998	15570.6	11378.7	1291.9	445.9	73.1	8.3	2.9
1999	15637.3	11316.1	1390.6	372.6	72.4	8.9	2.4
2000	15630.0	10846.3	1540.0	404.1	69.4	9.9	2.6
2001	15570.8	10608.0	1463.1	481.0	68.1	9.4	3.1
2002	15463.6	10389.1	1476.6	418.4	67.2	9.5	2.7
2003	15241.5	9941.0	1499.0	511.1	65.2	9.8	3.4
2004	15355.3	10160.6	1443.1	569.3	66.2	9.4	3.7
2005	15548.8	10427.8	1431.8	506.2	67.1	9.2	3.3
2006	15702.1	10548.9	1373.6	540.9	67.2	8.7	3.4

主要农产品产量（一）

单位：万吨

年 份	粮 食	谷 物	#稻 谷	#小 麦	#玉 米	豆 类	薯 类
1978	30477		13693	5384	5595		3174
1980	32056		13991	5521	6260		2873
1985	37911		16857	8581	6383		2604
1990	44624		18933	9823	9682		2743
1991	43529	39566	18381	9595	9877	1247	2716
1992	44266	40170	18622	10159	9538	1252	2844
1993	45649	40517	17751	10639	10270	1950	3181
1994	44510	39389	17593	9930	9928	2096	3025
1995	46662	41612	18523	10221	11199	1788	3263
1996	50454	45127	19510	11057	12747	1790	3536
1997	49417	44349	20073	12329	10431	1876	3192
1998	51230	45625	19871	10973	13295	2001	3604
1999	50839	45304	19849	11388	12809	1894	3641
2000	46218	40522	18791	9964	10600	2010	3685
2001	45264	39648	17758	9387	11409	2053	3563
2002	45706	39799	17454	9029	12131	2241	3666
2003	43070	37429	16066	8649	11583	2128	3513
2004	46947	41157	17909	9195	13029	2232	3558
2005	48402	42776	18059	9745	13937	2158	3469
2006	49748	44237	18257	10447	14548	2104	3406

主要农产品产量（二）

单位：万吨

年 份	油 料	#花 生	#油菜籽	#芝 麻	棉 花	麻 类	#黄红麻
1978	521.8	237.7	186.8	32.2	216.7	135.1	108.8
1980	769.1	360.0	238.4	25.9	270.7	143.6	109.8
1985	1578.4	666.4	560.7	69.1	414.7	444.8	411.9
1990	1613.2	636.8	695.8	46.9	450.8	109.7	72.6
1991	1638.3	630.3	743.6	43.5	567.5	88.4	51.3
1992	1641.2	595.3	765.3	51.6	450.8	93.8	61.9
1993	1803.9	842.1	693.9	56.3	373.9	96.0	67.2
1994	1989.6	968.2	749.2	54.8	434.1	74.7	35.5
1995	2250.3	1023.5	977.7	58.3	476.8	89.7	37.1
1996	2210.6	1013.8	920.1	57.5	420.3	79.5	36.5
1997	2157.4	964.8	957.8	56.6	460.3	74.9	43.0
1998	2313.9	1188.6	830.1	65.6	450.1	49.5	24.8
1999	2601.2	1263.9	1013.2	74.3	382.9	47.2	16.4
2000	2954.8	1443.7	1138.1	81.1	441.7	52.9	12.6
2001	2864.9	1441.6	1133.1	80.4	532.4	68.1	10.6
2002	2897.2	1481.8	1055.2	89.5	491.6	96.4	15.9
2003	2811.0	1342.0	1142.0	59.3	486.0	85.3	10.0
2004	3065.9	1434.2	1318.2	70.4	632.4	107.4	8.7
2005	3077.1	1434.2	1305.2	62.5	571.4	110.5	8.3
2006	3059.4	1466.6	1264.9	66.5	674.6	89.1	8.7

主要农产品产量（三）

单位：万吨

年 份	糖 料	甘 蔗	甜 菜	茶 叶	烟 叶	#烤 烟
1978	2381.9	2111.6	270.2	26.8	124.2	105.2
1980	2911.3	2280.7	630.5	30.4	84.5	71.7
1985	6046.8	5154.9	891.9	43.2	242.5	207.5
1990	7214.5	5762.0	1452.5	54.0	262.7	225.9
1991	8418.7	6789.8	1628.9	54.2	303.1	267.0
1992	8808.0	7301.1	1506.9	56.0	349.9	311.9
1993	7624.2	6419.4	1204.8	60.0	345.1	303.6
1994	7345.2	6092.7	1252.6	58.8	223.8	194.0
1995	7940.1	6541.7	1398.4	58.9	231.4	207.2
1996	8360.2	6818.7	1541.5	59.3	323.4	294.6
1997	9386.5	7889.7	1496.8	61.3	425.1	390.8
1998	9790.4	8343.8	1446.6	66.5	236.4	208.8
1999	8334.1	7470.3	863.9	67.6	246.9	218.5
2000	7635.3	6828.0	807.3	68.3	255.2	223.8
2001	8655.1	7566.3	1088.9	70.2	235.0	204.5
2002	10292.7	9010.7	1282.0	74.5	244.7	213.5
2003	9641.6	9023.5	618.2	76.8	225.7	201.5
2004	9570.7	8984.9	585.7	83.5	240.6	216.3
2005	9451.9	8663.8	788.1	93.5	268.3	243.5
2006	11032.0	9978.4	1053.6	102.8	274.4	248.7

主要农产品产量（四）

单位：万吨

年 份	水 果	#苹 果	#柑 橘	#梨	#香 蕉	蔬 菜
1978	657.0	227.5	38.3	151.7	8.5	
1980	679.3	236.3	71.3	146.6	6.1	
1985	1163.9	361.4	180.8	213.7	63.1	
1990	1874.4	431.9	485.5	235.3	145.6	
1991	2176.1	454.0	633.3	249.8	198.1	
1992	2440.1	655.6	516.0	284.6	245.1	
1993	3011.2	907.0	656.1	321.7	270.1	
1994	3499.8	1112.9	680.5	404.3	289.8	
1995	4214.6	1400.8	822.5	494.2	312.5	
1996	4652.8	1704.7	845.7	580.7	253.6	
1997	5089.3	1721.9	1010.2	641.5	289.2	
1998	5452.9	1948.1	859.0	727.5	351.8	
1999	6237.6	2080.2	1078.7	774.2	419.4	
2000	6225.1	2043.1	878.3	841.2	494.1	
2001	6658.0	2001.5	1160.7	879.6	527.2	48422.4
2002	6952.0	1924.1	1199.0	930.9	555.7	52860.6
2003	14517.4	2110.2	1345.4	979.8	590.3	54032.3
2004	15340.9	2367.5	1495.8	1064.2	605.6	55064.7
2005	16120.1	2401.1	1591.9	1132.4	651.8	56451.5
2006	17261.2	2605.9	1789.8	1186.8	690.1	58325.5

注：2003年起水果产量含果用瓜。

主要林产品产量

年　份	木　材（万立方米）	橡　胶（万吨）	松　脂（万吨）	生　漆（万吨）	油桐籽（万吨）	油茶籽（万吨）	核　桃（万吨）
1978	5162	10.2	33.8	0.2	39.1	47.9	11.9
1980	5359	11.3	42.1	0.3	30.3	49.0	11.9
1985	6323	18.8	34.4	0.2	37.9	61.9	12.2
1990	5571	26.4	43.5	0.3	35.1	52.3	15.0
1991	5807	29.6	44.0	0.3	32.8	62.1	15.2
1992	6174	30.9	46.9	0.3	43.7	62.9	16.4
1993	6390	32.6	58.1	0.3	42.1	48.8	19.2
1994	6615	37.4	56.9	0.3	43.5	63.1	21.0
1995	6767	42.4	54.8	0.3	40.5	62.3	23.1
1996	6710	40.2	58.1	0.4	40.8	69.7	23.8
1997	6395	45.2	70.1	0.4	45.4	85.7	25.0
1998	5966	46.2	54.3	0.5	43.9	72.3	26.5
1999	5237	49.0	57.1	0.5	44.8	79.3	27.4
2000	4724	48.0	55.1	0.5	45.3	82.3	31.0
2001	4552	47.7	56.4	0.5	40.7	82.5	25.2
2002	4436	52.7	56.4	0.6	38.9	85.5	34.0
2003	4759	56.5	62.6	0.9	37.3	78.0	39.4
2004	5197	57.5	67.3	1.0	38.1	87.5	43.7
2005	5560	51.4	76.7	1.4	36.9	87.5	49.9
2006		53.8					

牲畜饲养情况

单位：万头(只)

年　份	大牲畜年底头数	牛	马	驴	骡	骆　驼
1996	13360.6	11031.8	871.5	944.4	478.0	34.5
1997	14541.8	12182.2	891.2	952.8	480.6	35.0
1998	14803.2	12441.9	898.1	955.8	473.9	33.5
1999	15024.8	12698.3	891.4	934.8	467.3	33.0
2000	15151.5	12866.3	876.6	922.7	453.0	32.6
2001	14995.9	12824.2	826.0	881.5	436.2	27.9
2002	15189.3	13084.8	808.8	849.9	419.4	26.4
2003	15500.1	13467.2	790.0	820.7	395.7	26.5
2004	15737.8	13781.8	763.9	791.9	374.0	26.2
2005	15947.5	14043.5	740.0	777.2	360.4	26.6
2006	15766.2	13944.2	719.5	730.6	345.1	26.9

年　份	肉猪出栏头数	牛出栏头数	猪年底头数	羊年底只数	山　羊	绵　羊
1996	41225.1	2685.9	36283.6	23728.3	12315.8	11412.5
1997	46483.7	3283.9	40034.8	25575.7	13480.1	12095.6
1998	50215.1	3587.1	42256.3	26903.5	14168.3	12735.2
1999	51977.2	3766.2	43144.2	27925.8	14816.3	13109.5
2000	52673.3	3964.8	44681.5	29031.9	15715.9	13316.0
2001	54936.7	4118.4	45743.0	29826.4	16129.2	13697.2
2002	56684.3	4401.1	46291.5	31655.2	17275.9	14379.3
2003	59200.5	4703.0	46601.7	34053.7	18320.7	15733.0
2004	61800.7	5018.9	48189.1	36639.1	19550.9	17088.2
2005	66098.6	5287.6	50334.8	37265.9	19876.1	17389.9
2006	68050.4	5602.9	49440.7	36896.6	19700.5	17196.1

畜产品产量

年　份	肉类产量(万吨)	#猪牛羊肉	猪　肉	牛　肉	羊　肉	奶　类(万吨)	#牛　奶
1996	4584.0	3694.7	3158.0	355.7	181.0	735.8	629.4
1997	5268.8	4249.9	3596.3	440.9	212.8	681.1	601.1
1998	5723.8	4598.2	3883.7	479.9	234.6	745.4	662.9
1999	5949.0	4762.3	4005.6	505.4	251.3	806.9	717.6
2000	6125.4	4838.2	4031.4	532.8	274.0	919.1	827.4
2001	6333.9	5026.0	4184.5	548.8	292.7	1122.9	1025.5
2002	6586.5	5228.9	4326.6	584.6	316.7	1400.4	1299.8
2003	6932.9	5506.3	4518.6	630.4	357.2	1848.6	1746.3
2004	7244.8	5776.8	4701.6	675.9	399.3	2368.4	2260.6
2005	7743.1	6157.6	5010.6	711.5	435.5	2864.8	2753.4
2006	8051.4	6416.9	5197.2	750.0	469.7	3302.5	3193.4

年　份	绵羊毛(吨)	#细羊毛	#半细羊毛	山羊毛(吨)	羊　绒(吨)	禽　蛋(万吨)	蜂　蜜(万吨)
1996	298102	121020	74099	35284	9585	1965.2	18.3
1997	255059	116054	55683	25865	8626	1897.1	21.1
1998	277545	115752	68775	31417	9799	2021.3	20.7
1999	283152	114103	73700	31849	10180	2134.7	23.0
2000	292502	117386	84921	33266	11057	2243.3	24.6
2001	298254	114651	88075	34241	10968	2336.7	25.2
2002	307588	112193	102419	35459	11765	2462.7	26.5
2003	338058	120263	110249	36692	13528	2606.7	28.9
2004	373902	130413	119514	37727	14515	2723.7	29.3
2005	393172	127862	123068	36904	15435	2879.5	29.3
2006	388777	131808	116098	40512	16395	2945.6	33.3

水产品产量

单位：万吨

年　份	水产品总产量	海水产品	天然生产	人工养殖	淡水产品	天然生产	人工养殖
1978	465.4	359.5	314.5	45.0	105.9	29.6	76.2
1980	449.7	325.7	281.3	44.4	124.0	33.9	90.2
1985	705.2	419.8	348.5	71.2	285.4	47.6	237.8
1990	1237.0	713.3	550.9	162.4	523.7	78.3	445.4
1991	1350.8	800.1	609.6	190.5	550.7	91.5	459.2
1992	1557.1	933.7	691.2	242.4	623.5	90.1	533.4
1993	1823.0	1076.0	767.3	308.7	747.0	102.9	644.1
1994	2143.2	1241.5	895.8	345.7	901.7	116.7	785.0
1995	2517.2	1439.1	1026.8	412.3	1078.1	137.3	940.8
1996	3288.1	2012.9	1249.0	763.9	1275.2	176.3	1099.0
1997	3601.8	2176.4	1385.4	791.0	1425.4	188.6	1236.7
1998	3906.5	2356.7	1496.7	860.0	1549.8	228.4	1321.4
1999	4122.4	2471.9	1497.6	974.3	1650.5	227.8	1422.7
2000	4278.5	2538.7	1477.5	1061.3	1739.7	226.4	1513.4
2001	4381.3	2571.7	1440.6	1131.1	1809.6	214.6	1595.0
2002	4564.5	2646.3	1433.5	1212.8	1918.2	225.2	1693.0
2003	4704.6	2685.8	1432.4	1253.3	2018.8	246.8	1772.0
2004	4901.8	2767.8	1451.1	1316.7	2134.0	242.0	1892.0
2005	5106.1	2838.3	1453.5	1384.8	2267.8	259.1	2008.7
2006	5250.0						

受灾和成灾面积

年份	受灾面积(万公顷)	#水灾	#旱灾	成灾面积(万公顷)	#水灾	#旱灾	成灾面积占受灾面积(%)
1978	5081	311	3264	2446	201	356	48.1
1980	5003	969	2190	2978	607	388	59.5
1985	4437	1420	2299	2271	895	335	51.2
1990	3847	1180	1817	1782	560	342	46.3
1991	5547	2460	2491	2781	1461	202	50.1
1992	5133	942	3298	2590	446	232	50.4
1993	4883	1639	2110	2313	861	364	47.4
1994	5504	1733	3043	3138	1074	214	57.0
1995	4582	1273	2346	2227	760	208	48.6
1996	4699	1815	2015	2123	1086	212	45.2
1997	5343	1142	3352	3031	584	295	56.7
1998	5015	2229	1424	2518	1379	313	50.2
1999	4998	902	3016	2673	507	204	53.5
2000	5469	732	4054	3437	432	116	62.9
2001	5221	604	3847	3179	361	206	60.9
2002	4695	1229	2212	2716	739	383	57.9
2003	5451	1921	2485	3252	1229	293	59.7
2004	3711	731	1725	1630	375	219	43.9
2005	3882	1093	1603	1997	605	848	51.4
2006	4109	800	2074	2463	457	1341	59.9

主要农产品人均占有量和劳动力人均生产量

单位：公斤

指标	1980年	1985年	1990年	1995年	2000年	2005年	2006年
主要农产品人均占有量							
粮食	326.7	360.7	393.1	387.3	366.1	371.3	379.5
棉花	2.8	3.9	4.0	4.0	3.5	4.4	5.1
油料	7.8	15.0	14.2	18.7	23.4	23.6	23.3
猪牛羊肉					38.3	47.2	48.9
水产品	4.6	6.7	10.9	20.9	33.9	39.2	40.0
牛奶	1.2	2.4	3.7	4.6	6.6	21.1	24.4
平均每个农业劳动力生产量							
粮食	1089	1222	1357	1435	1407	1598	
棉花	9.3	13.4	13.4	14.7	13.4	18.9	
油料	26.5	50.8	47.9	69.2	89.9	101.6	
猪牛羊肉					147.3	203.3	
水产品	15.5	22.7	36.7	77.4	130.2	168.6	
牛奶		8.1	12.6	17.7	25.2	90.9	

各地区主要农产品产量（一）

（2006年）　　单位：万吨

地　区	粮　食	油　料	棉　花	糖　料	蔬　菜	水　果
全国总计	**49747.9**	**3059.4**	**674.6**	**11032.0**	**58325.5**	**17261.2**
北　京	109.2	2.2	0.2		394.2	114.8
天　津	143.5	1.2	10.9		471.4	67.0
河　北	2702.8	150.3	62.8	71.2	6646.8	1453.1
山　西	1073.3	19.2	11.8	10.2	878.7	353.7
内蒙古	1704.9	116.8	0.2	174.6	1174.4	220.5
辽　宁	1725.0	38.1	0.2	5.3	2129.8	478.4
吉　林	2720.0	58.4	0.3	11.1	813.7	223.8
黑龙江	3346.4	63.1		205.0	1135.6	413.8
上　海	111.3	5.3	0.2	8.8	418.8	108.3
江　苏	3041.4	218.2	38.1	20.6	3657.7	628.5
浙　江	884.0	47.4	2.4	85.5	1821.2	650.0
安　徽	2860.7	261.6	40.8	24.3	1817.4	733.6
福　建	701.5	26.9		95.0	1416.9	570.8
江　西	1854.5	78.0	9.5	70.1	1176.8	356.9
山　东	4048.8	358.2	102.3	0.02	8309.3	2513.4
河　南	5010.0	480.0	83.0	22.1	6400.0	2005.6
湖　北	2210.1	279.8	44.9	44.6	2944.1	625.2
湖　南	2706.2	149.4	24.8	108.0	2526.8	607.5
广　东	1387.6	77.6		1311.2	2643.8	1001.1
广　西	1463.2	64.2	0.1	5924.8	2247.8	812.0
海　南	185.6	9.0		385.5	341.0	247.2
重　庆	910.5	40.3		10.2	888.8	145.7
四　川	2893.4	217.3	1.6	124.8	2971.2	535.3
贵　州	1122.8	89.5	0.1	63.9	875.6	109.2
云　南	1542.2	39.0		1679.1	1033.8	201.9
西　藏	92.4	5.5			44.9	0.9
陕　西	1087.0	44.4	8.7	0.2	942.8	1053.2
甘　肃	808.1	49.0	12.8	19.0	933.9	332.8
青　海	88.3	26.5		0.3	90.4	2.4
宁　夏	310.9	10.4		0.68	220.1	114.2
新　疆	902.2	32.8	218.9	555.5	958.0	580.4

注：水果产量含果用瓜。

各地区主要农产品产量（二）

（2006年） 单位：万吨

地区	肉类	#猪肉	#牛肉	#羊肉	奶类	水产品
全国总计	**8051.4**	**5197.2**	**750.0**	**469.7**	**3302.5**	**5250.0**
北京	59.2	29.3	3.6	3.0	62.0	
天津	59.5	37.2	6.2	2.8	68.3	
河北	595.5	352.2	90.0	35.4	417.0	
山西	72.5	51.1	7.2	7.7	83.4	
内蒙古	255.1	95.6	38.2	81.0	877.5	
辽宁	359.8	195.7	44.4	7.6	97.4	
吉林	268.3	114.2	53.0	4.3	35.0	
黑龙江	177.8	101.7	32.3	12.0	464.6	
上海	28.6	16.3		0.6	22.1	
江苏	351.4	218.7	5.4	18.0	59.8	
浙江	170.0	129.9	1.3	3.6	25.5	
安徽	353.8	226.7	34.4	17.6	12.8	
福建	168.3	136.0	2.9	2.3	17.4	
江西	249.1	185.3	10.7	1.7	13.9	
山东	766.1	380.7	81.1	36.6	238.6	
河南	736.5	470.3	109.3	51.2	154.1	
湖北	326.9	254.0	16.1	6.5	13.9	
湖南	539.7	449.6	18.5	13.0	7.3	
广东	392.8	259.5	7.3	0.7	12.5	
广西	266.4	197.4	18.5	4.1	6.3	
海南	62.1	40.1	3.1	1.4	0.1	
重庆	177.1	142.1	6.3	4.0	8.3	
四川	690.8	541.3	29.6	21.0	62.5	
贵州	175.0	140.8	13.8	6.0	4.1	
云南	322.0	260.6	24.2	11.4	38.7	
西藏	22.7	1.2	13.5	8.1	27.6	
陕西	104.1	67.7	12.7	10.2	157.4	
甘肃	89.3	53.6	14.6	14.4	36.4	
青海	27.2	9.1	7.7	9.6	25.6	
宁夏	26.7	10.5	6.2	7.2	64.7	
新疆	157.0	28.8	38.0	67.0	187.8	

全部国有及规模以上非国有工业企业工业增加值增长速度

单位：%

分　　类	2001年	2002年	2003年	2004年	2005年	2006年
工业增加值	**9.9**	**12.6**	**17.0**	**16.7**	**16.4**	**16.6**
在总计中:						
#国有及国有控股企业	8.1	11.7	14.3	14.2	10.7	12.6
在总计中:						
#集体企业	7.2	8.6	11.5	9.9	12.4	11.6
股份合作企业	9.2	10.5	13.9	12.5	16.0	15.5
股份制企业	10.4	14.4	18.3	16.5	17.8	17.8
外商及港澳台投资企业	11.9	13.3	20.0	18.8	16.6	16.9
在总计中:						
#私营企业				22.8	25.3	24.4
在总计中:						
轻工业	8.6	12.1	14.6	14.7	15.2	13.8
重工业	11.1	13.1	18.6	18.2	17.0	17.9

注：工业增加值增长速度按可比价格计算。

全部国有及规模以上非国有工业企业出口交货值

分　　类	绝对数（亿元）					2006年比上年增长(%)
	2002年	2003年	2004年	2005年	2006年	
出口交货值	**20055.2**	**26941.8**	**40484.2**	**47741.2**	**59630.4**	**22.9**
在总计中:						
#国有及国有控股企业	3186.2	3632.5	4433.8	5543.2	6276.2	27.0
在总计中:						
#集体企业	937.2	901.5	633.3	638.8	675.0	14.7
股份合作企业	428.8	417.4	315.3	309.5	340.9	22.9
股份制企业	4581.5	6221.0	9193.9	11359.8	14021.7	26.6
外商及港澳台投资企业	13018.4	17958.9	28983.6	33304.3	42039.9	21.4
在总计中:						
#私营企业	1837.9	2883.0	4532.4	5633.3	6805.4	24.5
在总计中:						
轻工业	10941.8	13435.0	17828.8	20230.1	23315.2	17.0
重工业	9113.5	13506.8	22655.3	27511.0	36315.2	26.9

注：规模以上非国有企业为年产品销售收入500万元以上的企业。

主要工业产品产量（一）

年　份	化学纤维（万吨）	纱（万吨）	布（亿米）	卷　烟（亿支）	成品糖（万吨）	原　盐（万吨）
1978	28.5	238.2	110.3	1182	227	1953
1980	45.0	292.6	134.7	1520	257	1728
1985	94.8	353.5	146.7	2370	451	1479
1990	165.4	462.6	188.8	3298	582	2023
1991	191.0	460.8	181.7	3226	640	2410
1992	213.0	501.7	190.7	3285	829	2838
1993	237.4	501.5	203.0	3376	771	2943
1994	280.3	489.5	211.3	3432	592	2996
1995	341.2	542.2	260.2	3485	559	2978
1996	375.5	512.2	209.1	3402	640	2904
1997	471.6	559.8	248.8	3377	703	3083
1998	510.0	542.0	241.0	3374	826	2243
1999	600.0	567.0	250.0	3340	861	2812
2000	694.0	657.0	277.0	3397	700	3128
2001	841.4	760.7	290.0	3402	653	3411
2002	991.2	850.0	322.4	3467	926	3602
2003	1181.2	983.6	353.5	3581	1084	3438
2004	1699.8	1291.3	482.1	18736	1034	4043
2005	1664.8	1450.5	484.4	19389	912	4661
2006	2025.5	1740.0	550.0	20218	949	5403

注：1.成品糖指标名称1997年及以前为糖，1998-2004年为机制糖，产量包括土糖。
2.卷烟2003年及以前计量单位为万箱。

主要工业产品产量（二）

年　份	家　用电冰箱（万台）	彩　色电视机（万部）	房　间空调器（万台）	汽　车（万辆）	#轿　车	大中型拖拉机（万台）
1978	2.8	0.4	0.02	14.9		11.35
1980	4.9	3.2	1.3	22.2	0.5	9.8
1985	144.8	435.3	12.4	43.7	0.9	4.5
1990	463.1	1033.0	24.1	51.4	3.5	3.9
1991	469.9	1205.1	63.0	71.4	6.9	5.3
1992	485.8	1333.1	158.0	106.7	16.2	5.7
1993	596.7	1435.8	346.4	129.9	22.3	3.8
1994	768.1	1689.2	393.4	136.7	26.9	4.7
1995	918.5	2057.7	682.6	145.3	33.7	6.3
1996	979.7	2537.6	786.2	147.5	38.3	8.4
1997	1044.4	2711.3	974.0	158.3	48.6	8.2
1998	1060.0	3497.0	1156.9	163.0	50.7	6.8
1999	1210.0	4262.0	1337.6	183.2	57.1	6.5
2000	1279.0	3936.0	1826.7	207.0	60.7	4.1
2001	1351.3	4093.7	2333.6	234.2	70.4	3.8
2002	1598.9	5155.0	3135.1	325.1	109.2	4.5
2003	2242.6	6541.4	4820.9	444.4	207.1	4.9
2004	3007.6	7431.8	6390.3	509.1	227.6	11.4
2005	2987.1	8283.2	6764.6	570.5	277.0	16.3
2006	3530.9	8375.4	6849.4	727.9	386.9	19.9

主要工业产品产量（三）

年　份	原　煤（亿吨）	原　油（万吨）	天 然 气（亿立方米）	发 电 量（亿千瓦小时）	#火　电	#水　电
1978	6.18	10405	137.3	2566	2120	446
1980	6.20	10595	142.7	3006	2424	582
1985	8.72	12490	129.3	4107	3183	924
1990	10.80	13831	153.0	6212	4945	1267
1991	10.87	14099	160.7	6775	5525	1247
1992	11.16	14210	157.9	7539	6215	1307
1993	11.50	14524	167.7	8395	6839	1518
1994	12.40	14608	175.6	9281	7464	1674
1995	13.61	15005	179.5	10070	8024	1906
1996	13.97	15733	201.1	10813	8777	1880
1997	13.73	16074	227.0	11356	9241	1960
1998	12.50	16100	232.8	11670	9267	1989
1999	12.80	16000	252.0	12393	9868	1966
2000	12.99	16300	272.0	13556	10885	2224
2001	13.81	16396	303.3	14808	11768	2774
2002	14.55	16700	326.6	16540	13274	2880
2003	17.22	16960	350.2	19106	15804	2837
2004	19.92	17587	414.6	22033	17956	3535
2005	22.05	18135	493.2	25003	20473	3970
2006	23.82	18368	585.5	28344	23573	4167

注：原煤包括无烟煤、褐煤、烟煤，不包括石煤。原煤1999-2004年产量为经济普查后修订数据。

主要工业产品产量（四）

年　份	生　铁（万吨）	粗　钢（万吨）	钢　材（万吨）	焦　炭（万吨）	水　泥（万吨）	平板玻璃（万重量箱）
1978	3479	3178	2208	4690	6524	1784
1980	3802	3712	2716	4343	7986	2466
1985	4384	4679	3693	4802	14595	4942
1990	6238	6635	5153	7328	20971	8067
1991	6765	7100	5638	7352	25261	8712
1992	7589	8094	6697	7984	30822	9359
1993	8739	8956	7716	9320	36788	11086
1994	9741	9261	8428	11477	42118	11925
1995	10529	9536	8980	13510	47561	15732
1996	10723	10124	9338	13643	49119	16069
1997	11511	10894	9979	13731	51174	16631
1998	11864	11559	10738	12806	53600	17194
1999	12539	12426	12110	12074	57300	17420
2000	13101	12850	13146	12184	59700	18352
2001	15554	15163	16068	13131	66104	20964
2002	17085	18237	19252	14280	72500	23446
2003	21367	22234	24108	17776	86208	27703
2004	26831	28291	31976	20619	96682	37026
2005	34375	35324	37771	25412	106885	40210
2006	40417	42266	47340	29768	123500	40499

主要工业产品产量（五）

年　份	硫　酸（万吨）	农用化肥（万吨）	乙　烯（万吨）	纯　碱（万吨）	烧　碱（万吨）	电解铝（万吨）
1978	661.0	869.3	38.0	132.9	164.0	29.6
1980	764.3	1232.1	49.0	161.3	192.3	39.6
1985	676.4	1322.2	65.2	201.1	235.3	52.3
1990	1196.9	1879.7	157.2	379.5	335.4	84.7
1991	1332.9	1979.5	176.1	393.6	354.1	95.5
1992	1408.7	2047.9	200.3	455.0	379.5	109.1
1993	1336.5	1956.3	202.7	534.9	395.4	124.2
1994	1536.5	2272.8	212.9	581.4	429.6	146.2
1995	1811.0	2548.1	240.1	597.7	531.8	167.6
1996	1883.6	2809.0	304.0	669.3	573.8	177.1
1997	2036.9	2821.0	358.6	725.8	574.4	203.5
1998	2171.0	3010.0	377.3	744.0	539.4	233.6
1999	2356.0	3251.0	435.0	766.0	580.1	259.9
2000	2427.0	3186.0	470.0	834.0	667.9	279.4
2001	2696.3	3383.0	480.6	914.4	788.0	337.1
2002	3050.4	3791.0	543.0	1033.2	878.0	432.1
2003	3371.2	3881.3	611.8	1133.6	945.3	554.7
2004	3928.9	4804.8	629.9	1334.7	1041.1	669.0
2005	4544.7	5177.9	755.5	1421.1	1240.0	778.7
2006	4981.0	5592.8	940.5	1597.2	1511.8	935.0

注：农用化肥按有效成分100%计算。

主要工业产品产量（六）

年　份	微型电子计算机（万部）	复　印机　械（万部）	程　控交换机（万线）	传真机（万部）	集成电路（亿块）	移　动电话机（万部）
1990	8.2	2.4			1.1	
1991	16.3	3.0			1.7	
1992	12.6	4.4			1.6	
1993	14.7	6.1	981.4		2.0	
1994	24.6	4.1	1340.3		4.8	
1995	83.6	21.8	2091.6	136.1	55.2	
1996	138.8	63.9	2274.8	137.9	38.9	
1997	206.6	107.8	2787.3	162.5	25.5	
1998	291.4	117.9	4219.9	128.7	26.3	
1999	405.0	210.3	4726.0	160.0	41.5	
2000	672.0	156.6	7136.0	196.3	58.8	5247.9
2001	877.7	144.1	7223.5	318.2	63.6	8031.7
2002	1463.5	207.4	5860.7	297.3	96.3	12146.4
2003	3216.7	264.2	7379.9	746.6	148.3	18231.4
2004	5974.9	324.6	7625.2	851.2	235.5	23751.6
2005	8084.9	403.6	7720.9	1068.2	270.0	30354.2
2006	9336.4	467.8	7404.6	1182.9	335.8	48013.8

各地区主要工业产品产量（一）

(2006年)

地　区	原　煤 (万吨)	原　油 (万吨)	发电量 (亿千瓦小时)	生　铁 (万吨)	粗　钢 (万吨)	钢　材 (万吨)	水　泥 (万吨)
全国总计	**238174**	**18367.6**	**28344.0**	**40416.7**	**42266.0**	**47339.6**	**123500.0**
北　京	658.4		198.7	782.1	817.0	1042.6	1226.6
天　津		1943.1	359.2	1131.5	1285.3	2082.9	607.3
河　北	8364.7	610.8	1451.7	8250.1	9096.3	8467.1	8492.7
山　西	58141.9		1467.4	3151.9	1938.5	1663.3	2171.0
内蒙古	30802.3		1416.4	1079.7	861.1	808.5	2061.3
辽　宁	7367.3	1226.5	1013.4	3746.3	3798.4	3986.9	3208.2
吉　林	2932.2	571.4	441.8	425.6	533.6	579.2	2525.0
黑龙江	10282.4	4340.5	632.0	257.1	315.2	293.7	1456.3
上　海		21.5	711.0	1639.1	1902.8	2129.8	818.3
江　苏	3047.5	188.5	2216.4	3346.5	4202.3	5816.3	10880.8
浙　江	18.3		1661.6	232.9	457.8	1143.6	9947.1
安　徽	8331.9		728.7	1179.2	1293.8	1317.1	4405.5
福　建	1932.8		904.3	421.7	465.5	842.6	3343.9
江　西	2783.4		403.5	949.6	1163.0	1235.8	4206.3
山　东	14069.5	2755.1	2314.4	4328.5	3714.9	4088.4	16575.9
河　南	19532.2	492.1	1590.3	1460.8	1740.8	1773.0	7413.6
湖　北	1115.6	79.7	1296.4	1578.8	1658.0	1689.7	5108.7
湖　南	5847.9		701.2	1094.6	1191.8	1151.4	4375.5
广　东		1337.8	2358.4	589.4	902.7	1786.6	8851.1
广　西	680.5	3.4	475.4	563.0	622.1	697.5	3545.0
海　南		11.1	94.9	13.3	0.2	14.2	577.5
重　庆	4059.2		275.4	300.2	321.9	382.9	2533.8
四　川	8600.0	18.0	1063.0	1307.9	1225.9	1316.4	4900.2
贵　州	11816.6		974.7	343.5	332.5	256.6	1799.4
云　南	7339.1		692.0	892.4	634.6	578.0	3179.1
西　藏			15.2				166.7
陕　西	18407.6	1988.9	577.3	395.3	388.6	499.8	2375.4
甘　肃	3822.8	81.7	526.3	545.2	545.3	534.8	1387.4
青　海	628.3	223.0	277.2	49.7	79.6	76.7	371.3
宁　夏	3273.0		388.4	39.3		21.8	699.1
新　疆	4318.5	2474.7	331.1	321.6	388.7	408.7	1201.7

各地区主要工业产品产量（二）

（2006年）

地　区	布 （亿米）	家　用 电冰箱 （万台）	农　用 化　肥 （万吨）	汽　车 （万辆）	程　控 交换机 （万线）	移　动 电话机 （万部）	微型电子 计算机 （万部）
全国总计	**550.0**	**3530.9**	**5592.8**	**727.9**	**7404.6**	**48013.8**	**9336.4**
北　京	0.1		4.6	68.4	4765.5	14068.0	735.6
天　津	2.8	9.3	16.3	41.2	4.2	10129.7	3.2
河　北	28.2		210.5	26.8	11.0		
山　西	2.5		313.6				0.6
内蒙古	1.4		76.1	0.9		203.9	
辽　宁	5.0	94.3	75.9	29.1	21.9	180.0	0.1
吉　林	0.8		18.7	63.3			
黑龙江	1.2		51.1	24.4			3.4
上　海	1.0	101.1	3.0	68.2	553.5	1131.7	2670.1
江　苏	65.0	408.8	254.7	27.5	11.9	6552.6	3932.1
浙　江	97.5	390.6	55.5	17.8	149.8	4921.6	153.6
安　徽	6.0	627.4	210.1	49.0			
福　建	19.5		64.8	7.3	1.0	1358.8	445.7
江　西	3.4	30.5	55.8	23.4	2.7		0.6
山　东	104.3	1064.2	798.6	27.2	218.2	2142.6	104.3
河　南	18.8	266.8	440.9	5.5			0.4
湖　北	25.5	42.4	459.6	54.7	0.1	504.4	
湖　南	5.0	36.6	259.2	3.7	1.3		
广　东	28.5	336.0	29.4	55.5	1630.1	6716.1	1282.0
广　西	0.5		94.5	51.8		21.8	0.7
海　南			64.3	8.4			
重　庆	3.5		127.7	52.1		45.7	
四　川	7.8		372.4	7.0			
贵　州	0.5	102.2	338.8	0.1		37.0	
云　南	0.1		301.7	3.8	0.7		
西　藏							
陕　西	7.8	20.8	107.8	10.8	32.7		4.1
甘　肃	0.1		85.3				
青　海			205.1				
宁　夏			77.9				
新　疆	1.0		130.7	0.1			

工业企业主要经济指标（一）

年 份	企业单位数（万个）	工业增加值（亿元）	资产总计（亿元）	出口交货值（亿元）
1978	34.8		4525	
1980	37.7		4233	
1985	46.3		6972	
1990	50.4		15953	
1995	59.2	15446	79234	
1996	57.9	18209	90016	
1997	53.4	19835	103400	
1998	16.5	19422	108822	10842
1999	16.2	21565	116969	11545
2000	16.3	25395	126211	14575
2001	17.1	28329	135403	16245
2002	18.2	32995	146218	20055
2003	19.6	41990	168808	26942
2004	27.6	54805	215358	40484
2005	27.2	72187	244784	47741
2006	29.1	79752	285941	59630

工业企业主要经济指标（二）

年 份	主营业务收 入（亿元）	利润总额（亿元）	税金总额（亿元）	全部从业人员年平均人数（万人）
1978				
1980	4459	692	367	5600
1985	7899	929	727	6605
1990	16793	560	1386	7663
1995	52936	1635	3415	8360
1996	57970	1490	3657	8187
1997	63451	1703	4037	7873
1998	64149	1458	4064	6196
1999	69852	2288	4414	5805
2000	84152	4393	5119	5559
2001	93733	4733	5572	5441
2002	109486	5784	6238	5521
2003	143172	8337	7537	5749
2004	198909	11929	9529	6622
2005	248544	14803	11518	6896
2006	308424	18784	13653	7205

注：1997年及以前为乡及乡以上独立核算工业企业数据；1998年起为全部国有及年产品销售收入在500万元以上非国有工业企业数据。2005年为快报数据。

全部国有及规模以上非国有工业企业主要经济指标（一）

（2006年）

指　　标	单 位	合　计	#大 型 企 业	#中 型 企 业	#国有及国有控股企业
企业单位数	个	291036	2536	26625	26101
#亏损企业数	个	46488	290	4387	8418
应收账款净额	亿元	31699.0	8668.2	10923.1	7530.4
产成品	亿元	14523.8	3744.7	4769.1	3926.6
流动资产平均余额	亿元	125432.9	44740.1	40182.8	46109.5
固定资产净值平均余额	亿元	104440.5	42909.6	31714.5	56481.5
资产总计	亿元	285941.1	110903.3	91217.0	133993.0
负债合计	亿元	165181.7	62737.3	52713.3	75780.7
主营业务收入	亿元	308424.2	110877.3	88206.2	100902.0
#主营业务成本	亿元	261975.0	93116.0	74498.3	82196.0
主营业务税金及附加	亿元	3658.2	2036.6	928.6	2600.5
营业费用	亿元	8483.4	2647.9	2948.0	2185.6
管理费用	亿元	12199.0	4307.5	3717.1	5091.4
财务费用	亿元	3354.5	1120.7	1136.1	1432.5
#利息支出	亿元	3033.2	1103.6	1046.4	1408.9
利润总额	亿元	18783.6	8072.1	5207.9	8071.8
亏损企业亏损总额	亿元	2125.3	747.1	618.1	1160.5
税金总额	亿元	13652.7	6120.6	3739.8	7401.5
应交增值税	亿元	9994.5	4084.0	2811.2	4801.0
全部从业人员平均人数	万人	7205.4	1611.1	2181.9	1821.7

全部国有及规模以上非国有工业企业主要经济指标（二）

（2006年）

指　　标	单 位	#集 体 企 业	#股份制 企 业	#外商及港澳台投资企业	#私 营 企 业
企业单位数	个	15215	152320	59599	138690
#亏损企业数	个	2100	21423	13417	14668
应收账款净额	亿元	826.1	13193.8	13798.2	5472.9
产成品	亿元	390.3	7696.1	4538.8	3148.5
流动资产平均余额	亿元	3103.4	61198.4	40448.5	19724.9
固定资产净值平均余额	亿元	1742.4	51316.7	25332.5	11855.3
资产总计	亿元	5758.6	142381.8	76151.3	37910.0
负债合计	亿元	3310.4	84172.6	43229.2	22488.9
主营业务收入	亿元	9307.8	149674.5	97608.4	62023.7
#主营业务成本	亿元	8015.3	126229.0	84271.2	54315.6
主营业务税金及附加	亿元	76.8	1582.2	436.0	430.8
营业费用	亿元	242.6	3943.8	3288.6	1549.7
管理费用	亿元	315.1	5960.2	3599.6	1840.0
财务费用	亿元	83.0	1910.0	672.5	604.3
#利息支出	亿元	65.9	1722.6	613.9	480.6
利润总额	亿元	560.8	10073.2	5162.2	2947.8
亏损企业亏损总额	亿元	31.5	1080.8	681.9	156.5
税金总额	亿元	375.0	6876.7	2444.3	2129.6
应交增值税	亿元	298.2	5294.6	2008.3	1698.7
全部从业人员平均人数	万人	287.5	3524.0	2066.6	1860.6

各地区全部国有及规模以上非国有工业企业主要经济指标(一)

(2006年)

单位：亿元

地　区	主营业务收　入	主营业务成　本	主营业务税金及附加	营业费用	税金总额	利润总额
全国总计	**308424.2**	**261975.0**	**3658.2**	**8483.4**	**13652.7**	**18783.6**
北　京	8649.6	7544.9	62.9	306.9	289.2	407.9
天　津	8782.7	7405.8	99.0	249.0	313.9	690.9
河　北	13011.6	11145.9	112.9	281.3	577.3	888.1
山　西	5684.5	4472.8	70.0	266.9	440.1	367.1
内蒙古	4080.4	3258.4	53.7	146.9	255.5	332.5
辽　宁	13756.4	12006.9	159.3	282.9	560.9	434.3
吉　林	4309.3	3505.1	89.2	118.5	244.3	201.0
黑龙江	5685.9	3876.9	89.9	128.1	457.3	1275.9
上　海	19030.9	16318.4	190.9	612.2	679.9	1086.7
江　苏	41030.2	36411.3	240.7	974.7	1255.3	1901.8
浙　江	27125.4	23711.6	212.3	651.7	946.1	1324.6
安　徽	5813.7	4974.5	104.1	195.0	321.0	230.9
福　建	9288.5	8041.8	93.1	286.1	319.0	446.6
江　西	4054.2	3433.3	61.5	102.6	219.9	198.1
山　东	38430.5	33018.1	395.4	878.9	1649.6	2634.0
河　南	13711.3	11371.5	206.7	376.0	767.3	1145.3
湖　北	7198.9	5990.0	170.5	216.4	453.6	408.9
湖　南	5742.5	4686.9	194.4	188.3	425.2	264.8
广　东	42427.4	36591.9	273.2	1292.7	1236.3	1958.3
广　西	3119.6	2600.9	47.8	96.3	191.7	188.1
海　南	573.4	456.4	11.7	23.1	34.9	41.5
重　庆	3177.4	2655.6	48.9	122.0	162.0	154.7
四　川	7674.3	6323.5	110.3	273.6	400.9	430.7
贵　州	1886.6	1466.0	70.9	70.8	178.8	117.4
云　南	3278.0	2436.5	279.2	89.6	486.0	300.2
西　藏	27.6	19.2	0.5	2.3	3.3	3.9
陕　西	4259.8	3235.1	86.4	115.3	317.1	513.6
甘　肃	2440.2	2032.6	50.8	50.0	155.1	107.4
青　海	633.8	445.5	8.9	10.4	49.0	120.3
宁　夏	827.0	716.6	8.8	21.2	42.3	25.3
新　疆	2712.8	1821.1	54.8	53.8	220.1	583.0

各地区全部国有及规模以上非国有工业企业主要经济指标(二)

(2006年)

单位：亿元

地　区	亏损企业亏损总额	应收账款净　额	产成品	资产总计	负债合计	全部从业人员平均人数(万人)
全国总计	**2125.3**	**31699.0**	**14523.8**	**285941.1**	**165181.7**	**7205.4**
北　京	100.1	1105.8	412.2	13797.6	5375.2	114.6
天　津	89.0	959.7	311.8	7307.9	4259.7	122.7
河　北	105.2	781.6	641.0	11133.3	6831.6	298.2
山　西	38.1	549.4	425.6	8621.6	5824.5	211.7
内蒙古	14.9	323.1	197.9	5438.7	3309.2	90.3
辽　宁	250.0	1389.5	741.8	13920.4	8066.6	300.6
吉　林	71.8	456.1	232.1	5045.7	2919.1	101.5
黑龙江	67.5	414.3	258.5	5526.6	3143.4	133.8
上　海	209.8	2684.4	677.0	17609.4	8812.4	263.0
江　苏	148.4	4958.0	1527.6	30438.0	18472.6	774.5
浙　江	77.0	3446.6	1488.8	23491.7	14127.4	697.5
安　徽	37.8	549.0	294.1	6299.4	3919.4	160.5
福　建	49.2	1107.6	463.3	7959.0	4291.5	308.1
江　西	32.7	277.2	177.1	3495.6	2195.1	114.5
山　东	89.1	2013.6	1448.3	26251.5	15171.3	791.1
河　南	57.2	877.0	414.5	10910.4	6584.6	362.0
湖　北	53.7	637.2	409.6	9826.8	5409.3	193.5
湖　南	30.3	416.9	271.4	5356.8	3248.7	172.4
广　东	241.8	5875.0	2208.7	33635.1	19332.0	1153.9
广　西	25.1	266.0	215.7	3510.5	2146.6	92.9
海　南	10.1	73.3	39.8	923.0	561.6	10.7
重　庆	17.9	358.1	180.5	3646.4	2139.3	96.8
四　川	39.0	773.9	508.5	9033.8	5624.7	229.8
贵　州	25.8	217.0	119.6	3012.9	1982.0	67.2
云　南	30.5	286.7	196.5	4646.7	2606.6	69.4
西　藏	0.4	6.5	2.7	109.7	28.7	2.0
陕　西	54.3	455.4	280.6	5976.4	3580.2	120.9
甘　肃	73.2	174.6	133.3	3086.8	1755.7	67.2
青　海	5.8	55.7	41.3	1385.4	923.0	14.9
宁　夏	16.3	85.0	64.8	1286.6	773.1	24.7
新　疆	63.3	124.9	139.5	3257.4	1766.9	44.8

各地区全部国有及规模以上非国有工业企业主要经济效益指标

(2006年)

地 区	总资产贡献率(%)	资本保值增值率(%)	资产负债率(%)	流动资产周转次数(次)	成本费用利润率(%)	产品销售率(%)
全国总计	**13.5**	**116.5**	**57.8**	**2.5**	**6.6**	**98.1**
北 京	5.8	105.8	39.0	2.0	4.9	98.7
天 津	15.5	115.3	58.3	2.4	8.6	99.2
河 北	15.6	120.6	61.4	2.8	7.4	98.2
山 西	11.8	126.5	67.6	1.8	7.0	97.7
内蒙古	13.9	124.2	60.9	2.4	9.2	97.7
辽 宁	8.7	120.0	58.0	2.2	3.3	98.1
吉 林	10.5	113.4	57.9	2.3	5.1	96.3
黑龙江	32.7	112.2	56.9	2.4	29.6	98.2
上 海	11.4	109.6	50.0	2.2	6.1	99.1
江 苏	12.4	118.7	60.7	2.7	4.9	98.5
浙 江	12.1	117.6	60.1	2.2	5.1	97.9
安 徽	10.6	118.2	62.2	2.4	4.2	98.4
福 建	11.7	115.8	53.9	2.4	5.1	96.9
江 西	14.6	117.4	62.8	2.8	5.3	98.5
山 东	19.3	122.1	57.8	3.4	7.4	98.5
河 南	21.0	122.7	60.4	3.1	9.3	98.5
湖 北	10.4	115.2	55.1	2.1	6.1	98.0
湖 南	15.3	116.5	60.7	2.9	5.1	99.7
广 东	11.4	113.3	57.5	2.5	4.9	97.3
广 西	13.1	118.5	61.2	2.3	6.5	96.3
海 南	10.6	129.8	60.9	1.8	8.0	96.8
重 庆	10.6	121.0	58.7	2.0	5.2	98.4
四 川	11.3	114.4	62.3	2.1	6.1	97.9
贵 州	11.9	114.6	65.8	1.8	7.0	96.6
云 南	19.7	112.4	56.1	1.6	10.9	98.0
西 藏	7.3	107.0	26.1	0.9	15.8	92.0
陕 西	16.3	130.6	59.9	1.8	14.1	98.1
甘 肃	10.1	117.3	56.9	2.2	4.8	97.8
青 海	15.3	130.8	66.6	1.6	23.8	96.4
宁 夏	7.2	125.1	60.1	1.7	3.2	97.0
新 疆	27.5	115.7	54.2	2.7	29.0	98.8

能源生产总量和构成

年　份	能源生产总量（万吨标准煤）	构成（能源生产总量=100）			
		原　煤	原　油	天然气	水　电
1978	62770	70.3	23.7	2.9	3.1
1980	63735	69.4	23.8	3.0	3.8
1985	85546	72.8	20.9	2.0	4.3
1990	103922	74.2	19.0	2.0	4.8
1991	104844	74.1	19.2	2.0	4.7
1992	107256	74.3	18.9	2.0	4.8
1993	111059	74.0	18.7	2.0	5.3
1994	118729	74.6	17.6	1.9	5.9
1995	129034	75.3	16.6	1.9	6.2
1996	132616	75.2	17.0	2.0	5.8
1997	132410	74.1	17.3	2.1	6.5
1998	124250	71.9	18.5	2.5	7.1
1999	125935	72.6	18.2	2.7	6.6
2000	128978	72.0	18.1	2.8	7.2
2001	137445	71.8	17.0	2.9	8.2
2002	143810	72.3	16.6	3.0	8.1
2003	163842	75.1	14.8	2.8	7.3
2004	187341	76.0	13.4	2.9	7.7
2005	205876	76.5	12.6	3.2	7.7
2006	221000	76.8	11.9	3.5	7.8

能源消费总量和构成

年　份	能源消费总量（万吨标准煤）	构成（能源消费总量=100）			
		煤　炭	石　油	天然气	水　电
1978	57144	70.7	22.7	3.2	3.4
1980	60275	72.2	20.7	3.1	4.0
1985	76682	75.8	17.1	2.2	4.9
1990	98703	76.2	16.6	2.1	5.1
1991	103783	76.1	17.1	2.0	4.8
1992	109170	75.7	17.5	1.9	4.9
1993	115993	74.7	18.2	1.9	5.2
1994	122737	75.0	17.4	1.9	5.7
1995	131176	74.6	17.5	1.8	6.1
1996	138948	74.7	18.0	1.8	5.5
1997	137798	71.7	20.4	1.7	6.2
1998	132214	69.6	21.5	2.2	6.7
1999	133831	69.1	22.6	2.1	6.2
2000	138553	67.8	23.2	2.4	6.7
2001	143199	66.7	22.9	2.6	7.9
2002	151797	66.3	23.4	2.6	7.7
2003	174990	68.4	22.2	2.6	6.8
2004	203227	68.0	22.3	2.6	7.1
2005	224682	69.1	21.0	2.8	7.1
2006	245669	69.3	20.8	2.8	7.1

综合能源平衡表

单位：万吨标准煤

项　　目	1990年	1995年	2000年	2003年	2004年	2005年
可供消费的能源总量	**96138**	**129535**	**136535**	**172129**	**203344**	**223213**
一次能源生产量	103922	129034	128978	163842	187341	205876
回收能		2312	1760	2043	2508	2840
进口量	1310	5456	14334	20048	26593	26952
出口量(-)	5875	6776	9633	12989	11646	11447
年初年末库存差额	-3219	-491	1097	-814	-1452	-1008
能源消费总量	**98703**	**131176**	**138553**	**174990**	**203227**	**224682**
在总量中:						
1.农、林、牧、渔、水利业	4852	5505	6045	6716	7680	7978
2.工　业	67578	96191	95443	121771	143244	159492
3.建筑业	1213	1335	2143	2860	3259	3411
4.交通运输、仓储和邮政业	4541	5863	10067	12819	15104	16629
5.批发、零售业和住宿、餐饮业	1247	2018	3039	4180	4820	5031
6.其他	3473	4519	5852	6819	7839	8691
7.生活消费	15799	15745	15965	19827	21281	23450
在总量中:						
(一) 终端消费	94289	124252	132030	166633	194104	214479
#工业	63239	89473	89266	113725	134442	149639
(二) 加工转换损失量	2264	3634	2461	3378	3684	3720
#炼焦	905		525	769	527	658
炼油	326		781	1092	1416	1305
(三) 损失量	2150	3289	4062	4979	5439	6483
平衡差额	**-2565**	**-1641**	**-2017**	**-2862**	**117**	**-1469**

注：1.电力、热力按等价热值折算,因此加工转换损失量中不包括发电、供热损失量。村办工业包括在工业中。
2.进口量包括我国飞机、轮船在国外加油量;出口量包括外国飞机、轮船在我国加油量。

能源生产弹性系数

年　份	能源生产比上年增长（%）	电力生产比上年增长（%）	国内生产总值比上年增长（%）	能源生产弹性系数	电力生产弹性系数
1985	9.9	8.9	13.5	0.73	0.66
1989	6.1	7.3	4.1	1.49	1.77
1990	2.2	6.2	3.8	0.58	1.63
1991	0.9	9.1	9.2	0.10	0.99
1992	2.3	11.3	14.2	0.16	0.80
1993	3.6	15.3	14.0	0.26	1.09
1994	6.9	10.7	13.1	0.53	0.82
1995	8.7	8.6	10.9	0.80	0.79
1996	2.8	7.2	10.0	0.28	0.72
1997	-0.2	5.0	9.3		0.54
1998	-6.2	2.9	7.8		0.37
1999	1.4	6.2	7.6	0.18	0.82
2000	2.4	9.4	8.4	0.29	1.12
2001	6.6	9.2	8.3	0.80	1.11
2002	4.6	11.7	9.1	0.51	1.29
2003	13.9	15.5	10.0	1.39	1.55
2004	14.3	15.3	10.1	1.42	1.51
2005	9.9	13.5	10.4	0.95	1.32
2006	7.3	13.4	10.7	0.68	1.25

注：国内生产总值增长速度按可比价格计算(下表同)。

能源消费弹性系数

年　份	能源消费比上年增长（%）	电力消费比上年增长（%）	国内生产总值比上年增长（%）	能源消费弹性系数	电力消费弹性系数
1985	8.1	9.0	13.5	0.60	0.67
1989	4.2	7.3	4.1	1.03	1.78
1990	1.8	6.2	3.8	0.47	1.63
1991	5.1	9.2	9.2	0.55	1.00
1992	5.2	11.5	14.2	0.37	0.81
1993	6.3	11.0	14.0	0.45	0.79
1994	5.8	9.9	13.1	0.44	0.76
1995	6.9	8.2	10.9	0.63	0.75
1996	5.9	7.4	10.0	0.59	0.74
1997	-0.8	4.8	9.3		0.52
1998	-4.1	2.8	7.8		0.36
1999	1.2	6.1	7.6	0.16	0.80
2000	3.5	9.5	8.4	0.42	1.13
2001	3.4	9.3	8.3	0.41	1.12
2002	6.0	11.8	9.1	0.66	1.30
2003	15.3	15.6	10.0	1.53	1.56
2004	16.1	15.4	10.1	1.59	1.52
2005	10.6	13.5	10.4	1.02	1.32
2006	9.3	13.3	10.7	0.87	1.24

注：2006年为估算数。

各地区电力消费量

单位：亿千瓦小时

地区	2000年	2001年	2002年	2003年	2004年	2005年
北京	384.4	399.9	440.0	467.6	513.2	570.5
天津	234.0	247.9	274.4	305.6	340.0	384.8
河北	809.3	867.6	965.8	1099.0	1291.4	1501.9
山西	502.0	557.6	628.8	725.2	833.0	946.3
内蒙古	254.2	280.9	320.4	416.4	530.4	667.7
辽宁	748.9	764.8	809.5	907.9	1019.8	1110.6
吉林	291.4	295.1	306.3	338.7	371.8	378.2
黑龙江	442.3	456.9	468.5	493.4	525.5	555.9
上海	559.5	593.0	645.7	746.0	821.4	922.0
江苏	971.3	1078.4	1245.1	1505.1	1820.1	2193.5
浙江	738.1	848.4	1010.7	1232.5	1383.7	1642.3
安徽	338.9	359.6	389.9	445.4	515.7	582.2
福建	401.5	439.2	496.8	585.7	664.4	756.6
江西	208.2	222.3	246.6	299.5	335.5	392.0
山东	1000.7	1104.5	1241.7	1395.7	1639.9	1911.6
河南	718.5	808.4	916.2	1041.9	1191.0	1352.7
湖北	503.0	526.0	562.0	629.2	700.2	788.9
湖南	406.1	439.8	477.5	545.8	616.8	674.4
广东	1334.6	1458.4	1687.8	2031.3	2387.1	2673.6
广西	314.4	331.9	356.9	415.8	456.9	510.1
海南	38.4	42.9	49.0	56.6	67.0	81.6
重庆	307.6	220.5	248.0	269.3	302.6	347.7
四川	521.2	589.6	660.5	759.8	857.0	942.6
贵州	287.8	335.2	366.6	399.6	458.7	487.0
云南	273.6	320.8	353.2	370.3	454.5	557.3
陕西	292.8	321.5	356.0	404.1	477.0	516.4
甘肃	295.3	306.1	339.7	398.3	451.7	489.5
青海	109.1	111.9	125.5	150.2	189.8	206.6
宁夏	136.2	151.8	178.8	212.1	270.0	302.9
新疆	183.0	197.9	214.6	236.1	266.4	310.1

注：本表数据由中电联提供。

各地区能源消耗指标

(2005年)

地　区	单位地区生产总值能耗(等价值)(吨标准煤/万元)	单位地区生产总值电耗(等价值)(千瓦小时/万元)	单位工业增加值能耗(规模以上，当量值)(吨标准煤/万元)
北　京	0.80	828.5	1.50
天　津	1.11	1040.8	1.45
河　北	1.96	1487.6	4.41
山　西	2.95	2264.2	6.57
内蒙古	2.48	1714.1	5.67
辽　宁	1.83	1386.6	3.11
吉　林	1.65	1044.7	3.25
黑龙江	1.46	1008.5	2.34
上　海	0.88	1007.2	1.18
江　苏	0.92	1198.2	1.67
浙　江	0.90	1222.2	1.49
安　徽	1.21	1082.9	3.13
福　建	0.94	1151.8	1.45
江　西	1.06	966.3	3.11
山　东	1.28	1032.4	2.15
河　南	1.38	1277.7	4.02
湖　北	1.51	1210.0	3.50
湖　南	1.40	1035.8	2.88
广　东	0.79	1195.3	1.08
广　西	1.22	1251.7	3.19
海　南	0.92	912.3	3.65
重　庆	1.42	1132.3	2.75
四　川	1.53	1276.3	3.52
贵　州	3.25	2460.6	5.38
云　南	1.73	1604.6	3.55
陕　西	1.48	1405.0	2.62
甘　肃	2.26	2531.0	4.99
青　海	3.07	3801.8	3.44
宁　夏	4.14	4997.7	9.03
新　疆	2.11	1190.9	3.00

注：地区生产总值和工业增加值按当年价格计算。

建筑业企业概况

年份	企业单位数（个）	从业人员（万人）	总产值		增加值	
			绝对数（亿元）	指数（上年=100）	绝对数（亿元）	指数（上年=100）
1980	6604	648.0	286.9			
1985	11150	911.5	675.1	130.5		
1990	13327	1010.7	1345.0	104.8		
1991	13825	1058.3	1564.3	116.3		
1992	14536	1157.5	2174.4	139.0		
1993	20998	1096.7	3253.5	149.6		
1994	23315	1445.9	4653.3	143.0	1322.1	
1995	24133	1497.9	5793.8	124.5	1668.6	126.2
1996	41364	2121.9	8282.2	142.9	2405.6	144.2
1997	44017	2101.5	9126.5	110.2	2540.5	105.6
1998	45634	2030.0	10062.0	110.3	2783.8	109.6
1999	47234	2020.1	11152.9	110.8	3022.3	108.6
2000	47518	1994.3	12497.6	112.1	3341.1	110.5
2001	45893	2110.7	15361.6	122.9	4023.6	120.4
2002	47820	2245.2	18527.2	120.6	4698.3	116.8
2003	48688	2414.3	23083.9	124.6	4654.7	121.8
2004	59018	2500.3	29021.5	125.7	5615.8	120.6
2005	58750	2699.9	34552.1	119.1	6899.7	122.9
2006	56717	2836.9	40975.5	118.6	8182.4	118.6

注：1.本表1980-1992年为全民和集体所有制建筑业企业数据；1993-1995年为各种经济成分的建制镇以上企业数据；1996-2001年为资质等级（旧资质）四级及四级以上建筑业企业数据；2002年起为所有资质等级的施工总承包、专业承包建筑业企业（不含劳务分包建筑业企业）数据;与以前各年不可比（下表同）。
2.本表2003年建筑业增加值统计口径调整，绝对数与以前年度不可比，指数按可比口径计算。

建筑业企业生产完成情况

项目	单位	2000年	2002年	2003年	2004年	2005年	2006年
签订的合同额	亿元		26734	35940	46199.2	55947	65568
#上年结转合同额	亿元		9175	11427	16056.7	19588	24579
本年新签合同额	亿元		17560	24513	30142.5	36359	40989
竣工产值	亿元	8978	13729	16904	20266	23866	26051
房屋建筑施工面积	万平方米	160141	215609	259377	310986	352745	399606
#本年新开工面积	万平方米	86949	126658	154599	179449	197743	218850
#投标承包面积	万平方米	108536	165452	207719	243704	287582	327737
房屋建筑竣工面积	万平方米	80715	110217	122828	147364	159406	164123
#住宅	万平方米	49668	63712	69039	81859	89471	93938
房屋建筑竣工价值	亿元			9012	11431	12990	13807
#住宅	亿元			4744	6011	6895	7550

各地区建筑业总产值和房屋建筑面积

地 区	总 产 值 (亿元)		施工面积 (万平方米)		竣工面积 (万平方米)	
	2005年	2006年	2005年	2006年	2005年	2006年
全国总计	**34552.1**	**40975.5**	**352744.7**	**399605.8**	**159406.2**	**164122.5**
北 京	1894.0	2161.4	15417.6	16159.7	4862.4	4764.4
天 津	754.4	924.3	3940.6	4271.1	1484.4	1606.9
河 北	1285.3	1439.3	11261.4	12177.4	5744.2	5417.7
山 西	849.2	892.0	4048.5	4267.7	1638.5	1382.4
内蒙古	381.3	474.1	2958.9	3509.0	1623.4	1704.1
辽 宁	1481.7	1768.0	10224.9	12074.5	5111.1	5455.5
吉 林	485.6	685.0	3165.9	3719.2	1744.7	1746.3
黑龙江	572.9	699.3	4467.7	4844.5	2249.7	2379.3
上 海	1889.2	2107.6	14138.0	14462.5	5643.3	5122.8
江 苏	4368.9	5154.5	52242.2	60617.2	25391.9	28139.0
浙 江	4718.7	5590.9	59883.7	69315.6	24637.1	27004.3
安 徽	963.5	1139.1	9873.7	11705.4	5081.3	5116.1
福 建	874.0	1158.2	10268.3	13712.4	4191.4	1296.9
江 西	566.0	662.3	7281.2	7799.6	4030.5	4342.5
山 东	2509.1	2788.6	25449.9	28986.0	11883.1	12963.4
河 南	1066.1	1495.6	10813.2	14010.9	4787.1	6526.2
湖 北	1349.3	1702.0	12091.2	13034.6	6896.9	5233.2
湖 南	1219.3	1475.1	13774.9	15488.0	6846.0	7225.0
广 东	2199.6	2536.8	26886.0	28759.5	10027.9	10529.3
广 西	425.2	514.1	5518.1	6119.3	2209.7	2338.7
海 南	59.7	64.6	692.4	685.9	205.1	278.5
重 庆	783.6	885.2	10722.6	10824.4	5155.2	5174.6
四 川	1469.0	1780.1	17924.4	21564.1	8692.2	9135.5
贵 州	271.2	291.2	3152.8	3335.5	1149.5	987.6
云 南	539.4	652.1	4591.2	5081.2	2470.1	2698.3
西 藏	40.6	53.9	151.3	183.2	114.4	108.0
陕 西	658.5	895.4	4563.9	5173.8	1892.9	2130.9
甘 肃	313.4	344.3	3008.5	3058.7	1455.2	1352.3
青 海	90.9	105.7	407.5	361.9	194.0	161.2
宁 夏	113.0	130.8	1056.6	1258.8	564.0	531.7
新 疆	359.3	404.0	2767.6	3044.4	1429.4	1270.1

各地区建筑业主要效益指标

(2006年)

地区	企业个数(个)	计算劳动生产率的平均人数(万人)	按建筑业总产值计算的劳动生产率(元/人)	人均竣工产值(元/人)	人均施工面积(平方米/人)	人均竣工面积(平方米/人)
全国总计	**56717**	**3151.6**	**130015**	**82660**	**126.8**	**52.1**
北京	2622	127.0	170179	93716	127.2	37.5
天津	1012	38.2	241644	141566	111.7	42.0
河北	1841	121.4	118588	65076	100.3	44.6
山西	1255	59.2	150718	58075	72.1	23.4
内蒙古	648	97.0	48868	31539	36.2	17.6
辽宁	3056	141.1	125306	74754	85.6	38.7
吉林	769	52.0	131831	64221	71.6	33.6
黑龙江	1650	63.3	110432	78030	76.5	37.6
上海	2195	106.5	197919	130551	135.8	48.1
江苏	5350	367.0	140465	105695	165.2	76.7
浙江	4107	363.5	153801	106042	190.7	74.3
安徽	1930	104.4	109108	65030	112.1	49.0
福建	1721	75.8	152898	100897	181.0	17.1
江西	1128	62.0	106800	73384	125.8	70.0
山东	5254	286.0	97513	61081	101.4	45.3
河南	2335	135.6	110254	67808	103.3	48.1
湖北	2056	108.4	157001	82225	120.2	48.3
湖南	1788	116.9	126201	77836	132.5	61.8
广东	4130	168.1	150876	112798	171.0	62.6
广西	894	40.4	127412	82024	151.7	58.0
海南	113	7.2	89503	51553	95.0	38.6
重庆	2048	85.4	103672	63517	126.8	60.6
四川	3379	178.6	99682	58862	120.8	51.2
贵州	563	26.5	109925	51547	125.9	37.3
云南	1617	62.3	104739	62717	81.6	43.3
西藏	153	4.3	126708	91160	43.0	25.4
陕西	768	54.0	165951	90875	95.9	39.5
甘肃	802	45.9	74997	46897	66.6	29.5
青海	353	9.3	113448	45244	38.8	17.3
宁夏	471	14.9	87516	75860	84.3	35.6
新疆	709	29.6	136673	75325	103.0	43.0

交通运输业基本情况

指　　标	单 位	1990年	1995年	2000年	2005年	2006年
运输线路长度						
铁路营业里程	万公里	5.8	6.2	6.9	7.5	7.7
公路里程	万公里	102.8	115.7	140.3	193.1	345.7
内河航道里程	万公里	10.9	11.1	11.9	12.3	12.3
民航航线里程	万公里	50.7	112.9	150.3	199.9	211.4
客运量	**万人**	**772682**	**1172596**	**1478573**	**1847018**	**2024158**
#铁路	万人	95712	102745	105073	115583	125656
公路	万人	648085	1040810	1347392	1697381	1860487
旅客周转量	**亿人公里**	**5628**	**9002**	**12261**	**17467**	**19198**
#铁路	亿人公里	2613	3546	4533	6062	6622
公路	亿人公里	2620	4603	6657	9292	10131
货运量	**万吨**	**970602**	**1234937**	**1358682**	**1862066**	**2037050**
#铁路	万吨	150681	165982	178581	269296	288285
公路	万吨	724040	940387	1038813	1341778	1466347
水运	万吨	80094	113194	122391	219648	248703
货物周转量	**亿吨公里**	**26208**	**35909**	**44321**	**80258**	**88835**
#铁路	亿吨公里	10622	13050	13771	20726	21954
公路	亿吨公里	3358	4695	6129	8693	9754
水运	亿吨公里	11592	17552	23734	49672	55486
铁路机车数量	**台**	**13970**	**15554**	**15253**	**17473**	**17799**
国家铁路	台	13592	15146	14472	16547	16904
地方铁路	台	378	408	327	348	314
合资铁路	台			454	578	581
铁路客车数量	**辆**	**27526**	**32663**	**37249**	**41974**	**42659**
铁路货车数量	**辆**	**368561**	**436414**	**443902**	**548368**	**564899**
民用汽车拥有量	**万辆**	**551.4**	**1040.0**	**1608.9**	**3159.7**	**3690.4**
#载客汽车	万辆	162.2	417.9	853.7	2132.5	2619.6
载货汽车	万辆	368.5	585.5	716.3	955.5	980.3
#私人汽车	万辆	81.6	250.0	625.3	1848.1	2333.3
民用运输船舶拥有量	**艘**	**425934**	**364968**	**210700**	**207294**	**194360**
#机动船	艘	325888	299717	185018	165900	157805
驳船	艘		57998	44658	41394	36555
#私人运输船舶	艘	231168	196736	115503	95838	70292
沿海主要港口货物吞吐量	**万吨**	**48321**	**80166**	**125603**	**292777**	**342191**

注：1.铁路营业里程、机车车辆及运量含国家铁路、地方铁路和合资铁路数据（下表同）。
　　2.1995年起铁路货物运输统计口径调整，增加了行包运量。

各种运输线路长度

（年底数）　　单位：万公里

年　份	铁路营业里程	公路里程	#高速公路	内河航道里程	民用航空航线里程	输油(气)管道里程
1978	5.17	89.02		13.60	14.89	0.83
1980	5.33	88.33		10.85	19.53	0.87
1985	5.50	94.24		10.91	27.72	1.17
1990	5.78	102.83	0.05	10.92	50.68	1.59
1991	5.78	104.11	0.06	10.97	55.91	1.62
1992	5.81	105.67	0.07	10.97	83.66	1.59
1993	5.86	108.35	0.11	11.02	96.08	1.64
1994	5.90	111.78	0.16	10.27	104.56	1.68
1995	6.24	115.70	0.21	11.06	112.90	1.72
1996	6.49	118.58	0.34	11.08	116.65	1.93
1997	6.60	122.64	0.48	10.98	142.50	2.04
1998	6.64	127.85	0.87	11.03	150.58	2.31
1999	6.74	135.17	1.16	11.65	152.22	2.49
2000	6.87	140.27	1.63	11.93	150.29	2.47
2001	7.01	169.80	1.94	12.15	155.36	2.76
2002	7.19	176.52	2.51	12.16	163.77	2.98
2003	7.30	180.98	2.97	12.40	174.95	3.26
2004	7.44	187.07	3.43	12.33	204.94	3.82
2005	7.54	193.05	4.10	12.33	199.85	4.40
2006	7.70	345.70	4.53	12.34	211.35	4.96

注：2006年村道正式纳入公路里程统计，故与历史数据不完全可比。

民用汽车拥有量

单位：万辆

年　份	民用汽车总计	#载客汽车	#载货汽车	私人汽车总计	#载客汽车	#载货汽车
1978	135.84	25.90	100.17			
1980	178.29	35.08	129.90			
1985	321.12	79.45	223.20	28.49	1.93	26.48
1990	551.36	162.19	368.48	81.62	24.07	57.48
1991	606.11	185.24	398.62	96.04	30.36	65.61
1992	691.74	226.16	441.45	118.20	41.78	76.15
1993	817.58	285.98	501.00	155.77	59.85	94.00
1994	941.95	349.74	560.33	205.42	78.62	123.29
1995	1040.00	417.90	585.43	249.96	114.15	131.83
1996	1100.08	488.02	575.03	289.67	143.04	142.78
1997	1219.09	580.56	601.23	358.36	191.27	163.19
1998	1319.30	654.83	627.89	423.65	230.65	192.03
1999	1452.94	740.23	676.95	533.88	304.09	228.68
2000	1608.91	853.73	716.32	625.33	365.09	259.09
2001	1802.04	993.96	765.24	770.78	469.85	298.95
2002	2053.17	1202.37	812.22	968.98	623.76	341.29
2003	2382.93	1478.81	853.51	1219.23	845.87	367.35
2004	2693.71	1735.91	893.00	1481.66	1069.69	402.82
2005	3159.66	2132.46	955.55	1848.07	1383.93	452.11
2006	3690.40	2619.57	980.30	2333.32	1823.57	494.91

客　　运　　量

单位：万人

年　份	客运量	铁　路	公　路	水　运	民　航
1978	253993	81491	149229	23042	231
1980	341785	92204	222799	26439	343
1985	620206	112110	476486	30863	747
1990	772682	95712	648085	27225	1660
1991	806048	95080	682681	26109	2178
1992	860855	99693	731774	26502	2886
1993	996634	105458	860719	27074	3383
1994	1092883	108738	953940	26165	4038
1995	1172596	102745	1040810	23924	5117
1996	1245356	94796	1122110	22895	5555
1997	1326094	93308	1204583	22573	5630
1998	1378717	95085	1257332	20545	5755
1999	1394413	100164	1269004	19151	6094
2000	1478573	105073	1347392	19386	6722
2001	1534122	105155	1402798	18645	7524
2002	1608150	105606	1475257	18693	8594
2003	1587497	97260	1464335	17142	8759
2004	1767453	111764	1624526	19040	12123
2005	1847018	115583	1697381	20227	13827
2006	2024158	125656	1860487	22047	15968

旅客周转量

单位：亿人公里

年　份	旅客周转量	铁　路	公　路	水　运	民　航
1978	1743	1093	521	101	28
1980	2281	1383	730	129	40
1985	4437	2416	1725	179	117
1990	5628	2613	2620	165	230
1991	6178	2828	2872	177	301
1992	6949	3152	3193	198	406
1993	7858	3483	3701	196	478
1994	8591	3636	4220	184	552
1995	9002	3546	4603	172	681
1996	9165	3348	4909	161	748
1997	10055	3585	5541	156	774
1998	10636	3773	5943	120	800
1999	11300	4136	6199	107	857
2000	12261	4533	6657	101	971
2001	13155	4767	7207	90	1091
2002	14126	4969	7806	82	1269
2003	13811	4789	7696	63	1263
2004	16309	5712	8748	66	1782
2005	17467	6062	9292	68	2045
2006	19198	6622	10131	74	2371

各地区客运量和旅客周转量

(2006年)

地　区	客 运 量(万人)	#铁 路	#公 路	#水 运	旅客周转量(亿人公里)	#铁 路	#公 路	#水 运
全国总计	**2024158**	**125656**	**1860487**	**22047**	**19198**	**6622**	**10131**	**74**
北　京	8751	6269	2482		168	89	79	
天　津	5443	1632	3807	4	133	97	36	
河　北	83955	6024	77931		1069	552	516	
山　西	42240	3760	38416	64	300	110	190	
内蒙古	35307	3490	31817		322	122	199	
辽　宁	63942	9911	53317	714	658	413	237	9
吉　林	28903	4590	24198	115	263	163	100	
黑龙江	60200	8924	51023	253	476	195	281	
上　海	8505	4458	2784	1263	143	51	87	5
江　苏	161297	7545	153725	27	1331	268	1063	
浙　江	175090	6857	165441	2792	929	241	681	7
安　徽	78938	4000	74668	270	864	332	531	1
福　建	58883	2022	55713	1148	432	95	335	1
江　西	42996	4172	38454	370	645	429	215	1
山　东	109470	4755	103298	1417	930	322	601	7
河　南	107915	6465	101345	105	1094	601	493	1
湖　北	73930	3889	69335	706	698	318	375	5
湖　南	118466	5758	112135	573	1074	560	512	1
广　东	186996	9356	175567	2073	1573	348	1213	12
广　西	55705	2073	52609	1023	608	133	471	3
海　南	31571	23	30044	1504	100	1	97	2
重　庆	61128	1528	58179	1421	270	46	213	12
四　川	194712	5776	184852	4084	741	207	531	3
贵　州	69270	2536	65786	948	350	161	187	2
云　南	43387	1982	40861	544	313	64	248	1
西　藏	483	38	445		22	3	19	
陕　西	43331	4370	38606	355	518	295	222	1
甘　肃	19083	1519	17319	245	347	234	113	
青　海	5243	353	4861	29	51	25	26	
宁　夏	7548	357	7191		67	24	43	
新　疆	25504	1226	24278		338	120	218	
不分地区	15968				2371			

注：不分地区为民航完成数。

货　运　量

单位：万吨

年　份	货运量	铁　路	公　路	水　运	#远　洋	民　航	管　道
1978	248946	110119	85182	43292	3659	6.4	10347
1980	546537	111279	382048	42676	4292	8.9	10525
1985	745763	130709	538062	63322	6627	19.5	13650
1990	970602	150681	724040	80094	9408	37.0	15750
1991	985793	152893	733907	83370	10567	45.2	15578
1992	1045899	157627	780941	92490	11191	57.5	14783
1993	1115902	162794	840256	97938	12508	69.4	14845
1994	1180396	163216	894914	107091	13421	82.9	15092
1995	1234937	165982	940387	113194	15251	101.1	15274
1996	1298421	171024	983860	127430	14213	115.0	15992
1997	1278218	172149	976536	113406	20287	124.7	16002
1998	1267427	164309	976004	109555	18892	140.1	17419
1999	1293008	167554	990444	114608	22621	170.0	20232
2000	1358682	178581	1038813	122391	22949	196.7	18700
2001	1401786	193189	1056312	132675	27573	171.0	19439
2002	1483446	204955	1116324	141832	29896	202.1	20133
2003	1561422	221178	1159957	158070	34002	219.0	21997
2004	1706412	249017	1244990	187394	39469	276.7	24734
2005	1862066	269296	1341778	219648	48549	306.7	31037
2006	2037050	288285	1466347	248703	54413	349.4	33366

注：1993年起铁路货物运输统计口径调整，增加了行包运量（以下二表同）。

货 物 周 转 量

单位：亿吨公里

年　份	货　物 周转量	铁　路	公　路	水　运	#远　洋	民　航	管　道
1978	9829	5345	274	3779	2487	1.0	430
1980	12026	5717	764	5053	3532	1.4	491
1985	18365	8126	1903	7729	5329	4.2	603
1990	26207	10622	3358	11592	8141	8.2	627
1991	27986	10972	3428	12955	8990	10.1	621
1992	29218	11576	3755	13256	9034	13.4	617
1993	30525	11969	4071	13861	9134	16.6	608
1994	33275	12471	4486	15687	10268	18.6	612
1995	35909	13050	4695	17552	11938	22.3	590
1996	36590	13106	5011	17863	11254	24.9	585
1997	38385	13270	5272	19235	14875	29.1	579
1998	38089	12560	5483	19406	14920	33.5	606
1999	40568	12910	5724	21263	17014	42.3	628
2000	44321	13771	6129	23734	17073	50.3	636
2001	47710	14694	6330	25989	20873	43.7	653
2002	50686	15658	6783	27511	21733	51.6	683
2003	53859	17247	7100	28716	22305	57.9	739
2004	69445	19289	7841	41429	32255	71.8	815
2005	80258	20726	8693	49672	38552	78.9	1088
2006	88835	21954	9754	55486	42577	94.3	1547

各地区货运量和货物周转量

(2006年)

地区	货运量(万吨)	#铁路	#公路	#水运	货运周转量(亿吨公里)	#铁路	#公路	#水运
全国总计	**2037050**	**288285**	**1466347**	**248703**	**88835**	**21954**	**9754**	**55486**
北京	33008	2055	30953		653	565	89	
天津	41939	8410	20290	13239	12241	453	76	11712
河北	90830	14789	73263	2778	5557	2756	749	2051
山西	144021	65449	78513	59	1734	1331	403	
内蒙古	80383	21405	58978		1714	1329	384	
辽宁	105966	16306	82142	7518	4044	1208	475	2362
吉林	35224	6170	28965	89	612	505	106	
黑龙江	65846	16068	48389	1389	1211	937	252	21
上海	72381	1234	33799	37348	13830	55	80	13695
江苏	123003	5822	84319	32862	3548	491	542	2515
浙江	140892	4028	89342	47522	4364	301	431	3632
安徽	74141	11095	54717	8329	1703	913	464	326
福建	44856	4209	29806	10841	1900	199	266	1435
江西	37517	6090	27477	3950	952	642	224	86
山东	164131	15746	136750	11635	6387	1244	845	4299
河南	86559	15145	69898	1516	2438	1834	539	66
湖北	49304	5701	35361	8242	1489	785	266	438
湖南	85602	6251	72457	6894	1743	914	592	237
广东	132389	7425	97461	27503	4045	337	743	2965
广西	42994	6920	30525	5549	1221	728	287	206
海南	14161	693	7981	5487	657	6	67	584
重庆	43009	2204	36254	4551	825	119	173	533
四川	75071	8185	63719	3167	969	613	311	44
贵州	24709	6826	17284	599	681	558	114	9
云南	66192	5331	60614	247	694	281	409	4
西藏	348	2	346		38	2	37	
陕西	44216	8288	35811	117	1082	853	229	
甘肃	28502	4624	23826	52	1043	896	146	
青海	7271	1407	5864		144	93	51	
宁夏	9358	3329	6029		278	206	72	
新疆	31163	5949	25214		893	561	332	
不分地区	42064	1129		7220	10146	240		8265

注：不分地区合计中包括铁路行包运输、管道运输企业、民航运输企业及中远集团海外公司完成数。

沿海主要港口货物吞吐量

单位：万吨

港口	1990年	1995年	2000年	2004年	2005年	2006年
总计	**48321**	**80166**	**125603**	**246074**	**292777**	**342191**
大连	4952	6417	9084	14516	17085	20046
营口	237	1156	2268	5978	7537	9477
秦皇岛	6945	8382	9743	15037	16900	20489
天津	2063	5787	9566	20619	24069	25760
烟台	668	1361	1774	3431	4506	6076
青岛	3034	5103	8636	16265	18678	22415
日照	925	1452	2674	5108	8421	11007
上海	13959	16567	20440	37896	44317	47040
连云港	1137	1716	2708	4352	6016	7232
宁波	2554	6853	11547	22586	26881	42387
福州	561	1032	2426	5939	7443	8848
厦门	529	1314	1965	4261	4771	7792
深圳		3080	5697	13537	15351	17598
广州	4163	7299	11128	21520	25036	30282
湛江	1557	1885	2038	3780	4647	5664
海口	288	468	808	1416	2118	2127
八所	431	275	378	548	486	479
三亚	37	42	48	58	49	50
其他港口	4281	9977	22675	49227	58466	57422

民用航空航线及飞机架数

指标	单位	1990年	1995年	2000年	2004年	2005年	2006年
民用航空航线条数	**条**	**437**	**797**	**1165**	**1279**	**1257**	**1366**
国际航线	条	44	85	133	244	233	268
国内航线	条	385	694	1032	1035	1024	1068
地区航线	条	8	18	42	45	43	43
民用航空航线里程	**万公里**	**50.7**	**112.9**	**150.3**	**204.9**	**199.9**	**211.4**
国际航线	万公里	16.6	34.8	50.8	89.4	85.6	96.6
国内航线	万公里	32.9	75.1	99.5	115.5	114.3	114.8
地区航线	万公里	1.1	3.0	5.6	6.3	6.1	6.3
民航国内通航机场	**个**	**94**	**139**	**139**	**133**	**135**	**142**
民用飞机架数	**架**	**503**	**722**	**982**	**1245**	**1386**	**1614**
运输飞机	架		416	527	754	863	998
大中型飞机	架		330	462	675	785	921
小型飞机	架		86	65	79	78	77
通用飞机	架		306	301	365	383	457
教学校验用飞机	架			154	126	140	159

注：1.1999年以前民航航线合计数据为国际、国内和地区之和，1999年起为国际和国内之和，地区航线为国内其中项。
2.民航国内通航机场不含香港、澳门特别行政区。

邮电业务基本情况

指　　标	单 位	1990年	1995年	2000年	2005年	2006年
邮电业务量						
邮电业务总量	亿元	155.5	988.9	4792.7	12028.5	15322.6
邮政业务总量	亿元	46.0	113.3	232.8	625.5	730.5
电信业务总量	亿元	109.6	875.5	4559.9	11403.0	14592.1
函件	亿件	54.9	79.6	77.7	73.5	71.3
特快专递	万件	343	5563	11031	22880	26988
报刊期发数	万份	20078	21689	20090	14601	14372
长途电话	亿次	11.6	101.4	210.8	259.2	268.5
移动电话年末用户	万户	1.8	362.9	8453.3	39340.6	46108.2
移动短信业务量	亿条				3046.3	4296.7
固定电话年末用户	万户	685.0	4070.6	14482.9	35044.5	36781.2
城市电话	万户	538.4	3263.6	9311.6	23975.3	25138.7
#住宅	万户	152.7	2358.4	7219.4	17201.2	17690.3
农村电话	万户	146.6	807.0	5171.3	11069.2	11642.5
#住宅	万户	30.7	551.4	4597.8	10023.9	10554.9
公用电话用户	万部	4.6	85.0	352.0	2681.2	2982.3
邮政局所及邮电通信电路						
邮政局所	处	53629	61898	58437	65917	62799
邮路及农村投递路线总长度	万公里	498.3	523.2	643.8	697.1	693.6
长途光缆线路长度	公里	3334	106882	286642	723040	715867
邮电通信设备拥有量						
长途自动交换机容量	万路端	16.1	351.9	563.5	1371.6	1448.5
局用电话交换机容量	万门	1232	7204	17826	47196	50263
用户交换机容量	万门		1449	1579	1414	1428
移动电话交换机容量	万户	5	797	13986	48242	61060
邮电通信服务水平						
全国电话普及率(含移动)	部/百人	1.11	4.66	20.10	57.22	63.39
移动电话普及率	部/百人	0.002	0.30	6.77	30.26	35.26

注：1.邮电业务总量2000年及以前按1990年不变价格计算，2001年起按2000年不变价格计算。
2.1997年及以前城市电话用户为市内电话用户数(下表同)。
3.1998年及以前邮政局所为邮电局所(下表同)。

邮电业务量（一）

年份	邮电业务总量（亿元）	邮政业务总量	电信业务总量	邮电业务总量指数（上年=100）	函件（亿件）	特快专递（万件）	报刊期发数（万份）
1978	34.1	14.9	19.2	104.6	28.4		11250
1980	39.0	17.0	22.0	106.3	33.1		16431
1985	62.2	25.7	36.5	118.3	46.8		30172
1990	155.5	46.0	109.6	126.0	54.9	343	20078
1991	204.4	52.8	151.6	131.4	52.1	567	23277
1992	290.9	64.4	226.6	142.4	57.2	959	25104
1993	462.7	80.3	382.5	159.0	68.7	2156	25511
1994	688.2	95.9	592.3	148.7	76.5	4020	24096
1995	988.9	113.3	875.5	143.7	79.6	5563	21689
1996	1342.0	133.3	1208.8	135.7	78.7	7097	21157
1997	1773.3	144.3	1629.0	132.1	68.6	6879	21875
1998	2431.2	166.3	2264.9	137.1	65.5	7668	22989
1999	3330.8	198.4	3132.4	137.0	60.5	9091	25035
2000	4792.7	232.8	4559.9	143.9	77.7	11031	20090
2001	4556.3	457.4	4098.8	127.6	86.9	12653	21811
2002	5695.8	494.7	5201.1	127.6	106.0	14036	17620
2003	7019.8	541.0	6478.8	123.2	103.8	17238	16594
2004	9712.3	564.3	9148.0	138.4	82.8	19772	14789
2005	12028.5	625.5	11403.0	123.8	73.5	22880	14601
2006	15322.6	730.5	14592.1	127.4	71.3	26988	14372

注：邮电业务总量2000年及以前按1990年不变价格计算，2001年起按2000年不变价格计算。邮电业务总量2001年数据按1990年不变价格计算为6115.9亿元。

邮电业务量（二）

年份	集邮业务（万枚）	长途电话（万次）	无线寻呼年末用户（万户）	移动电话年末用户（万户）	移动短信业务量（亿条）	互联网上网人数（万人）
1978		18574				
1980		21404				
1985		38254				
1990	71233	116292	43.7	1.8		
1991	123523	172921	87.4	4.8		
1992	167303	287380	222.0	17.7		
1993	210885	506853	561.4	63.9		
1994	236849	757639	1033.0	156.8		
1995	239250	1013966	1739.2	362.9		
1996	303436	1273951	2536.2	685.3		
1997	451729	1554026	3254.6	1323.3		62
1998	502850	1825941	3908.2	2386.3		210
1999	522475	1782532	4674.5	4329.6		890
2000	453500	2107542	4884.3	8453.3		892
2001	344114	2199823	3606.4	14522.2		3370
2002	244159	1927910	1872.1	20600.5	583.3	5910
2003	183421	1960283	1057.6	26995.3	1386.3	7950
2004	149178	2262240	395.2	33482.4	2170.5	9400
2005	121214	2592444	97.1	39340.6	3046.3	11100
2006	104581	2685430		46108.2	4296.7	13700

邮电业务量（三）

年 份	固定电话年末用户（万户）	城市电话	#住 宅	农村电话	#住 宅	#公用电话（万部）
1978	192.5	119.2		73.4		1.2
1980	214.1	134.2		79.9		1.4
1985	312.0	219.0	4.1	93.1	2.0	2.7
1990	685.0	538.4	152.7	146.6	30.7	4.6
1991	845.1	670.8	239.0	174.2	49.5	5.4
1992	1146.9	920.6	415.4	226.3	79.0	8.4
1993	1733.2	1407.4	800.4	325.8	139.5	15.8
1994	2729.5	2246.8	1489.4	482.7	274.9	38.7
1995	4070.6	3263.6	2358.4	807.0	551.4	85.0
1996	5494.7	4277.8	3224.6	1216.9	907.3	138.0
1997	7031.0	5244.4	4057.2	1786.6	1406.6	193.9
1998	8742.1	6259.8	4911.1	2482.3	2070.7	259.5
1999	10871.6	7463.3	5894.4	3408.4	2949.2	297.4
2000	14482.9	9311.6	7219.4	5171.3	4597.8	352.0
2001	18036.8	11193.7	8535.3	6843.1	6197.7	346.2
2002	21422.2	13579.1	10196.7	7843.1	7183.8	985.5
2003	26274.7	17109.7	12533.9	9165.0	8389.7	1561.4
2004	31175.6	21025.1	15246.5	10150.5	9240.5	2215.0
2005	35044.5	23975.3	17201.2	11069.2	10023.9	2681.2
2006	36781.2	25138.7	17690.3	11642.5	10554.9	2982.3

邮政局所数及邮电通信电路

年 份	邮政局所（万处）	邮路总长度（万公里）	#汽车邮路	农村投递线路（万公里）	长途光缆线路长度（万公里）	长途微波线路长度（公里）
1978	4.96	486.33	57.22	426.63		13958
1980	4.95	473.71	58.21	413.89		13958
1985	5.31	141.63	65.81	356.58		17275
1990	5.36	161.82	67.67	336.49	0.33	33626
1991	5.40	160.33	68.58	337.14	0.65	39282
1992	5.49	164.69	71.24	337.46	1.44	54418
1993	5.70	176.05	72.74	337.78	3.87	64368
1994	6.04	178.18	75.79	336.47	7.33	76485
1995	6.19	188.61	81.94	334.58	10.69	79634
1996	7.25	211.89	91.72	335.81	13.02	71503
1997	7.93	236.31	87.37	340.29	15.08	65013
1998	10.22	285.39	93.06	336.15	19.41	66518
1999	6.66	297.90	98.91	334.81	23.97	65228
2000	5.84	307.33	107.03	336.45	28.66	121947
2001	5.71	310.26	107.41	349.28	39.91	164052
2002	7.64	308.10	111.28	351.12	48.77	193636
2003	6.36	327.02	113.75	353.18	59.43	119886
2004	6.64	333.64	119.46	353.05	69.53	56657
2005	6.59	340.62	122.98	356.52	72.30	41055
2006	6.28	336.94	123.06	356.70	71.59	24799

邮电通信设备拥有量

年　份	长途自动交换机容量(万路端)	局用电话交换机容量(万门)	移动电话交换机容量(万户)	电话机(万部)	移动电话	固定电话
1978	0.2	405.9		368.8		
1980	0.2	443.2		418.6		
1985	1.2	613.4		626.0		
1990	16.1	1231.8	5.1	1233.2	1.8	1231.4
1991	28.6	1492.2	10.5	1459.2	4.8	1454.4
1992	52.2	1915.1	45.3	1863.7	17.7	1846.0
1993	120.6	3040.8	156.1	2631.3	63.9	2567.4
1994	241.6	4926.2	371.6	3958.6	156.8	3801.8
1995	351.9	7203.6	796.7	5762.3	362.9	5399.4
1996	416.2	9291.2	1536.2	7732.0	685.3	7046.7
1997	436.8	11269.2	2585.7	10111.1	1323.3	8787.8
1998	449.2	13823.7	4706.7	13123.4	2386.3	10737.1
1999	503.2	15346.1	8136.0	17567.4	4329.6	13237.8
2000	563.5	17825.6	13985.6	25606.6	8453.3	17153.3
2001	703.6	25566.3	21926.3	35334.7	14522.2	20812.5
2002	773.0	28656.8	27400.3	42972.0	20601.0	22372.0
2003	869.4	35082.5	33698.4	54155.3	26995.3	27160.0
2004	1263.0	42346.9	39684.3	64658.0	33482.4	31175.6
2005	1371.6	47196.1	48241.7	74385.1	39340.6	35044.5
2006	1448.5	50262.6	61059.9	82889.4	46108.2	36781.2

邮电通信服务水平

指　　标	单　位	2000年	2002年	2003年	2004年	2005年	2006年
平均每一邮政局所服务面积	平方公里	135.3	123.8	148.8	142.4	145.6	152.9
平均每一邮政局所服务人口	万人	1.7	1.7	2.0	2.0	2.0	2.0
平均每人每年发函件数	件	6.4	8.3	8.1	6.4	5.7	5.5
平均每百人订有报刊数	份	16.4	13.9	12.9	11.4	11.2	11.2
每千人拥有公用电话数	部	2.78	7.67	12.08	17.14	20.63	22.69
全国电话普及率	部/百人	20.10	33.60	42.16	50.03	57.22	63.39
移动电话普及率	部/百人	6.77	16.10	21.02	25.91	30.26	35.26
通邮的行政村比重	%		97.8	98.0	97.7	99.0	99.4
已通电话的行政村比重	%					97.1	98.9
已通固定电话的行政村比重	%	82.9	87.9	89.9	91.2	94.4	

国内贸易基本情况

指　　标	单位	2000年	2001年	2002年	2003年	2004年	2005年	2006年
批发零售业								
商品购销存总额								
商品购进总额	亿元	29784	32489	36886	45384		87531	102902
商品销售总额	亿元	66360	72415	81266	99446	164542	164033	197064
限额以上	亿元	32266	35153	40090	48613	86929	93151	109883
限额以下及个体户	亿元	34094	37262	41176	50833	77613	70882	87181
商品库存总额	亿元	3570	3618	3578	3898		7061	7626
社会消费品零售总额	**亿元**	**39106**	**43055**	**48136**	**52516**	**59501**	**67177**	**76410**
按销售单位所在地分								
市	亿元	24555	27379	31377	34608	39696	45094	51543
县	亿元	4831	5251	5567	6012	6636	7485	8478
县以下	亿元	9719	10425	11193	11896	13169	14597	16390
按行业分								
批发和零售业	亿元	32697	36015	40982	44714	50257	56589	64326
住宿和餐饮业	亿元	3836	4465	5555	6199	7550	8887	10346
其他	亿元	2572	2575	1599	1603	1694	1701	1739
社会消费品零售总额构成								
按销售单位所在地分								
市	%	62.8	63.6	65.2	65.9	66.7	67.1	67.5
县	%	12.4	12.2	11.6	11.4	11.2	11.2	11.1
县以下	%	24.9	24.2	23.3	22.7	22.1	21.7	21.4
按行业分								
批发和零售业	%	83.6	83.6	85.1	85.1	84.5	84.3	84.2
住宿和餐饮业	%	9.8	10.4	11.5	11.8	12.7	13.2	13.5
其他	%	6.6	6.0	3.3	3.1	2.8	2.5	2.3
城乡消费品市场情况								
市场数	个	88811	86454	82498	81017	71552	69520	
城市	个	26395	26699	26529	27006	25404	25905	
乡村	个	62416	59755	55969	54011	46148	43615	
城乡消费品市场构成								
城市	%	29.7	30.9	32.2	33.3	35.5	37.3	
乡村	%	70.3	69.1	67.8	66.7	64.5	62.7	

注：1.批发零售业商品购进总额和商品库存总额为限额以上批发零售业数据。
2.商品销售总额2004年数据为经济普查数据，按主营业务收入划分限额以上和限额以下，其他年份为年报数，按商品销售额划分限额以上和限额以下。
3.住宿和餐饮业，2005年及以前为餐饮业。

社会消费品零售总额

(按销售单位所在地分)

年　份	社会消费品零售总额(亿元)	市	县	县以下	社会消费品零售总额比上年增长(%)
1978	1558.6	505.2	380.4	673.0	8.8
1979	1800.0	584.7	347.5	867.8	15.5
1980	2140.0	733.6	399.4	1007.0	18.9
"六五"时期	**15450.8**	**6044.3**	**2747.6**	**6658.9**	**15.0**
1981	2350.0	843.3	431.9	1074.8	9.8
1982	2570.0	920.5	471.3	1178.2	9.4
1983	2849.4	1057.3	520.8	1271.3	10.9
1984	3376.4	1348.7	586.4	1441.3	18.5
1985	4305.0	1874.5	737.2	1693.3	27.5
"七五"时期	**34611.5**	**15261.2**	**5863.2**	**13487.1**	**14.0**
1986	4950.0	2018.0	902.0	2030.0	15.0
1987	5820.0	2427.0	1030.0	2363.0	17.6
1988	7440.0	3260.8	1264.3	2914.9	27.8
1989	8101.4	3666.8	1329.5	3105.1	8.9
1990	8300.1	3888.6	1337.4	3074.1	2.5
"八五"时期	**76916.4**	**39505.4**	**11196.1**	**26214.9**	**23.3**
1991	9415.6	4529.8	1491.2	3394.6	13.4
1992	10993.7	5470.3	1689.8	3833.6	16.8
1993	14270.4	7138.1	2090.1	5042.2	29.8
1994	18622.9	9387.8	2558.7	6676.4	30.5
1995	23613.8	12979.4	3366.3	7268.1	26.8
"九五"时期	**167744.8**	**101749.8**	**21283.4**	**44711.6**	**10.6**
1996	28360.2	16199.2	3759.7	8401.3	20.1
1997	31252.9	18499.5	4011.6	8741.8	10.2
1998	33378.1	20294.1	4220.2	8863.8	6.8
1999	35647.9	22201.8	4460.8	8985.3	6.8
2000	39105.7	24555.2	4831.1	9719.4	9.7
"十五"时期	**270385.2**	**178153.9**	**30951.1**	**61280.2**	**11.4**
2001	43055.4	27379.1	5251.4	10424.9	10.1
2002	48135.9	31376.5	5566.5	11192.9	11.8
2003	52516.3	34608.3	6011.8	11896.2	9.1
2004	59501.0	39695.7	6636.0	13169.3	13.3
2005	67176.6	45094.3	7485.4	14596.9	12.9
"十一五"时期					
2006	76410.0	51542.6	8477.9	16389.5	13.7
平均每年增长(%)					
1979-2006年	14.9	18.0	11.7	12.1	
1998-2006年	10.4	12.1	8.7	7.2	
2003-2006年	12.2	13.2	11.1	10.0	

注：1.1992年及以前为社会商品零售总额(下表同)，农业生产资料零售额包括在县以下零售额之中。
2.1997年起社会消费品零售总额不含居民购买住房(下表同)。
3.1993-2003年社会消费品零售总额根据2004年经济普查结果进行了修订（下表同）。
4.本表绝对数和增长速度均按当年价格计算。

社会消费品零售总额

（按行业分）　　　　单位：亿元

年　份	社会消费品零售总额	批发和零售业	住宿和餐饮业	其　　他
1978	1558.6	1363.7	54.8	140.1
1979	1800.0	1540.5	63.7	195.8
1980	2140.0	1768.0	80.0	292.0
“六五”时期	**15450.8**	**12170.3**	**632.1**	**2648.4**
1981	2350.0	1915.4	87.6	347.0
1982	2570.0	2068.1	98.4	403.5
1983	2849.4	2269.1	112.1	468.2
1984	3376.4	2645.5	137.1	593.8
1985	4305.0	3272.2	196.9	835.9
“七五”时期	**34611.5**	**25742.8**	**1707.2**	**7161.5**
1986	4950.0	3717.8	232.8	999.4
1987	5820.0	4343.5	283.0	1193.5
1988	7440.0	5544.6	366.5	1528.9
1989	8101.4	6009.5	405.1	1686.8
1990	8300.1	6127.4	419.8	1752.9
“八五”时期	**76916.4**	**60076.6**	**4715.6**	**12124.2**
1991	9415.6	6903.9	492.0	2019.7
1992	10993.7	7922.2	589.7	2481.8
1993	14270.4	10892.8	817.8	2559.8
1994	18622.9	14903.4	1201.4	2518.1
1995	23613.8	19454.3	1614.7	2544.8
“九五”时期	**167744.8**	**140182.7**	**14543.4**	**13018.7**
1996	28360.2	23747.5	2070.0	2542.7
1997	31252.9	26169.9	2488.2	2594.8
1998	33378.1	27859.2	2878.8	2640.1
1999	35647.9	29708.8	3270.3	2668.8
2000	39105.7	32697.3	3836.1	2572.3
“十五”时期	**270385.2**	**228557.1**	**32656.1**	**9172.0**
2001	43055.4	36014.8	4465.2	2575.4
2002	48135.9	40982.0	5554.7	1599.2
2003	52516.3	44714.3	6199.0	1603.0
2004	59501.0	50256.8	7550.4	1693.8
2005	67176.6	56589.2	8886.8	1700.6
“十一五”时期				
2006	76410.0	64325.5	10345.5	1739.0

各地区社会消费品零售总额

单位：亿元

地　区	2000年	2001年	2002年	2003年	2004年	2005年	2006年
全国总计	**39105.7**	**43055.4**	**48135.9**	**52516.3**	**59501.0**	**67176.6**	**76410.0**
北　京	1443.3	1593.5	1673.3	1916.7	2626.6	2902.8	3275.2
天　津	736.6	832.7	831.8	922.3	1044.8	1190.1	1356.8
河　北	1613.9	1778.3	1968.3	2177.9	2576.4	2952.9	3397.4
山　西	629.1	679.9	641.4	729.3	1219.1	1401.2	1613.4
内蒙古	484.0	537.3	599.0	726.8	1160.7	1375.7	1595.3
辽　宁	1847.6	2034.9	2074.9	2330.8	2642.8	2999.0	3434.6
吉　林	810.9	909.1	1008.1	1110.3	1286.9	1460.8	1675.8
黑龙江	1094.0	1198.9	1250.4	1376.5	1557.3	1760.1	1997.7
上　海	1722.3	1861.3	2035.2	2220.6	2656.9	2973.0	3360.4
江　苏	2604.1	2869.0	3138.1	3566.5	4892.2	5699.9	6623.2
浙　江	2298.8	2555.5	2847.7	3157.1	4055.5	4631.7	5325.3
安　徽	1054.3	1142.8	1212.4	1331.2	1557.4	1765.0	2029.4
福　建	1372.8	1499.5	1538.7	1740.4	2062.0	2345.8	2704.2
江　西	704.9	763.3	826.3	923.2	1074.5	1236.2	1428.0
山　东	2545.9	2834.9	3222.5	3936.5	5290.5	6126.4	7122.5
河　南	1786.7	1979.8	2189.8	2426.4	2938.3	3358.4	3880.5
湖　北	1789.4	1975.2	2129.4	2358.7	2619.5	2964.6	3412.0
湖　南	1364.7	1511.1	1638.6	1816.3	2149.6	2459.1	2834.2
广　东	4071.9	4515.3	5013.6	5606.0	6852.0	7882.6	9118.1
广　西	859.2	935.9	764.5	857.7	1222.2	1397.0	1600.8
海　南	172.5	187.5	172.8	191.6	236.8	268.6	308.3
重　庆	643.4	699.3	763.1	835.5	1068.3	1215.8	1403.6
四　川	1523.7	1680.4	1850.1	2091.1	2615.2	2981.4	3421.6
贵　州	343.7	378.0	416.2	458.8	535.3	606.9	689.8
云　南	583.2	655.4	711.3	782.5	915.3	1034.4	1188.9
西　藏	42.9	49.0	53.4	58.3	63.2	73.1	89.7
陕　西	607.6	665.1	728.2	853.2	1162.8	1322.4	1522.0
甘　肃	362.7	395.4	433.5	474.6	560.6	632.8	717.5
青　海	82.1	90.4	92.1	102.7	141.2	160.5	180.1
宁　夏	90.2	98.9	104.9	120.8	153.5	174.3	199.0
新　疆	374.5	406.3	378.9	421.2	563.4	637.8	727.6

注：1.社会消费品零售总额按当年价格计算。
2.除全国总计以外，2004年为经济普查数据，其它年份为年报数据，各地区相加不等于全国总计，原因是全国数据进行了修正（下二表同）。

各地区社会消费品零售总额

(按销售单位所在地分，2006年)

地 区	社会消费品零售总额（亿元）	市	县	县以下	社会消费品零售总额比上年增长(%)
全国总计	**76410.0**	**51542.6**	**8477.9**	**16389.5**	**13.7**
北 京	3275.2	2831.4	26.2	417.7	12.8
天 津	1356.8	1275.4	44.3	37.1	14.0
河 北	3397.4	1612.1	680.1	1105.2	15.1
山 西	1613.4	1038.6	307.8	267.1	15.2
内蒙古	1595.3	1080.6	326.3	188.4	16.0
辽 宁	3434.6	2872.5	163.9	398.2	14.5
吉 林	1675.8	1304.1	127.5	244.3	14.7
黑龙江	1997.7	1524.7	237.8	235.2	13.5
上 海	3360.4	2938.7	23.9	397.8	13.0
江 苏	6623.2	4822.9	413.5	1386.8	16.2
浙 江	5325.3	3519.0	519.4	1286.9	15.0
安 徽	2029.4	1106.2	406.3	516.9	15.0
福 建	2704.2	1743.2	306.2	654.8	15.3
江 西	1428.0	748.9	312.6	366.5	15.5
山 东	7122.5	4534.0	788.4	1800.2	16.3
河 南	3880.5	2119.9	753.6	1007.0	15.5
湖 北	3412.0	2395.6	321.0	695.4	15.1
湖 南	2834.2	1630.3	480.3	723.5	15.3
广 东	9118.1	6472.5	383.3	2262.3	15.7
广 西	1600.8	943.8	280.1	376.9	14.6
海 南	308.3	221.1	22.5	64.7	14.8
重 庆	1403.6	833.8	187.2	382.5	15.4
四 川	3421.6	1651.3	604.4	1166.0	14.8
贵 州	689.8	411.5	130.7	147.6	13.7
云 南	1188.9	651.1	275.4	262.4	14.9
西 藏	89.7	43.8	35.6	10.3	22.7
陕 西	1522.0	992.8	272.2	257.0	15.1
甘 肃	717.5	462.5	114.5	140.5	13.4
青 海	180.1	122.8	37.7	19.6	12.2
宁 夏	199.0	148.4	25.5	25.1	14.1
新 疆	727.6	509.2	106.9	111.5	14.1

各地区社会消费品零售总额

(按行业分，2006年)　　　　　　单位：亿元

地　区	社会消费品零售总额	批发和零售业	住宿和餐饮业	其　他
全国总计	**76410.0**	**64325.5**	**10345.5**	**1739.0**
北　京	3275.2	2865.6	362.4	47.3
天　津	1356.8	1143.0	210.0	3.8
河　北	3397.4	2913.1	419.4	64.9
山　西	1613.4	1358.2	191.3	63.9
内蒙古	1595.3	1263.8	284.3	47.2
辽　宁	3434.6	2870.3	513.0	51.4
吉　林	1675.8	1440.1	230.1	5.7
黑龙江	1997.7	1718.6	241.2	37.9
上　海	3360.4	2896.3	452.2	12.0
江　苏	6623.2	5815.8	746.5	60.9
浙　江	5325.3	4658.8	609.9	56.7
安　徽	2029.4	1719.5	283.8	26.1
福　建	2704.2	2324.3	329.7	50.2
江　西	1428.0	1262.7	149.1	16.2
山　东	7122.5	6000.1	887.2	235.3
河　南	3880.5	3221.6	588.7	70.2
湖　北	3412.0	2783.2	455.7	173.1
湖　南	2834.2	2386.6	404.3	43.3
广　东	9118.1	7642.3	1321.1	154.6
广　西	1600.8	1380.2	192.3	28.4
海　南	308.3	241.1	55.3	11.8
重　庆	1403.6	1196.4	194.3	12.9
四　川	3421.6	2676.9	625.5	119.2
贵　州	689.8	601.7	76.1	12.0
云　南	1188.9	949.8	178.7	60.4
西　藏	89.7	71.6	15.8	2.3
陕　西	1522.0	1326.7	165.5	29.8
甘　肃	717.5	579.0	116.0	22.4
青　海	180.1	146.0	30.3	3.9
宁　夏	199.0	162.9	32.8	3.3
新　疆	727.6	577.8	110.7	39.1

对外经济贸易和旅游基本情况

指　　标	单　位	1990年	1995年	2000年	2005年	2006年
对外经济贸易						
货物进出口总额	**亿美元**	**1154.4**	**2808.6**	**4742.9**	**14219.1**	**17606.9**
出口总额	亿美元	620.9	1487.8	2492.0	7619.5	9690.7
初级产品	亿美元	158.9	214.9	254.6	490.4	529.3
工业制成品	亿美元	462.0	1272.9	2237.4	7129.2	9161.5
进口总额	亿美元	533.5	1320.8	2250.9	6599.5	7916.1
初级产品	亿美元	98.5	244.2	467.4	1477.1	1871.4
工业制成品	亿美元	434.9	1076.7	1783.5	5122.4	6044.7
进出口差额	亿美元	87.4	167.0	241.1	1020.0	1774.6
吸收外商投资						
合同项目	个	7371	37184	22347	44001	41485
#外商直接投资	个	7273	37011	22347	44001	41485
合同金额	亿美元	120.9	1032.1	711.3	1925.9	2046.6
#外商直接投资	亿美元	66.0	912.8	623.8	1890.7	2001.7
外商其他投资	亿美元	3.9	6.4	87.5	35.3	44.9
实际使用外资额	亿美元	102.9	481.3	593.6	638.1	735.2
#外商直接投资	亿美元	34.9	375.2	407.2	603.3	694.7
外商其他投资	亿美元	2.7	2.9	86.4	34.8	40.6
非金融类对外直接投资额	**亿美元**				**69.2**	**161.3**
对外经济合作						
合同金额	亿美元	26.0	96.7	149.4	342.2	716.5
#对外承包工程	亿美元	21.3	74.8	117.2	296.1	660.0
对外劳务合作	亿美元	4.8	20.1	29.9	42.5	52.3
完成营业额	亿美元	18.7	65.9	113.3	267.8	356.9
#对外承包工程	亿美元	16.4	51.1	83.8	217.6	299.9
对外劳务合作	亿美元	2.2	13.5	28.1	47.9	53.7
旅　　游						
入境旅游人数	万人次	2746.2	4638.7	8344.4	12029.2	12494.2
#过夜旅游者	万人次	1048.4	2003.4	3122.9	4680.9	4991.3
国内居民出境人数	万人次		452.1	1047.3	3102.6	3452.4
国内旅游人数	亿人次	2.8	6.3	7.4	12.1	13.9
国际旅游外汇收入	亿美元	22.2	87.3	162.2	293.0	339.5
国内旅游收入	亿元	170.0	1375.7	3175.5	5285.9	6229.7

注：1. 吸收外商投资，2003年及以前为利用外资，除包括外商直接投资和外商其他投资以外，还包括对外借款。
　　2. 非金融类对外直接投资从2002年开始统计。

货物进出口总额

年　份	按人民币计算（亿元）			按美元计算（亿美元）		
	进出口总　额	出口额	进口额	进出口总　额	出口额	进口额
1978	355.0	167.6	187.4	206.4	97.5	108.9
1979	454.6	211.7	242.9	293.3	136.6	156.7
1980	570.0	271.2	298.8	381.4	181.2	200.2
“六五”时期	**5634.4**	**2609.1**	**3025.3**	**2524.1**	**1200.5**	**1323.6**
1981	735.3	367.6	367.7	440.3	220.1	220.2
1982	771.3	413.8	357.5	416.1	223.2	192.9
1983	860.1	438.3	421.8	436.2	222.3	213.9
1984	1201.0	580.5	620.5	535.5	261.4	274.1
1985	2066.7	808.9	1257.8	696.0	273.5	422.5
“七五”时期	**19202.4**	**9260.6**	**9941.8**	**4864.1**	**2325.3**	**2538.8**
1986	2580.4	1082.1	1498.3	738.5	309.4	429.1
1987	3084.2	1470.0	1614.2	826.5	394.4	432.1
1988	3821.8	1766.7	2055.1	1027.9	475.2	552.7
1989	4155.9	1956.0	2199.9	1116.8	525.4	591.4
1990	5560.1	2985.8	2574.3	1154.4	620.9	533.5
“八五”时期	**71498.2**	**36661.8**	**34836.4**	**10144.1**	**5183.8**	**4960.3**
1991	7225.8	3827.1	3398.7	1357.0	719.1	637.9
1992	9119.6	4676.3	4443.3	1655.3	849.4	805.9
1993	11271.0	5284.8	5986.2	1957.0	917.4	1039.6
1994	20381.9	10421.8	9960.1	2366.2	1210.1	1156.1
1995	23499.9	12451.8	11048.1	2808.6	1487.8	1320.8
“九五”时期	**147120.2**	**79754.9**	**67365.3**	**17739.1**	**9616.8**	**8122.3**
1996	24133.8	12576.4	11557.4	2898.8	1510.5	1388.3
1997	26967.2	15160.7	11806.5	3251.6	1827.9	1423.7
1998	26849.7	15223.6	11626.1	3239.5	1837.1	1402.4
1999	29896.3	16159.8	13736.5	3606.3	1949.3	1657.0
2000	39273.2	20634.4	18638.8	4742.9	2492.0	2250.9
“十五”时期	**376506.2**	**197011.6**	**179494.6**	**45578.7**	**23852.0**	**21726.6**
2001	42183.6	22024.4	20159.2	5096.5	2661.0	2435.5
2002	51378.2	26947.9	24430.3	6207.7	3256.0	2951.7
2003	70483.5	36287.9	34195.6	8509.9	4382.3	4127.6
2004	95539.1	49103.3	46435.8	11545.5	5933.2	5612.3
2005	116921.8	62648.1	54273.7	14219.1	7619.5	6599.5
“十一五”时期						
2006	140971.5	77594.6	63376.9	17606.9	9690.7	7916.1

注：1979年前为外贸部门数字，1980年起为海关数字。

货物进出口总额

(按贸易方式分)　　单位：亿美元

年　份	一般贸易		加工贸易		其他贸易	
	出　口	进　口	出　口	进　口	出　口	进　口
“六五”时期	**1100.97**	**1191.40**	**93.73**	**114.73**	**5.80**	**17.46**
1981	208.00	203.66	11.31	15.04	0.79	1.40
1982	222.45	188.85	0.53	2.76	0.22	1.38
1983	201.60	187.68	19.44	22.72	1.26	3.50
1984	231.62	238.49	29.29	31.47	0.49	4.14
1985	237.30	372.72	33.16	42.74	3.04	7.04
“七五”时期	**1543.72**	**1609.97**	**738.79**	**679.23**	**42.79**	**249.50**
1986	250.95	352.07	56.20	67.03	2.25	9.90
1987	296.43	287.72	89.94	101.91	8.03	42.47
1988	326.22	352.04	140.60	151.05	8.38	49.61
1989	315.52	356.14	197.85	171.64	12.03	63.62
1990	354.60	262.00	254.20	187.60	12.10	83.90
“八五”时期	**2579.30**	**1801.00**	**2469.80**	**1988.80**	**134.80**	**1170.50**
1991	381.20	295.40	324.30	250.30	13.60	92.20
1992	436.80	336.20	396.20	315.40	16.40	154.30
1993	432.00	380.50	442.50	363.70	43.00	295.40
1994	615.60	355.20	569.80	475.70	24.70	325.20
1995	713.70	433.70	737.00	583.70	37.10	303.40
“九五”时期	**3993.65**	**2891.89**	**5369.20**	**3672.11**	**254.00**	**1558.30**
1996	628.40	393.60	843.30	622.70	38.80	372.00
1997	779.74	390.30	996.02	702.06	52.14	331.34
1998	742.35	436.80	1044.54	685.99	50.22	279.58
1999	791.35	670.40	1108.82	735.78	49.14	250.81
2000	1051.81	1000.79	1376.52	925.58	63.70	324.57
“十五”时期	**9887.71**	**9579.95**	**13136.49**	**8747.85**	**827.77**	**3398.03**
2001	1118.81	1134.56	1474.33	939.74	67.83	361.23
2002	1361.87	1291.11	1799.28	1222.01	94.82	438.59
2003	1820.34	1876.51	2418.51	1629.04	143.45	621.22
2004	2436.06	2481.45	3279.70	2216.94	217.44	913.91
2005	3150.63	2796.33	4164.67	2740.12	304.23	1063.08
“十一五”时期						
2006	4163.18	3331.81	5103.75	3214.97	423.80	1369.36

人民币对主要外币年平均汇价

（中间价）　　单位：人民币元

年　份	美　元 (100)	日　元 (100)	港　元 (100)	欧　元 (100)
1985	293.66	1.2457	37.57	
1986	345.28	2.0694	44.22	
1987	372.21	2.5799	47.74	
1988	372.21	2.9082	47.70	
1989	376.51	2.7360	48.28	
1990	478.32	3.3233	61.39	
1991	532.33	3.9602	68.45	
1992	551.46	4.3608	71.24	
1993	576.20	5.2020	74.41	
1994	861.87	8.4370	111.53	
1995	835.10	8.9225	107.96	
1996	831.42	7.6352	107.51	
1997	828.98	6.8600	107.09	
1998	827.91	6.3488	106.88	
1999	827.83	7.2932	106.66	
2000	827.84	7.6864	106.18	
2001	827.70	6.8075	106.08	
2002	827.70	6.6237	106.07	800.58
2003	827.70	7.1466	106.24	936.13
2004	827.68	7.6552	106.23	1029.00
2005	819.17	7.4484	105.30	1019.53
2006	797.18	6.8570	102.62	1001.90

注：2002年的欧元汇价为4-12月的平均汇价。

货物进出口额分类

单位：亿美元

指　　标	2000年		2005年		2006年	
	出口	进口	出口	进口	出口	进口
总　额	**2492.0**	**2250.9**	**7619.5**	**6599.5**	**9690.7**	**7916.1**
初级产品	**254.6**	**467.4**	**490.4**	**1477.1**	**529.3**	**1871.4**
食品及主要供食用的活动物	122.8	47.6	224.8	93.9	257.2	100.0
饮料及烟草类	7.5	3.6	11.8	7.8	11.9	10.4
非食用原料（燃料除外）	44.6	200.0	74.8	702.3	78.6	831.6
矿物燃料、润滑油及有关原料	78.6	206.4	176.2	639.5	177.8	890.0
动植物油、脂及蜡	1.2	9.8	2.7	33.7	3.7	39.4
工业制成品	**2237.4**	**1783.5**	**7129.2**	**5122.4**	**9161.5**	**6044.7**
化学成品及有关产品	121.0	302.1	357.7	777.3	445.3	870.8
轻纺产品、橡胶制品、矿冶产品及其制品	425.5	418.1	1291.2	811.6	1748.4	869.6
机械及运输设备	826.0	919.3	3522.3	2904.8	4563.6	3571.1
杂项制品	862.8	127.5	1941.8	608.6	2380.3	713.0
未分类的其他商品	2.2	16.5	16.1	20.1	23.9	20.3

各地区货物进出口总额

（按经营单位所在地分）　　单位：亿美元

地　区	2000年	2001年	2002年	2003年	2004年	2005年	2006年
全国总计	**4742.9**	**5096.5**	**6207.7**	**8509.9**	**11545.5**	**14219.1**	**17606.9**
北　京	496.2	515.0	525.1	684.6	945.8	1255.1	1581.7
天　津	171.5	181.7	228.1	293.6	420.3	532.8	644.8
河　北	52.4	57.3	66.7	89.8	135.3	160.7	185.3
山　西	17.6	19.4	23.1	30.8	53.8	55.5	66.3
内蒙古	26.2	20.3	24.4	28.3	37.2	48.8	59.6
辽　宁	190.3	197.9	217.4	265.6	344.1	410.1	483.9
吉　林	25.7	32.1	37.0	61.7	67.9	65.3	79.1
黑龙江	29.9	33.8	43.5	53.3	67.9	95.7	128.6
上　海	547.1	608.8	726.3	1123.5	1600.1	1863.4	2275.3
江　苏	456.4	513.5	702.9	1136.2	1708.5	2279.2	2840.0
浙　江	278.3	328.0	419.6	614.2	852.0	1073.9	1391.5
安　徽	33.5	36.2	41.8	59.4	72.1	91.2	122.6
福　建	212.2	226.2	284.0	353.3	475.3	544.1	626.6
江　西	16.2	15.3	16.9	25.3	35.3	40.6	61.9
山　东	249.9	289.5	339.4	446.4	606.6	767.4	952.1
河　南	22.8	27.8	32.0	47.1	66.2	77.2	98.6
湖　北	32.2	35.8	39.5	51.1	67.7	90.5	117.6
湖　南	25.1	27.6	28.8	37.3	54.4	60.0	73.5
广　东	1701.0	1764.9	2211.0	2836.5	3571.3	4279.6	5272.2
广　西	20.3	18.0	24.3	31.9	42.8	51.8	66.7
海　南	12.9	17.5	18.7	22.8	34.0	25.4	28.5
重　庆	17.9	18.3	17.9	25.9	38.6	42.9	54.7
四　川	25.5	31.0	44.7	56.4	68.7	79.0	110.2
贵　州	6.6	6.5	6.9	9.8	15.1	14.0	16.2
云　南	18.1	19.9	22.3	26.7	37.4	47.4	62.3
西　藏	1.3	0.9	1.3	1.6	2.0	2.1	3.3
陕　西	21.4	20.6	22.3	27.8	36.4	45.8	53.6
甘　肃	5.7	7.8	8.8	13.3	17.6	26.3	38.2
青　海	1.6	2.0	2.0	3.4	5.8	4.1	6.5
宁　夏	4.4	5.3	4.4	6.5	9.1	9.7	14.4
新　疆	22.6	17.7	26.9	47.7	56.3	79.4	91.0

各地区货物进出口总额

（按境内目的地、货源地分）　　单位：亿美元

地 区	2000年	2001年	2002年	2003年	2004年	2005年	2006年
全国总计	**4742.9**	**5096.5**	**6207.7**	**8509.9**	**11545.5**	**14219.1**	**17606.9**
北 京	242.4	276.1	267.0	313.2	428.2	534.9	705.8
天 津	171.6	182.6	228.5	300.4	432.4	546.3	673.1
河 北	54.9	58.1	68.3	96.9	152.8	193.3	234.9
山 西	27.9	32.7	36.0	51.8	90.7	90.9	96.7
内蒙古	23.9	21.9	26.7	32.3	43.7	53.0	61.1
辽 宁	200.7	210.2	234.3	298.6	399.3	470.4	524.2
吉 林	29.9	35.0	40.8	67.7	74.9	73.6	87.0
黑龙江	39.9	41.0	46.9	62.1	71.8	104.7	140.7
上 海	547.0	606.9	722.5	1105.3	1568.0	1815.0	2212.4
江 苏	491.9	544.8	744.9	1212.9	1795.4	2384.8	2990.6
浙 江	315.2	369.1	463.5	663.3	946.6	1238.1	1600.8
安 徽	36.9	36.4	42.1	56.7	69.9	92.6	122.6
福 建	229.6	243.8	303.3	385.7	498.5	568.0	648.9
江 西	20.5	18.0	20.0	29.6	48.2	49.6	72.5
山 东	282.5	323.3	373.7	494.2	694.2	891.2	1106.4
河 南	31.2	34.2	37.3	55.9	73.6	90.7	110.4
湖 北	38.9	41.6	45.3	58.1	75.6	99.9	121.1
湖 南	29.9	29.2	32.7	47.0	60.8	69.6	79.8
广 东	1754.9	1800.0	2254.5	2893.5	3633.5	4391.8	5418.4
广 西	22.8	20.8	26.1	32.2	48.3	57.6	76.1
海 南	10.9	16.3	17.9	19.1	29.0	21.2	33.9
重 庆	18.5	21.4	20.2	25.6	37.3	42.3	53.1
四 川	27.8	33.6	44.6	57.8	66.9	76.7	106.7
贵 州	8.6	8.7	9.8	15.5	23.7	20.4	22.1
云 南	18.8	21.5	23.3	27.2	37.3	50.0	63.8
西 藏	1.5	1.1	1.3	1.5	1.7	1.3	2.3
陕 西	23.9	26.5	27.8	35.6	45.6	61.5	69.2
甘 肃	6.9	9.1	10.4	12.9	19.6	29.9	44.4
青 海	2.3	2.5	2.3	3.4	6.5	4.9	9.4
宁 夏	5.3	6.3	4.9	7.4	11.3	11.8	16.1
新 疆	25.9	23.7	30.8	48.6	60.2	83.0	102.1

各地区货物进出口总额

(2006年)　　单位：亿美元

地　区	按经营单位所在地分		按境内目的地、货源地分	
	出口额	进口额	出口额	进口额
全国总计	**9690.7**	**7916.1**	**9690.7**	**7916.1**
北　京	379.8	1201.9	249.5	456.3
天　津	335.0	309.8	327.0	346.1
河　北	128.4	56.9	152.0	82.8
山　西	41.4	24.9	65.7	30.9
内蒙古	21.4	38.2	26.9	34.2
辽　宁	283.2	200.7	283.7	240.5
吉　林	30.0	49.2	31.2	55.8
黑龙江	84.4	44.2	70.1	70.6
上　海	1135.9	1139.4	1084.8	1127.6
江　苏	1604.2	1235.8	1629.9	1360.7
浙　江	1009.0	382.5	1076.0	524.8
安　徽	68.4	54.2	66.1	56.6
福　建	412.6	214.0	417.3	231.7
江　西	37.5	24.4	39.5	33.0
山　东	586.0	366.1	603.4	502.9
河　南	67.0	31.6	72.6	37.9
湖　北	62.6	55.0	59.0	62.1
湖　南	50.9	22.6	51.8	28.0
广　东	3019.5	2252.6	3054.7	2363.7
广　西	35.9	30.7	38.3	37.8
海　南	13.8	14.7	11.0	23.0
重　庆	33.5	21.2	30.9	22.2
四　川	66.2	44.0	56.8	50.0
贵　州	10.4	5.8	13.5	8.6
云　南	33.9	28.4	30.6	33.2
西　藏	2.2	1.1	2.1	0.2
陕　西	36.3	17.3	43.9	25.3
甘　肃	15.1	23.1	16.1	28.3
青　海	5.3	1.2	5.1	4.3
宁　夏	9.4	4.9	11.0	5.2
新　疆	71.4	19.6	70.1	32.0

各地区外商投资企业货物进出口总额

单位：万美元

地区	2005年			2006年		
	进出口总额	出口额	进口额	进出口总额	出口额	进口额
全国总计	**83163864**	**44418252**	**38745612**	**103644355**	**56382779**	**47261576**
北京	2704807	1191406	1513401	3895177	1664549	2230627
天津	4275954	2199307	2076646	5266325	2680464	2585861
河北	556490	345288	211202	698235	450861	247374
山西	90359	51959	38401	112064	66772	45292
内蒙古	82847	41522	41325	67556	39977	27579
辽宁	2427281	1332795	1094486	2722901	1499650	1223251
吉林	283386	67967	215420	378395	85824	292571
黑龙江	87354	47491	39863	104190	64230	39960
上海	12543267	6157921	6385346	15347363	7594624	7752739
江苏	18474464	9422831	9051633	23101760	12361846	10739914
浙江	4238315	2726245	1512071	5727109	3795287	1931823
安徽	280560	150275	130284	412620	209957	202663
福建	3577290	2175419	1401871	4000090	2460320	1539769
江西	155379	64278	91100	296368	122151	174217
山东	4133889	2377119	1756770	5133527	3075157	2058370
河南	149707	84137	65570	183779	110124	73655
湖北	319445	129213	190232	466045	202847	263198
湖南	128086	64381	63704	133752	72072	61679
广东	27866744	15467100	12399644	34523910	19392164	15131746
广西	178976	63503	115473	220081	81224	138857
海南	93324	39861	53464	112173	47752	64421
重庆	156092	35886	120206	204656	48352	156304
四川	149056	68302	80754	289924	117025	172899
贵州	26798	15210	11588	19308	12412	6896
云南	39961	24183	15778	48572	30148	18424
西藏	339	181	158	246	25	221
陕西	82341	32022	50319	93795	47732	46063
甘肃	23118	19028	4090	23720	20567	3153
青海	4942	1335	3607	4617	1148	3470
宁夏	23038	11088	11950	37857	13257	24600
新疆	18618	13677	4942	18242	14260	3982

货物进出口总额(按主要国家和地区分)

单位：亿美元

国家和地区	2000年	2001年	2002年	2003年	2004年	2005年	2006年
总　　额	**4743**	**5097**	**6208**	**8510**	**11546**	**14219**	**17607**
#中国香港	539	560	692	874	1127	1367	1662
印度	29	36	49	76	136	187	249
日本	832	877	1019	1336	1679	1844	2074
韩国	345	359	446	632	901	1119	1343
中国台湾	305	323	446	584	783	912	1078
南非	21	22	26	39	59	73	99
俄罗斯联邦	80	107	119	158	212	291	334
巴西	28	37	45	80	123	148	203
加拿大	69	74	79	100	155	192	232
美国	745	972	805	1263	1696	2115	2627
澳大利亚	85	104	90	136	204	273	329
东盟		416	548	783	1059	1304	1608
欧盟		766	867	1252	1773	2173	2723

外商直接投资实际使用金额(按主要国家和地区分)

单位：亿美元

国家和地区	2000年	2001年	2002年	2003年	2004年	2005年	2006年
总　　额	**407**	**469**	**527**	**535**	**606**	**603**	**630**
#中国香港	155	167	179	177	190	179	202
日本	29	43	42	51	55	65	46
新加坡	22	21	23	21	20	22	23
韩国	15	22	27	45	62	52	39
中国台湾	23	30	40	34	31	22	21
英国	12	11	9	7	8	10	7
德国	10	12	9	9	11	15	20
法国	9	5	6	6	7	6	4
开曼群岛	6	11	12	9	20	19	21
英属维尔京群岛	38	50	61	58	67	90	112
加拿大	3	4	6	6	6	5	4
美国	44	44	54	42	39	31	29
澳大利亚	3	3	4	6	7	4	6

注：本表不包括银行、证券、保险部门数据。

合同利用外资额

年　　份	总　计		对外借款		外商直接投资		外商其他投资额（亿美元）
	项　目（个）	金　额（亿美元）	项　目（个）	金　额（亿美元）	项　目（个）	金　额（亿美元）	
1979-2006	**596110**	**16680.9**	**1683**	**1385.4**	**594427**	**14858.7**	**436.8**
1979-1982	947	195.0	27	135.5	920	49.6	9.9
1983	690	36.2	52	15.1	638	19.2	1.9
1984	2204	50.2	38	19.2	2166	28.8	2.2
1985	3145	102.7	72	35.3	3073	63.3	4.0
“七五”时期	**23183**	**639.4**	**455**	**363.2**	**22728**	**245.3**	**30.9**
1986	1551	122.3	53	84.1	1498	33.3	5.0
1987	2289	121.4	56	78.2	2233	37.1	6.1
1988	6063	160.0	118	98.1	5945	53.0	8.9
1989	5909	114.8	130	51.9	5779	56.0	6.9
1990	7371	120.9	98	51.0	7273	66.0	3.9
“八五”时期	**230369**	**4092.6**	**630**	**511.3**	**229739**	**3555.0**	**26.3**
1991	13086	195.8	108	71.6	12978	119.8	4.5
1992	48858	694.4	94	107.0	48764	581.2	6.1
1993	83595	1232.7	158	113.1	83437	1114.4	5.3
1994	47646	937.6	97	106.7	47549	826.8	4.1
1995	37184	1032.1	173	112.9	37011	912.8	6.4
“九五”时期	**105030**	**3290.1**	**409**	**305.8**	**104621**	**2799.9**	**184.4**
1996	24673	816.1	117	79.6	24556	732.8	3.7
1997	21138	610.6	137	58.7	21001	510.1	41.8
1998	19850	632.0	51	83.9	19799	521.0	27.1
1999	17022	520.1	104	83.6	16918	412.2	24.3
2000	22347	711.3			22347	623.8	87.5
“十五”时期	**189057**	**6228.1**			**189057**	**6095.8**	**132.3**
2001	26140	719.8			26140	692.0	27.8
2002	34171	847.5			34171	827.7	19.8
2003	41081	1169.0			41081	1150.7	18.3
2004	43664	1565.9			43664	1534.8	31.1
2005	44001	1925.9			44001	1890.7	35.3
“十一五”时期							
2006	41485	2046.6			41485	2001.7	44.9

注：1.1997年起将对外发行股票从对外借款项中剔除，列入外商其他投资额中（下表同）。
2.2000年起总计数中未包括对外借款（下表同）。
3.2005年及以前不包括银行、保险、证券部门数据（下表同）。

实际使用外资额

年　份	总　计 (亿美元)	对外借款	外　商 直接投资	外　商 其他投资	外商直接投资相当于国内生产总值的比重(%)
1979-2006	**8826.6**	**1471.5**	**6919.0**	**436.1**	
1979-1982	130.6	106.9	17.7	6.0	
1983	22.6	10.7	9.2	2.8	0.3
1984	28.7	12.9	14.2	1.6	0.5
1985	47.6	25.1	19.6	3.0	0.6
“七五”时期	**466.5**	**301.3**	**146.3**	**19.0**	
1986	76.3	50.1	22.4	3.7	0.8
1987	84.5	58.1	23.1	3.3	0.7
1988	102.3	64.9	31.9	5.5	0.8
1989	100.6	62.9	33.9	3.8	0.8
1990	102.9	65.3	34.9	2.7	0.9
“八五”时期	**1610.5**	**455.8**	**1141.7**	**13.0**	
1991	115.5	68.9	43.7	3.0	1.1
1992	192.0	79.1	110.1	2.8	2.3
1993	389.6	111.9	275.1	2.6	4.5
1994	432.1	92.6	337.7	1.8	6.0
1995	481.3	103.3	375.2	2.9	5.2
“九五”时期	**2897.9**	**559.0**	**2134.9**	**204.0**	
1996	548.0	126.7	417.3	4.1	4.9
1997	644.1	120.2	452.6	71.3	4.8
1998	585.6	110.0	454.6	20.9	4.5
1999	526.6	102.1	403.2	21.3	3.7
2000	593.6	100.0	407.2	86.4	3.4
“十五”时期	**2887.0**		**2740.8**	**146.2**	
2001	496.7		468.8	27.9	3.5
2002	550.1		527.4	22.7	3.6
2003	561.4		535.1	26.4	3.3
2004	640.7		606.3	34.4	3.1
2005	638.1		603.3	34.8	2.7
“十一五”时期					
2006	735.2		694.7	40.6	2.7

对外经济合作

年　　份	合同数 (份)	合同金额 (亿美元)	#对外承包工程	#对外劳务合作	完　成 营业额 (亿美元)	#对外承包工程	#对外劳务合作
“五五”时期	**215**						
1976	2				1.7		
1977	1						
1978	4						
1979	36	0.5					
1980	172	1.9					
“六五”时期	**2800**	**49.4**					
1981	363	5.0					
1982	314	5.1			3.5		
1983	460	9.2			4.5		
1984	740	17.4			6.2		
1985	923	12.7			8.4		
“七五”时期	**12794**	**102.3**			**72.2**		
1986	944	13.6			9.7		
1987	1449	18.9			12.6		
1988	2126	21.7			14.3		
1989	3100	22.1	17.8	4.3	16.9	14.8	2.0
1990	5175	26.0	21.3	4.8	18.7	16.4	2.2
“八五”时期	**66260**	**346.6**	**264.8**	**80.0**	**225.2**	**180.3**	**43.5**
1991	8438	36.1	25.2	10.9	23.6	19.7	3.9
1992	9405	65.9	52.5	13.4	30.5	24.0	6.5
1993	11605	68.0	51.9	16.1	45.4	36.7	8.7
1994	17491	79.9	60.3	19.6	59.8	48.8	11.0
1995	19321	96.7	74.8	20.1	65.9	51.1	13.5
“九五”时期	**123979**	**613.4**	**474.1**	**128.4**	**487.7**	**365.3**	**115.9**
1996	24891	102.7	77.3	22.8	77.0	58.2	17.1
1997	28442	113.6	85.2	25.5	83.8	60.4	21.7
1998	25955	117.7	92.4	23.9	101.3	77.7	22.8
1999	21126	130.0	102.0	26.3	112.3	85.2	26.2
2000	23565	149.4	117.2	29.9	113.3	83.8	28.1
“十五”时期	**249465**	**1172.0**	**992.1**	**169.1**	**918.7**	**731.6**	**181.0**
2001	39400	164.6	130.4	33.3	121.4	89.0	31.8
2002	34461	178.9	150.5	27.5	143.5	111.9	30.7
2003	42059	209.3	176.7	30.9	172.3	138.4	33.1
2004	60312	277.0	238.4	35.0	213.7	174.7	37.5
2005	73233	342.2	296.1	42.5	267.8	217.6	47.9
“十一五”时期							
2006	107744	716.5	660.0	52.3	356.9	299.9	53.7

旅游人数和收入

指　　标	单 位	2000年	2002年	2003年	2004年	2005年	2006年
旅游人数							
入境旅游人数	**万人次**	**8344.4**	**9790.8**	**9166.2**	**10903.8**	**12029.2**	**12494.2**
外国人	万人次	1016.0	1344.0	1140.3	1693.3	2025.5	2221.0
#日本	万人次	220.2	292.6	225.5	333.4	339.0	374.6
韩国	万人次	134.5	212.4	194.6	284.5	354.5	392.4
菲律宾	万人次	36.4	50.8	45.8	54.9	65.4	70.4
新加坡	万人次	39.9	49.7	37.8	63.7	75.6	82.8
英国	万人次	28.4	34.3	28.8	41.8	50.0	55.2
德国	万人次	23.9	28.2	22.2	36.5	45.5	50.1
俄罗斯	万人次	108.0	127.2	138.1	179.2	222.4	240.5
加拿大	万人次	23.7	29.1	23.0	34.8	43.0	50.0
美国	万人次	89.6	112.1	82.3	130.9	155.5	171.0
澳大利亚	万人次	23.4	29.1	24.5	37.6	48.3	53.8
港澳同胞	万人次	7009.9	8080.8	7752.7	8842.1	9592.8	9831.8
台湾同胞	万人次	310.9	366.1	273.2	368.5	410.9	441.3
#过夜旅游者	万人次	3122.9	3680.3	3297.1	4175.1	4680.9	4991.3
国内居民出境人数	**万人次**	**1047.3**	**1660.2**	**2022.2**	**2885.0**	**3102.6**	**3452.4**
#因私出境	万人次	563.1	1006.1	1481.1	2298.0	2514.0	2879.9
国内旅游人数	**亿人次**	**7.4**	**8.8**	**8.7**	**11.0**	**12.1**	**13.9**
旅游收入							
国际国内旅游总收入	亿元	4519.0	5566.0	4882.0	6840.0	7686.0	8935.0
国际旅游外汇收入	亿美元	162.2	203.9	174.1	257.4	293.0	339.5
国内旅游收入	亿元	3175.5	3878.4	3442.3	4710.7	5285.9	6229.7

入境过夜旅游者人数和国际旅游外汇收入

年份	过夜旅游者人数（万人次）	过夜旅游者人数居世界位次	国际旅游外汇收入（亿美元）	年份	过夜旅游者人数（万人次）	过夜旅游者人数居世界位次	国际旅游外汇收入（亿美元）
1978	71.6		2.6	1993	1898.2	7	46.8
1979	152.9		4.5	1994	2107.0	6	73.2
1980	350.0	18	6.2	1995	2003.4	8	87.3
1981	376.7	17	7.9	1996	2276.5	6	102.0
1982	392.4	16	8.4	1997	2377.0	6	120.7
1983	379.1	16	9.4	1998	2507.3	6	126.0
1984	514.1	14	11.3	1999	2704.7	5	141.0
1985	713.3	13	12.5	2000	3122.9	5	162.2
1986	900.1	12	15.3	2001	3316.7	5	177.9
1987	1076.0	12	18.6	2002	3680.3	5	203.9
1988	1236.1	10	22.5	2003	3297.1	5	174.1
1989	936.1	12	18.6	2004	4176.1	4	257.4
1990	1048.4	11	22.2	2005	4680.9	4	293.0
1991	1246.4	12	28.5	2006	4991.3	*	339.5
1992	1651.2	9	39.5				

注：1.*世界旅游组织尚未公布。
2.国际旅游(外汇)收入指入境旅游者在中国(大陆)境内旅行、游览过程中用于交通、参观游览、住宿、餐饮、购物、娱乐等全部花费。

国内旅游情况

年份	旅游人数（亿人次）	城镇居民	农村居民	旅游收入（亿元）	城镇居民	农村居民	旅游者人均花费（元）	城镇居民	农村居民
1994	5.24	2.05	3.19	1023.5	848.2	175.3	195.3	414.7	54.9
1995	6.29	2.46	3.83	1375.7	1140.1	235.6	218.7	464.0	61.5
1996	6.39	2.56	3.83	1638.4	1368.4	270.0	256.2	534.1	70.5
1997	6.44	2.59	3.85	2112.7	1551.8	560.9	328.1	599.8	145.7
1998	6.95	2.50	4.45	2391.2	1515.1	876.1	345.0	607.0	197.0
1999	7.19	2.84	4.35	2831.9	1748.2	1083.7	394.0	614.8	249.5
2000	7.44	3.29	4.15	3175.5	2235.2	940.3	426.6	678.6	226.6
2001	7.84	3.75	4.09	3522.4	2651.7	870.7	449.5	708.3	212.7
2002	8.78	3.85	4.93	3878.4	2848.1	1030.3	441.8	739.7	209.1
2003	8.70	3.51	5.19	3442.3	2404.1	1038.2	395.7	684.9	200.0
2004	11.02	4.59	6.43	4710.7	3359.0	1351.7	427.5	731.8	210.2
2005	12.12	4.96	7.16	5285.9	3656.1	1629.7	436.1	737.1	227.6
2006	13.94	5.76	8.18	6229.7	4414.7	1815.0	446.9	766.4	221.9

各地区国际旅游接待情况

地区	2005年			2006年		
	旅游人数（万人次）	#外国人	旅游外汇收入（亿美元）	旅游人数（万人次）	#外国人	旅游外汇收入（亿美元）
北京	362.9	311.6	36.19	390.3	338.3	40.26
天津	74.0	67.5	5.09	88.1	81.2	6.26
河北	62.7	57.4	2.09	72.5	65.4	2.43
山西	42.2	25.4	1.16	57.4	33.0	1.64
内蒙古	100.2	99.6	3.52	123.2	122.3	4.04
辽宁	130.2	111.1	7.38	161.3	137.3	9.34
吉林	37.3	30.7	1.20	43.5	35.4	1.37
黑龙江	82.2	76.4	3.40	106.4	99.5	4.92
上海	444.5	379.9	35.56	464.6	399.8	39.04
江苏	378.3	262.2	22.60	445.2	314.9	27.87
浙江	348.1	232.9	17.16	426.8	281.4	21.33
安徽	63.3	41.1	1.86	80.4	52.6	2.27
福建	197.4	72.4	13.05	229.7	79.0	14.71
江西	37.3	13.6	1.04	49.7	18.4	1.40
山东	155.1	124.8	7.80	193.1	156.0	10.14
河南	60.1	34.7	2.16	75.7	45.4	2.74
湖北	82.6	62.7	2.76	105.6	85.7	3.20
湖南	72.0	60.9	3.90	97.1	73.1	5.03
广东	1897.0	476.5	64.57	2089.7	534.7	75.33
广西	147.7	88.7	3.59	170.8	104.7	4.23
海南	43.2	26.9	1.28	61.7	46.6	2.29
重庆	52.4	41.8	2.64	60.3	48.8	3.09
四川	106.3	68.3	3.16	140.2	85.8	3.95
贵州	27.6	9.3	1.01	32.1	10.7	1.15
云南	150.3	99.7	5.28	181.0	111.2	6.58
西藏	12.1	11.1	0.44	15.5	13.6	0.61
陕西	92.8	74.6	4.46	106.1	83.2	5.11
甘肃	28.9	17.2	0.59	30.3	18.5	0.63
青海	3.5	1.5	0.11	4.2	2.8	0.13
宁夏	0.8	0.7	0.02	0.9	0.8	0.02
新疆	33.1	29.0	1.00	36.2	31.3	1.28

各级各类学校数

单位：所

年份	普通高等学校	普通中学	职业中学	普通小学	特殊教育学校	学前教育
1978	598	162345		949323	292	163952
1980	675	118377	3314	917316	292	170419
1985	1016	93221	8070	832309	375	172262
1990	1075	87631	9164	766072	746	172322
1991	1075	85851	9572	729158	886	164465
1992	1053	84021	9860	712973	1077	172506
1993	1065	82795	9985	696681	1123	165197
1994	1080	82358	10217	682588	1241	174657
1995	1054	81020	10147	668685	1379	180438
1996	1032	79967	10049	645983	1428	187324
1997	1020	78642	10047	628840	1440	182485
1998	1022	77888	10074	609626	1535	181368
1999	1071	77213	9636	582291	1520	181136
2000	1041	77268	8849	553622	1539	175836
2001	1225	80432	7802	491273	1531	111706
2002	1396	80067	7402	456903	1540	111752
2003	1552	79490	6843	425846	1551	116390
2004	1731	79058	6478	394183	1560	117899
2005	1792	77977	6423	366213	1593	124402
2006	1867	76703	6100	341639	1605	130495

注：普通高等学校指大学本专科。普通中学指普通高中、普通初中。职业中学指职业高中、职业初中。

各级各类学校专任教师数

单位：万人

年份	普通高等学校	普通中学	职业中学	普通小学	特殊教育学校	学前教育
1978	20.6	318.2		522.6	0.4	27.7
1980	24.7	302.0	2.3	549.9	0.5	41.1
1985	34.4	265.2	14.1	537.7	0.7	55.0
1990	39.5	303.3	22.4	558.2	1.4	75.0
1991	39.1	309.0	23.5	553.2	1.6	76.9
1992	38.8	314.1	24.8	552.7	1.9	81.5
1993	38.8	316.7	26.2	555.2	2.0	83.6
1994	39.6	323.4	27.7	561.1	2.3	86.2
1995	40.1	333.4	29.2	566.4	2.5	87.5
1996	40.3	346.5	30.8	573.6	2.7	88.9
1997	40.5	358.7	32.2	579.4	2.9	88.4
1998	40.7	369.7	33.6	581.9	3.0	87.5
1999	42.6	384.1	33.6	586.1	3.1	87.2
2000	46.3	400.5	32.0	586.0	3.2	85.6
2001	53.2	418.8	30.6	579.8	2.9	63.0
2002	61.8	437.6	31.0	577.9	3.0	57.1
2003	72.5	453.7	28.9	570.3	3.0	61.3
2004	85.8	466.8	29.5	562.9	3.1	65.6
2005	96.6	477.1	30.3	559.2	3.2	72.2
2006	107.6	485.1	30.7	558.8	3.3	77.6

各级各类学校招生数

单位：万人

年份	普通高等学校	普通中学	职业中学	普通小学	特殊教育学校
1978	40.2	2698.9		3315.4	0.6
1980	28.1	1934.3	30.7	2942.3	0.6
1985	61.9	1606.9	116.1	2298.2	0.9
1990	60.9	1619.6	123.2	2064.0	1.6
1991	62.0	1655.2	137.8	2072.7	2.0
1992	75.4	1699.7	152.1	2183.2	3.0
1993	92.4	1707.3	161.5	2353.5	3.4
1994	90.0	1859.8	175.3	2537.0	4.0
1995	92.6	2025.9	190.1	2531.8	5.6
1996	96.6	2042.9	188.9	2524.7	4.8
1997	100.0	2128.2	211.2	2462.0	4.6
1998	108.4	2321.0	217.6	2201.4	4.9
1999	159.7	2546.0	194.1	2029.5	5.0
2000	220.6	2736.0	182.7	1946.5	5.3
2001	268.3	2815.9	185.0	1944.2	5.6
2002	320.5	2929.0	216.9	1952.8	5.3
2003	382.2	2947.4	222.1	1829.4	4.9
2004	447.3	2899.7	229.1	1747.0	5.1
2005	504.5	2854.3	259.3	1671.7	4.9
2006	530.0	2794.8	294.0	1729.4	5.0

各级各类学校在校学生数

单位：万人

年份	普通高等学校	普通中学	职业中学	普通小学	特殊教育学校	学前教育
1978	85.6	6548.3		14624.0	3.1	787.7
1980	114.4	5508.1	45.4	14627.0	3.3	1150.8
1985	170.3	4706.0	229.5	13370.2	4.2	1479.7
1990	206.3	4586.0	295.0	12241.4	7.2	1972.2
1991	204.4	4683.5	315.6	12164.2	8.5	2209.3
1992	218.4	4770.8	342.8	12201.3	13.0	2428.2
1993	253.6	4739.1	362.6	12421.2	16.9	2552.5
1994	279.9	4981.7	405.6	12822.6	21.1	2630.3
1995	290.6	5371.0	448.3	13195.2	29.6	2711.2
1996	302.1	5739.7	473.3	13615.0	32.1	2666.3
1997	317.4	6017.9	511.9	13995.4	34.1	2519.0
1998	340.9	6301.0	541.6	13953.8	35.8	2403.0
1999	413.4	6771.3	533.9	13548.0	37.2	2326.3
2000	556.1	7368.9	503.2	13013.3	37.8	2244.2
2001	719.1	7836.0	466.4	12543.5	38.6	2021.8
2002	903.4	8287.9	511.5	12156.7	37.5	2036.0
2003	1108.6	8583.2	528.2	11689.7	36.5	2003.9
2004	1333.5	8695.4	569.4	11246.2	37.2	2089.4
2005	1561.8	8580.9	625.6	10864.1	36.4	2179.0
2006	1738.8	8451.9	676.2	10711.5	36.3	2263.9

各级各类学校毕业生数

单位：万人

年 份	普通高等学校	普通中学	职业中学	普通小学	特殊教育学校
1978	16.5	2375.3		2287.9	0.3
1980	14.7	1581.0	7.9	2053.3	0.4
1985	31.6	1194.9	41.3	1999.9	0.4
1990	61.4	1342.1	89.3	1863.1	0.5
1991	61.4	1308.5	94.5	1896.7	0.6
1992	60.4	1328.4	96.7	1872.4	0.9
1993	57.1	1365.9	102.5	1841.5	1.2
1994	63.7	1361.9	107.6	1899.6	1.4
1995	80.5	1429.0	124.0	1961.5	1.9
1996	83.9	1484.0	139.6	1934.1	2.4
1997	82.9	1664.0	150.1	1960.1	2.8
1998	83.0	1832.0	162.8	2117.4	3.5
1999	84.8	1852.7	167.8	2313.7	3.8
2000	95.0	1908.6	176.3	2419.2	4.3
2001	103.6	2047.4	166.5	2396.9	4.6
2002	133.7	2263.6	145.4	2351.9	4.4
2003	187.7	2453.7	135.5	2267.9	4.5
2004	239.1	2617.3	142.5	2135.2	4.7
2005	306.8	2768.1	170.0	2019.5	4.3
2006	377.5	2789.5	179.5	1928.5	4.5

研究生和留学生数

单位：人

年 份	研究生数			出国留学人员	学成回国留学人员
	招生数	在学人数	毕业生数		
1978	10708	10934	9	860	248
1980	3616	21604	476	2124	162
1985	46871	87331	17004	4888	1424
1990	29649	93018	35440	2950	1593
1991	29679	88128	32537	2900	2069
1992	33439	94164	25692	6540	3611
1993	42145	106771	28214	10742	5128
1994	50864	127935	28047	19071	4230
1995	51053	145443	31877	20381	5750
1996	59398	163322	39652	20905	6570
1997	63749	176353	46539	22410	7130
1998	72508	198885	47077	17622	7379
1999	92225	233513	54670	23749	7748
2000	128484	301239	58767	38989	9121
2001	165197	393256	67809	83973	12243
2002	202611	500980	80841	125179	17945
2003	268925	651260	111091	117307	20152
2004	326286	819896	150777	114682	24726
2005	364831	978610	189728	118515	34987
2006	397925	1104653	255902	134000	42000

各级各类学历教育学生情况

项　目	毕业生数（万人）		招生数（万人）		在校学生数（万人）	
	2005年	2006年	2005年	2006年	2005年	2006年
高等教育						
研究生	19.0	25.6	36.5	39.8	97.9	110.5
博士	2.8	3.6	5.5	5.6	19.1	20.8
硕士	16.2	22.0	31.0	34.2	78.7	89.7
普通本专科	306.8	377.5	504.5	530.0	1561.8	1738.8
本科	146.6	172.7	236.4	268.6	848.8	943.3
专科	160.2	204.8	268.1	261.3	713.0	795.5
成人本专科	166.8	81.5	193.0	184.4	436.1	524.9
本科	55.6	21.8	74.7	77.8	161.1	212.0
专科	111.2	59.7	118.3	106.7	275.0	312.8
其他各类高等学历教育						
在职人员攻读博士、硕士学位			10.2	10.9	25.5	29.9
网络本专科	76.0	88.5	89.1	113.3	265.3	279.3
本科	39.2	43.7	40.9	51.0	127.2	129.7
专科	36.7	44.8	48.2	62.3	138.0	149.6
学历文凭考试	9.4	7.6			20.4	10.7
自学考试	1.9	0.8			4.6	2.5
中等教育	**3293.2**	**3353.0**	**3521.0**	**3532.2**	**10297.2**	**10304.7**
高中阶段教育	1092.2	1201.1	1533.4	1602.6	4030.9	4296.3
高中	674.0	739.5	877.7	871.2	2430.9	2532.0
普通高中	661.6	727.1	877.7	871.2	2409.1	2514.5
成人高中	12.4	12.4			21.8	17.5
中等职业教育	418.2	461.6	655.7	731.4	1600.0	1764.4
普通中专	156.7	182.4	241.1	278.9	629.8	725.8
成人中专	39.4	39.9	47.9	46.2	112.5	107.6
职业高中	153.1	170.3	248.2	288.0	582.4	655.6
技工学校	69.0	69.0	118.4	118.4	275.3	275.3
初中阶段教育	2201.0	2151.9	1987.6	1929.6	6266.2	6008.4
普通初中	2106.5	2062.4	1976.5	1923.6	6171.8	5937.4
职业初中	16.9	9.2	11.1	5.9	43.1	20.6
成人初中	77.6	80.3			51.3	50.4
初等教育	**2317.1**	**2204.0**	**1671.7**	**1729.4**	**11171.8**	**10976.7**
普通小学	2019.5	1928.5	1671.7	1729.4	10864.1	10711.5
成人小学	297.6	275.5			307.8	265.2
#扫盲班	169.1	164.6			192.4	167.5
工读学校	**0.4**	**0.4**	**0.4**	**0.4**	**0.8**	**0.8**
特殊教育*	**4.3**	**4.5**	**4.9**	**5.0**	**36.4**	**36.3**
学前教育	**1025.4**	**1045.1**	**1356.2**	**1391.2**	**2179.0**	**2263.9**

注：特殊教育学生数中包括普通中小学随班就读的学生。

各级各类学校校数、教职工、专任教师情况

项　　目	学校数(所)		教职工数(万人)		专任教师(万人)	
	2005年	2006年	2005年	2006年	2005年	2006年
高等教育						
研究生培养机构	766	767				
普通高校	450	450				
科研机构	316	317				
普通高等学校	1792	1867	174.2	187.3	96.6	107.6
本科院校	701	720	119.8	124.4	63.0	67.4
专科院校	1091	1147	44.0	50.1	26.8	31.6
#职业技术学院	921	981	36.2	42.1	22.1	26.7
其他机构(点)	428	431	10.4	12.7	6.8	8.5
#独立学院	295	318	8.1	10.7	5.5	7.4
成人高等学校	481	444	14.9	14.0	8.4	8.1
民办的其他高等教育机构	1077	994	4.8	4.6	2.3	2.2
中等教育	**96082**	**94091**	**685.8**	**694.1**	**555.4**	**565.5**
高中阶段教育	31532	31660	682.5	691.9	205.6	217.5
高中	17066	16992	573.2	579.3	130.7	139.2
普通高中	16092	16153	572.0	578.5	129.9	138.7
成人高中	974	839	1.1	0.8	0.7	0.5
中等职业教育	14466	14668	109.3	112.6	75.0	78.3
普通中专	3207	3698	33.5	36.7	20.3	22.9
成人中专	2582	2350	12.1	11.1	7.5	7.0
职业高中	5822	5765	38.9	40.4	28.2	29.6
技工学校	2855	2855	20.4	20.4	16.1	16.1
其他机构(教学点)	2386	2502	4.4	4.0	2.8	2.7
初中阶段教育	64550	62431	3.3	2.2	349.7	347.9
普通初中	61885	60550			347.2	346.3
职业初中	601	335	2.4	1.4	2.0	1.2
成人初中	2064	1546	0.9	0.8	0.5	0.4
初等教育	**427697**	**396567**	**624.8**	**622.8**	**563.7**	**562.9**
普通小学	366213	341639	613.2	612.0	559.2	558.8
成人小学	61484	54928	11.6	10.8	4.5	4.1
#扫盲班	43572	40397	8.9	8.2	3.2	2.9
工读学校	**77**	**74**	**0.3**	**0.3**	**0.2**	**0.2**
特殊教育	**1593**	**1605**	**4.2**	**4.4**	**3.2**	**3.3**
学前教育	**124402**	**130495**	**115.2**	**123.9**	**72.2**	**77.6**

注：普通高中的教职工数中包含普通初中的教职工数。

各级各类民办教育基本情况（一）

项目	学校数（所）		毕(结)业生数（万人）		招生数（万人）	
	2005年	2006年	2005年	2006年	2005年	2006年
民办高等教育						
民办高校	252	278	14.8	22.3	43.6	49.9
本科			0.8	1.4	3.7	4.3
专科			14.0	20.9	39.9	45.6
独立学院	295	318	7.6	14.2	44.3	52.7
民办其他高等教育机构	1077	994				
民办中等教育						
高中阶段教育	5192	5805	81.2	110.2	164.6	185.2
民办普通高中	3175	3246	47.5	61.3	91.5	90.9
民办中等职业教育	2017	2559	33.7	48.9	73.1	94.3
初中阶段教育	4633	4561	95.9	110.2	129.7	132.4
民办普通初中	4608	4550	95.5	110.1	129.2	132.3
民办职业初中	25	11	0.4	0.1	0.5	0.1
民办普通小学	**6242**	**6161**	**55.4**	**64.3**	**65.1**	**71.2**
民办幼儿园	**68835**	**75426**	**223.0**	**262.8**	**354.4**	**410.5**

各级各类民办教育基本情况（二）

单位:万人

项目	在校生(注册)数		教职工数		专任教师	
	2005年	2006年	2005年	2006年	2005年	2006年
民办高等教育						
民办高校	105.2	133.8	10.4	12.3	6.2	7.5
本科	10.4	12.5				
专科	94.8	121.3				
独立学院(不计校数)	107.5	146.7	8.1	10.7	5.5	7.4
民办其他高等教育机构			4.8	4.6	2.3	2.2
民办中等教育						
高中阶段教育						
民办普通高中	226.8	247.7	40.4	43.5	29.0	31.5
民办中等职业教育	154.1	202.6	9.9	12.7	6.0	7.8
初中阶段教育	373.9	394.4	0.1		0.06	0.02
民办普通初中	372.4	394.1				
民办职业初中	1.5	0.3	0.1		0.06	0.02
民办普通小学	**388.9**	**412.1**	**22.6**	**24.7**	**16.4**	**18.0**
民办幼儿园	**668.1**	**775.7**	**53.6**	**63.7**	**31.7**	**37.7**

小学学龄儿童净入学率

年　份	全国学龄儿童数（万人）	已入学学龄儿童数（万人）	净入学率（%）
1978	12131.3	11585.4	95.5
1980	12219.6	11478.2	93.9
1985	10362.3	9942.8	96.0
1990	9740.7	9529.7	97.8
1991	9806.6	9594.8	97.8
1992	11156.2	10845.5	97.2
1993	11432.0	11170.9	97.7
1994	11949.6	11758.2	98.4
1995	12375.4	12192.5	98.5
1996	12876.5	12723.3	98.8
1997	13346.7	13202.5	98.9
1998	13369.3	13226.8	98.9
1999	12991.4	12872.8	99.1
2000	12445.3	12333.9	99.1
2001	11766.4	11561.2	99.1
2002	11310.4	11150.0	98.6
2003	10908.3	10761.6	98.7
2004	10548.1	10437.1	98.9
2005	10207.0	10120.3	99.2
2006	10001.5	10075.5	99.3

注：1991年以前的入学率按7-11周岁统一计算。从1991年起入学率按各地不同入学年龄和学制分别计算。

各级教育毛入学率

单位：%

年　份	小　学（按各地相应学龄计算）	初　中（12-14周岁）	高中阶段（15-17周岁）		高等教育（18-22周岁）
			职　前	全口径	
1990	111.0	66.7	21.9		3.4
1991	109.5	69.7	23.9		3.5
1992	109.4	71.8	22.6	26.0	3.9
1993	107.3	73.1	24.1	28.4	5.0
1994	108.7	73.8	26.2	30.7	6.0
1995	106.6	78.4	28.8	33.6	7.2
1996	105.7	82.4	31.4	38.0	8.3
1997	104.9	87.1	33.8	40.6	9.1
1998	104.3	87.3	34.4	40.7	9.8
1999	104.3	88.6	35.8	41.0	10.5
2000	104.6	88.6	38.2	42.8	12.5
2001	104.5	88.7	38.6	42.8	13.3
2002	107.5	90.0	38.4	42.8	15.0
2003	107.2	92.7	42.1	43.8	17.0
2004	106.6	94.1	46.5	48.1	19.0
2005	106.4	95.0	50.9	52.7	21.0
2006	106.3	97.0		59.2	22.0

注：1.毛入学率指该级教育在校学生总数与政府规定的该级学龄人口总数之比。
2.高中阶段职前统计范围包括：普通高中、职业高中、普通中专和技工学校。
3.高中阶段全口径统计范围包括：普通高中、职业高中、成人高中、普通中专、成人中专和技工学校。

各级普通学校毕业生升学率

年份	高中		初中		小学	
	毕业生数（万人）	升学率（%）	毕业生数（万人）	升学率（%）	毕业生数（万人）	升学率（%）
1978			1693	40.9	2288	87.7
1980			965	45.9	2053	75.9
1985			998	41.7	2000	68.4
1990	233	27.3	1109	40.6	1863	74.6
1991	223	28.7	1086	42.6	1897	77.7
1992	226	34.9	1102	43.6	1872	79.7
1993	232	43.3	1134	44.1	1842	81.8
1994	209	46.7	1153	47.8	1900	86.6
1995	202	49.9	1227	50.3	1962	90.8
1996	205	51.0	1279	49.8	1934	92.6
1997	222	48.6	1442	51.5	1960	93.7
1998	252	46.1	1580	50.7	2117	94.3
1999	263	63.8	1589	50.0	2314	94.4
2000	302	73.2	1607	51.2	2419	94.9
2001	341	78.8	1707	52.9	2397	95.5
2002	384	83.5	1879	58.3	2352	97.0
2003	458	83.4	1996	59.6	2268	97.9
2004	547	82.5	2070	63.8	2135	98.1
2005	662	76.3	2107	69.7	2020	98.4
2006	727	72.9	2072	74.9	1928	100.1

注：1.高中升学率为普通高校招生数（含电大普通班）与普通高中毕业生数之比。
2.初中升高级中学包括升入技工学校。

教育经费情况

单位：亿元

年份	合计	国家财政性教育经费	#预算内教育经费	社会团体和公民个人办学经费	社会捐资和集资办学经费	学费和杂费	其他教育经费
1992	867.0	728.8	538.7		69.6	43.9	24.7
1993	1059.9	867.8	644.4	3.3	70.2	87.1	31.5
1994	1488.8	1174.7	884.0	10.8	97.4	146.9	58.9
1995	1878.0	1411.5	1028.4	20.4	162.8	201.2	82.0
1996	2262.3	1671.7	1211.9	26.2	188.4	261.0	115.0
1997	2531.7	1862.5	1357.7	30.2	170.7	326.1	142.3
1998	2949.1	2032.5	1565.6	48.0	141.9	369.7	357.0
1999	3349.0	2287.2	1815.8	62.9	125.9	463.6	409.5
2000	3849.1	2562.6	2085.7	85.9	114.0	594.8	491.8
2001	4637.7	3057.0	2582.4	128.1	112.9	745.6	594.1
2002	5480.0	3491.4	3114.2	172.6	127.3	922.8	766.0
2003	6208.3	3850.6	3453.9	259.0	104.6	1121.5	872.5
2004	7242.6	4465.9	4027.8	347.9	93.4	1346.6	988.9
2005	8418.8	5161.1	4665.7	452.2	93.2	1553.1	1159.3

各级普通学校生师比

单位：%

年份	普通高校			普通中专	职业高中	普通高中	初中	小学
	全国	本科院校	专科院校					
1992	6.83	6.63	7.30	14.6	13.82	12.24	15.85	20.07
1993	8.00	7.82	8.61	14.55	13.86	14.96	15.65	22.37
1994	9.25	9.00	10.10	15.07	14.66	12.16	16.07	22.85
1995	9.83	9.71	10.16	15.95	15.35	12.95	16.73	23.30
1996	10.36	10.32	10.20	16.43	15.38	13.45	17.18	23.73
1997	10.87	10.80	10.85	16.71	15.88	14.05	17.33	24.16
1998	11.62	11.63	11.09	17.82	16.13	14.60	17.56	23.98
1999	13.37	13.67	12.23	17.88	15.91	15.16	18.17	23.12
2000	16.30	16.04	17.65	19.09	14.71	15.87	19.03	22.21
2001	18.22	18.47	17.15	19.91	14.26	16.73	19.24	21.64
2002	19.00	20.60	14.20	21.96	16.50	17.80	19.25	21.04
2003	17.00	21.07	14.75	25.30	17.67	18.35	19.13	20.50
2004	16.22	17.44	13.15	28.13	19.10	18.65	18.65	19.98
2005	17.85	17.75	14.78	31.02	20.62	18.54	17.80	19.43

注：普通高校生师比中专任教师数包括聘请校外教师。

每十万人口各级学校平均在校学生数

单位：人

年份	高等学校	高中阶段	初中阶段	小学	幼儿园
1990	326	1337	3426	10707	1725
1991	304	1355	3465	10502	1907
1992	313	1365	3518	10413	2072
1993	376	1448	3599	10656	2190
1994	433	1293	3681	10819	2219
1995	457	1610	3945	11010	2262
1996	470	1780	4180	11273	2208
1997	482	1905	4289	11435	2058
1998	519	1978	4408	11287	1944
1999	594	2032	4656	10855	1864
2000	723	2000	4969	10335	1782
2001	931	2021	5161	9937	1602
2002	1146	2283	5240	9525	1595
2003	1298	2523	5209	9100	1560
2004	1420	2824	5058	8725	1617
2005	1613	3070	4781	8358	1676
2006	1816	3286	4557	8192	1731

注：1.高等学校包括普通高等学校和成人高等学校。
2.高中阶段统计范围包括普通高中、成人高中、普通中专、职业高中、技工学校和成人中专。
3.初中阶段统计范围包括普通初中和职业初中。

科技事业发展情况

指　　标	单位	1991年	1995年	2000年	2005年	2006年
研究与试验发展(R&D)活动						
研究与试验发展折合全时人员	万人年	67.1	75.2	92.2	136.5	147.6
#科学家和工程师	万人年	47.1	52.2	69.5	111.9	123.0
研究与试验发展经费支出	亿元		349	896	2450	2943
研究与试验发展经费支出占 国内生产总值比重	%		0.57	0.90	1.33	1.41
技术成果和国家奖励						
科技成果登记数	项	32653	31099	32858	32359	33644
#应用技术成果	项	28258	27431	28843	28559	30103
国家奖励						
#国家自然科学奖	项	53	57	15	38	29
国家技术发明奖	项	209	131	23	40	56
国家科技进步奖	项	502	607	250	236	241
国际科学技术合作奖	项		6	2	5	2
技术市场成交额	亿元	95	268	651	1551	1818
成功发射卫星	次		2	6	5	6
科技服务						
出版地图	种		970	1150	1762	1779
气象观测站点	个	3903	4128	5117	12940	22551
气象科学数据共享服务数据量	GB				2089	291358
地震台站	个	1125	1183	1234	1253	1253
海洋观测站、监测站位	个	1228	809	927	8000	8800
质量监督						
产品检测实验室	个		5000	5500	20574	21458
#国家检测中心	个		235	230	294	325
抽查产品	类	138	185	235	249	264
抽查产品	种	3902	6713	9705	12544	17613
专利						
专利申请受理量	万件	5.00	8.30	17.07	47.63	57.32
国内	万件	4.57	6.89	14.03	38.32	47.03
国外	万件	0.44	1.41	3.03	9.31	10.28
专利申请授权量	万件	2.46	4.51	10.53	21.40	26.80
国内	万件	2.14	4.12	9.52	17.16	22.39
国外	万件	0.32	0.39	1.01	4.24	4.41

注：1.2000年起研究与试验发展(R&D)活动的有关数据为全社会口径。
2.2006年气象科学数据共享服务数据量是全国气象部门利用网络向社会提供气象资料的数据量，2005年以前是国家气象信息中心气象科学数据共享服务网的数据量。

国有企事业单位专业技术人员

（年底数）

项　　目	单位	1990年	1995年	2000年	2004年	2005年
国有企事业单位职工人数	**万人**	**9459**	**9975**	**6820**	**5375**	**5161**
专业技术人员总计	**万人**	**2285**	**2705**	**2887**	**2750**	**2757**
#工程技术人员	万人	480	563	555	481	479
农业技术人员	万人	45	54	67	70	71
卫生技术人员	万人	266	304	337	353	358
科学研究人员	万人	34	30	28	28	31
教学人员	万人	824	963	1178	1246	1259
平均每万名职工有专业技术人员	**人**	**2416**	**2712**	**4234**	**5117**	**5341**
#工程技术人员	人	507	564	814	894	928
农业技术人员	人	48	54	98	131	137
卫生技术人员	人	281	304	494	657	694
科学研究人员	人	35	30	40	52	60
教学人员	人	871	966	1728	2317	2439

注：1990年数据包括行政机关专业技术人员，但不包括社会科技领域专业技术人员及小学教师人数。

按行业分国有企事业单位专业技术人员

（2005年底）　　单位：万人

行业分类	合　计	企　业	事　业
全国总计	**2756.7**	**773.0**	**1983.7**
农、林、牧、渔业	127.3	35.5	91.9
工业	318.8	316.5	2.2
建筑业	87.5	79.0	8.5
交通运输、仓储和邮政业	84.7	60.1	24.6
信息传输、计算机服务和软件业	45.4	42.2	3.1
批发和零售业	35.7	34.8	0.9
住宿和餐饮业	3.4	2.4	1.0
金融业	151.0	144.9	6.1
房地产业	11.4	6.2	5.2
租赁和商务服务业	10.6	7.3	3.3
科学研究、技术服务和地质勘查业	89.4	23.8	65.6
水利、环境和公共设施管理业	46.3	3.9	42.4
居民服务和其他服务业	11.5	5.5	5.9
教育	1269.5	2.7	1266.8
卫生、社会保障和社会福利业	340.3	3.7	336.5
文化、体育和娱乐业	72.7	3.4	69.3
公共管理和社会组织	51.4	1.0	50.4

国家财政科技支出

年份	国家财政支出（亿元）	国家财政科技拨款（亿元）	科技三项费用	科学事业费	科研基建费	其他科研事业费	财政科技拨款占财政总支出比重（%）
1978	1122.1	52.9	25.5	15.5	6.7	5.3	4.71
1979	1281.8	62.3	28.4	18.6	9.4	5.9	4.86
1980	1228.8	64.6	27.3	21.0	11.3	5.0	5.26
“六五”时期	**7483.2**	**403.2**	**172.7**	**137.5**	**64.1**	**28.9**	**5.39**
1981	1138.4	61.6	24.1	22.7	10.5	4.3	5.41
1982	1230.0	65.3	26.4	23.9	11.2	3.9	5.31
1983	1409.5	79.0	35.4	26.7	10.6	6.4	5.61
1984	1701.0	94.7	42.5	32.3	13.0	7.0	5.57
1985	2004.3	102.6	44.4	32.0	18.8	7.4	5.12
“七五”时期	**12865.7**	**614.5**	**276.9**	**182.6**	**98.3**	**56.7**	**4.78**
1986	2204.9	112.6	49.6	34.6	20.3	8.1	5.11
1987	2262.2	113.8	50.6	29.5	22.9	10.8	5.03
1988	2491.2	121.1	54.1	35.7	19.7	11.7	4.86
1989	2823.8	127.9	59.1	38.5	17.9	12.4	4.53
1990	3083.6	139.1	63.5	44.4	17.5	13.7	4.51
“八五”时期	**24387.5**	**1146.2**	**519.5**	**361.7**	**151.0**	**114.0**	**4.70**
1991	3386.6	160.7	73.3	54.2	18.4	14.8	4.74
1992	3742.2	189.3	89.4	57.2	24.6	18.1	5.06
1993	4642.3	225.6	106.6	65.6	34.0	19.5	4.86
1994	5792.6	268.3	114.2	87.9	36.1	30.1	4.63
1995	6823.7	302.4	136.0	96.9	38.0	31.5	4.43
“九五”时期	**57043.5**	**2315.6**	**1084.9**	**745.8**	**253.0**	**231.9**	**4.06**
1996	7937.6	348.6	155.0	109.7	48.6	35.4	4.39
1997	9233.6	408.9	190.0	127.1	42.7	49.0	4.43
1998	10798.2	438.6	189.9	151.9	47.3	49.5	4.06
1999	13187.7	543.9	272.8	168.1	52.9	50.1	4.10
2000	15886.5	575.6	277.2	189.0	61.5	47.9	3.62
“十五”时期	**128022.9**	**4894.3**	**2268.5**	**1518.8**	**422.0**	**685.1**	**3.82**
2001	18902.6	703.3	359.6	223.1	63.4	57.2	3.70
2002	22053.2	816.2	398.6	269.9	70.0	77.8	3.70
2003	24650.0	944.6	416.6	300.8	80.2	147.0	3.83
2004	28486.9	1095.3	484.0	335.9	95.9	179.5	3.84
2005	33930.3	1334.9	609.7	389.1	112.5	223.6	3.93

文化、卫生和体育基本情况

项　目	单　位	1990年	1995年	2000年	2005年	2006年
文化事业						
艺术表演团体	个	2805	2684	2630	2805	2866
文化馆	个	2955	2886	2907	2851	2834
公共图书馆	个	2527	2608	2677	2762	2778
博物馆	个	1013	1194	1392	1581	1626
档案馆	个	2954	3024	3070	3142	3994
广播人口覆盖率	%	74.7	78.8	92.5	94.5	95.0
电视人口覆盖率	%	79.4	84.5	93.7	95.8	96.2
有线电视用户	万户			7950	12842	13995
报纸总印数	亿份	211.3	263.3	329.3	412.6	416.0
杂志总印数	亿册	17.9	23.4	29.4	27.6	30.0
图书总印数	亿册(张)	56.4	63.2	62.7	64.7	62.0
卫生事业						
卫生机构数	万个	20.9	19.0	32.5	29.9	30.9
#医院及卫生院	个	62126	67460	66095	60397	60037
疾病预防控制中心(防疫站)	个	3618	3729	3741	3585	3548
妇幼保健院(所、站)	个	3148	3179	3163	3021	3003
医院及卫生院床位数	万张	259.2	279.6	290.8	313.5	327.1
卫生人员数	万人	490.6	537.3	559.1	542.7	561.9
#卫生技术人员数	万人	389.8	425.7	449.1	446.0	462.4
#医生	万人	176.3	191.8	207.6	193.8	199.5
护师及护士	万人	97.5	112.6	126.7	135.0	142.6
卫生总费用	亿元	747.4	2155.1	4586.6	8659.9	
体育事业						
《国家体育锻炼标准》达标人数	万人	7478	10608	15202	12234	11024
县以上体委举办运动会次数	次	30158	24880	26196	45401	40281
新发展等级运动员	人	65540	79436	97011	39102	42634
创造世界纪录	次	16	24	30	21	25
获得世界冠军	个	54	102	110	106	141

文化事业单位数

单位：个

年　份	艺术表演团　体	文化馆	公　共图书馆	博物馆	广播电台	电视台
1978	3150	2748	1218	349	93	32
1980	3533	2912	1732	365	106	38
1985	3317	2965	2344	711	168	143
1990	2805	2955	2527	1013	239	282
1991	2772	2894	2535	1075	246	298
1992	2753	2900	2558	1106	261	308
1993	2707	2886	2572	1130	282	324
1994	2698	2887	2589	1161	296	324
1995	2684	2886	2608	1194	312	336
1996	2664	2892	2620	1219	315	344
1997	2663	2901	2628	1282	318	347
1998	2652	2901	2652	1339	298	347
1999	2632	2905	2669	1363	296	357
2000	2630	2907	2677	1392	304	354
2001	2605	2852	2696	1461	301	357
2002	2587	2854	2697	1511	306	368
2003	2618	2846	2709	1515	277	317
2004	2580	2841	2720	1548	282	314
2005	2805	2851	2762	1581	273	302
2006	2866	2834	2778	1626	267	296

图书、杂志和报纸出版数

年 份	图　书		杂　志		报　纸	
	种　数(万种)	总印数(亿册、亿张)	种　数(种)	总印数(亿册)	种　数(种)	总印数(亿份)
1978	1.5	37.7	930	7.6	186	127.8
1980	2.2	45.9	2191	11.3	188	140.4
1985	4.6	66.7	4705	25.6	1445	246.8
1990	8.0	56.4	5751	17.9	1444	211.3
1991	9.0	61.4	6056	20.6	1524	236.5
1992	9.2	63.4	6486	23.6	1657	257.9
1993	9.7	59.3	7011	23.5	1788	263.8
1994	10.4	60.1	7325	22.1	1953	253.2
1995	10.1	63.2	7583	23.4	2089	263.3
1996	11.3	71.6	7916	23.1	2163	274.3
1997	12.0	73.1	7918	24.4	2149	287.6
1998	13.1	72.4	7999	25.4	2053	300.4
1999	14.2	73.2	8187	28.5	2038	318.4
2000	14.3	62.7	8725	29.4	2007	329.3
2001	15.5	63.1	8889	28.9	2111	351.1
2002	17.1	68.7	9029	29.5	2137	367.8
2003	19.0	66.7	9074	29.5	2119	383.1
2004	20.8	64.1	9490	28.4	1922	402.4
2005	22.2	64.7	9468	27.6	1931	412.6
2006		62.0		30.0		416.0

卫生机构数和床位数

年　份	卫　生 机　构 (个)	#医院、 卫生院	卫生机构 床位数 (万张)	#医院、 卫生院	每千人口医 院、卫生院 床位数(张)
1978	169732	64311	204.2	184.7	1.93
1979	176793	65009	212.8	193.2	1.99
1980	180553	65315	218.4	197.1	2.02
1981	190126	65752	223.4	200.4	2.02
1982	193438	65967	228.0	203.8	2.02
1983	196017	66460	234.2	209.2	2.05
1984	198256	66930	241.2	214.4	2.08
1985	200866	59342	248.7	222.9	2.14
1986	203139	59409	256.3	227.1	2.14
1987	204960	60139	268.5	237.6	2.20
1988	205988	61073	279.5	247.3	2.25
1989	206724	61613	286.7	253.8	2.28
1990	208734	62126	292.5	259.2	2.32
1991	209036	62768	299.2	265.5	2.32
1992	204787	61006	304.9	270.9	2.34
1993	193586	60460	309.9	276.7	2.36
1994	191742	67524	313.4	280.3	2.36
1995	190057	67460	314.1	279.6	2.39
1996	322566	67556	310.0	283.4	2.34
1997	315033	67479	313.5	286.9	2.35
1998	314097	66614	314.3	287.8	2.40
1999	300996	66935	315.9	289.1	2.39
2000	324771	66095	317.7	290.8	2.38
2001	330348	64840	320.1	290.2	2.39
2002	306038	63858	313.6	290.7	2.32
2003	291323	62968	316.4	295.5	2.34
2004	296492	60867	326.8	304.7	2.40
2005	298997	60397	336.8	313.5	2.45
2006	308969	60037	351.2	327.1	2.54

注：1.1995年及以前年份卫生机构数不含私人诊所。
　　2.2002年起卫生机构数不包括高中等医学院校、药检机构和非卫生部门举办的计划生育指导站。

卫生机构人员数

年 份	卫 生 人员数 (万人)	#卫生技 术人员	#医 生	#医 师	#护 师 护 士	每千人口 医生数 (人)
1978	310.6	246.4	103.3		40.7	1.08
1979	334.4	264.2	108.8		42.1	1.12
1980	353.5	279.8	115.3	70.9	46.6	1.17
1981	379.6	301.1	124.4	62.0	52.5	1.25
1982	395.8	314.3	130.7	66.8	56.4	1.29
1983	409.0	325.3	135.3	70.4	59.6	1.33
1984	421.4	334.4	138.1	71.6	61.6	1.33
1985	431.3	341.1	141.3	72.4	63.7	1.36
1986	444.6	350.7	144.4	74.6	68.1	1.37
1987	456.4	360.9	148.2	77.7	71.8	1.39
1988	467.8	372.4	161.8	109.6	82.9	1.49
1989	478.7	380.9	171.8	125.8	92.2	1.56
1990	490.6	389.8	176.3	130.3	97.5	1.56
1991	502.5	398.5	178.0	131.1	101.2	1.56
1992	514.0	407.4	180.8	132.8	104.0	1.57
1993	521.5	411.7	183.2	137.2	105.6	1.58
1994	530.7	419.9	188.2	142.5	109.4	1.60
1995	537.3	425.7	191.8	145.5	112.6	1.62
1996	541.9	431.2	194.1	147.5	116.3	1.62
1997	551.6	439.8	198.5	150.5	119.8	1.65
1998	553.6	442.4	200.0	151.4	121.9	1.65
1999	557.0	445.9	204.5	156.2	124.5	1.67
2000	559.1	449.1	207.6	160.3	126.7	1.68
2001	558.4	450.8	210.0	163.7	128.7	1.69
2002	523.8	427.0	184.4	146.4	124.7	1.47
2003	527.5	430.6	186.8	148.6	126.6	1.48
2004	535.4	439.0	190.5	152.1	130.8	1.50
2005	542.7	446.0	193.8	155.6	135.0	1.52
2006	561.9	462.4	199.5	161.1	142.6	1.55

注：1.2002年起卫生人员不包括高中等医学院校本部、药检机构和非卫生部门举办的计划生育指导站（中心）人员数。
2.2002年起医生系执业医师和执业助理医师数，医师系执业医师数，护师（士）系注册护士数。

群众体育活动和等级运动员人数

年份	《国家体育锻炼标准》达标人数（万人）	县以上体委举办运动会次数（次）	新发展等级运动员（人）	#国际级运动健将	#运动健将	等级裁判员（人）
1978	423	19019	823		160	5726
1980	857	22753	47214		1147	43417
1985	4362	26949	67392	113	852	59538
1990	7478	30158	65540	97	827	48378
1991	8210	29633	68305	37	1297	47136
1992	10087	28607	61119	181	687	45591
1993	11660	25624	58141	72	896	41571
1994	10436	24623	62353	111	753	36883
1995	10608	24880	79436	165	982	37617
1996	13494	26902	61281	111	713	44765
1997	13102	26597	68752	84	589	43954
1998	14171	26663	69247	97	885	50697
1999	14316	26816	80617	201	761	59233
2000	15202	26196	97011	51	1221	60053
2001	12935	25160	89104	100	884	62181
2002	15001	25981	31469	100	484	33195
2003	14146	37764	26230	148	1343	26233
2004	12662	43440	33651	158	1762	30166
2005	12234	45401	39102	117	144	30166
2006	11024	40281	42634	229	1613	33868

创造世界纪录和获得世界冠军情况

年份	创造世界纪录			获得世界冠军		
	项数（项）	次数（次）	人数（人）	项数（项）	个数（个）	人数（人）
1978	3	3	6	4	4	4
1980	7	15	17	3	3	3
1985	5	9	6	42	46	70
1990	14	16	17	54	54	61
1991	31	50	29	88	93	86
1992	42	106	31人4队	86	89	68
1993	57	124	38人7队	101	103	106
1994	41	72	26人4队	79	79	86
1995	13	24	14人2队	98	102	187
1996	22	30	17人1队	72	75	58
1997	29	43	29人2队	87	92	96
1998	31	68	30人3队	75	83	89
1999	24	50	16人	91	92	129
2000	22	30	14人2队	92	110	109
2001	10	12	8人2队	79	90	138
2002	29	33	17人5队	99	110	123
2003	13	16	8人1队	17	84	94
2004	16	16	7人2队	27	103	175
2005	15	21	14人2队	22	106	159
2006	21	25	11人3队	24	141	169

注：1991年及以前各年的集体项目的队数折合在人数中。

民政事业和社会保险基本情况(一)

指　　标	单位	2002年	2003年	2004年	2005年	2006年
一、民间组织						
民间组织总数	万个	24.4	26.6	28.9	32	35.4
社会团体	万个	13.3	14.2	15.3	17.1	19.2
民办非企业单位	万个	11.1	12.4	13.5	14.8	16.1
基金会	个			892	975	1144
二、优抚安置						
国家抚恤、补助各类优抚对象	万人	459	464.9	461.9	460.3	462.6
安置义务兵、士官人数	万人	54.0	48.7	52.6	45.2	42.5
接收军队离退休人员人数	万人	1.4	1.2	1.1	1.9	3.2
三、社会救助						
城　市						
城市居民最低生活保障人数	万人	2065	2247	2205	2234	2240
城市居民最低生活保障户数	万户	820	931	956	995	1030
城市最低生活保障平均标准	元/人、月		160.0	152.0	156.0	173.9
城市最低生活保障平均补差水平	元/人、月	52.0	58.0	65.0	72.3	83.6
农　村						
农村居民最低生活保障人数	万人	408	367	488	825	1593
农村居民最低生活保障户数	万户	157	177	236	406	777
农村最低生活保障平均标准	元/人、月				76.0	70.9
农村最低生活保障平均补差水平	元/人、月				38.0	34.5
农村特困救济人数	万人	1881	793	914	1067	776
农村特困救济户数	万户		456	546	655	326
农村特困救济平均标准	元/人、月				40.0	47.7
农村特困救济平均补差水平	元/人、月				24.0	16.6
农村五保户救济人数	万人					503.3
农村五保户救济户数	万户		174	229	350	468
农村五保户平均标准	元/人、月					102.0
农村五保户平均补差水平	元/人、月				136.0	78.3
医疗救助						
城市医疗救助	万人次				115	187
农村医疗救助	万人次			729	855	1559
四、社会捐赠						
社会捐赠款数	亿元	11.1	29.2	34.0	31.3	43.0
捐赠衣被总数	亿件	2.3	1.9	0.9	1.0	0.7
捐赠其他物资价值	亿元	1.8	5.4	1.2	1.6	6.4
受益人次数	万人次	3518	4243	2445	3611	3259
社会捐赠接收站、点数	万个	2.5	2.8	3.2	3.1	3.3
五、社区建设						
村委会	万个	68.1	66.3	64.4	62.9	62.4
居委会(社区居委会)	万个	8.5	7.7	7.8	8.0	8.1
社区服务中心	个	7898	7520	7804	8479	8565
城镇社区服务设施数	万个	19.9	19.6	19.8	19.5	16.0
城市便民、利民网点	万个	62.3		70.4	66.5	45.8

民政事业和社会保险基本情况(二)

指　　标	单位	2002年	2003年	2004年	2005年	2006年
六、县以下行政区划						
街道办事处	个	5576	5751	5904	6152	6355
镇	个	20601	20226	19883	19522	19369
乡	个	18639	18064	17451	15951	15306
#民族乡	个	1167		1124	1093	1089
区公所	个	34	26	20	11	10
七、社会福利						
收养性单位数	万个	3.9	3.7	3.9	4.1	4.2
床位数	万张	125.1	129.8	146.8	163.9	187.4
收养人数	万人	92.6	96.5	110.9	123.6	147.2
社会福利企业数	万个	3.6	3.4	3.2	3.1	3.0
其中残疾职工数	万人	68.3	67.9	66.2	63.7	55.9
八、婚姻、收养与殡葬						
结婚登记	万对	786.0	811.4	867.2	823.1	945.0
#涉外及港台	万对	7.3	7.8	6.4	6.4	6.8
离婚办理	万对	117.7	133.1	166.5	178.5	191.3
粗离婚率	‰	0.90	1.05	1.28	1.37	1.46
收养孤残儿童	万人	4.8	5.4	5.6	5.1	4.9
火化遗体数	万具	415.2	435.0	436.9	450.2	430.2
火化率	%	50.6	52.7	52.5	53.0	48.2
九、福利彩票						
销售福利彩票	亿元	168.0	200.0	226.4	411.2	495.7
筹集社会福利基金	亿元	58.8	67.2	79.2	144.0	173.5
十、民政事业费						
民政事业费总支出	亿元	392.3	498.9	577.4	718.4	915.4
#抚恤事业	亿元	74.7	87.9	104.1	143.6	178.8
安置事业	亿元	49.5	59.0	74.1	88.9	115.7
社会福利事业	亿元	167.5	78.9	99.4	55.6	65.3
城市最低生活保障	亿元		153.1	172.7	191.9	224.2
农村及其他社会救济	亿元				79.9	147.8
自然灾害救济	亿元	40.0	52.9	51.5	62.6	79.0
地方离退休人员	亿元	13.2	13.1	13.9	13.7	14.0
其　他	亿元	47.3	54.0	61.7	82.3	90.6
基本建设支出	亿元	30.1	30.0	29.2	31.6	33.5
十一、社会保险						
参加基本养老保险人数	万人	14737	15507	16353	17488	18766
职工	万人	11129	11647	12250	13120	14131
离退休人员	万人	3608	3860	4103	4368	4635
参加基本医疗保险人数	万人	9401	10902	12404	13783	15732
职工	万人	6926	7975	9045	10022	11580
离退休人员	万人	2475	2927	3359	3761	4152
参加失业保险人数	万人	10182	10372	10584	10648	11187
参加工伤保险人数	万人	4406	4575	6845	8478	10268
#农民工	万人					2537
参加生育保险人数	万人	3488	3655	4384	5408	6459
社会保险基金收入	亿元	4049	4883	5780	6969	8626
社会保险基金支出	亿元	3472	4016	4627	5401	6473
社会保险基金累计结余	亿元	2423	3314	4493	6066	8239

注：1.粗离婚率指当年离婚对数占年平均人口的比重。
　　2.社会保险基金包括基本养老、基本医疗、失业、工伤和生育五项保险。

环境保护基本概况（一）

项　　目	单　位	2002年	2003年	2004年	2005年	2006年
水环境						
水资源总量	亿立方米	28261.3	27460.2	24129.6	28053.1	25566.8
人均水资源量	立方米/人	2207.2	2131.3	1856.3	2151.8	1950.1
用水总量	亿立方米	5497.3	5320.4	5547.8	5633.0	5715.9
#农业	亿立方米	3736.2	3432.8	3585.7	3580.0	3624.3
工业	亿立方米	1142.4	1177.2	1228.9	1285.2	1303.5
生活	亿立方米	618.7	630.9	651.2	675.1	694.4
生态	亿立方米		79.5	82.0	92.7	93.7
废水排放总量	亿吨	439.5	459.3	482.4	524.5	
化学需氧量排放量	万吨	1366.9	1333.9	1339.2	1414.2	
#工业	万吨	584.0	511.8	509.7	554.7	
生活	万吨	782.9	821.1	829.5	859.4	
氨氮排放量	万吨	128.8	129.6	133.0	149.8	
#工业	万吨	42.1	40.4	42.2	52.5	
生活	万吨	86.7	89.2	90.8	97.3	
工业废水排放达标率	%	88.3	89.2	90.7	91.2	
大气环境						
二氧化硫排放量	万吨	1926.6	2158.5	2254.9	2549.4	
#工业	万吨	1562.0	1791.6	1891.4	2168.4	
生活	万吨	364.6	366.9	363.5	381.0	
烟尘排放量	万吨	1012.7	1048.5	1095.0	1182.5	
#工业	万吨	804.2	846.1	886.5	948.9	
生活	万吨	208.5	202.5	208.5	233.6	
工业粉尘排放量	万吨	941.0	1021.3	904.8	911.2	
建成城市烟尘控制区数	个	3369	3599	3693	3452	
建成城市烟尘控制区面积	万平方公里	2.6	3.3	3.7	3.7	
固体废物						
工业固体废物排放量	万吨	2635	1941	1762	1655	
工业固体废物综合利用量	万吨	50061	56040	67796	76993	
工业固体废物综合利用率	%	51.9	54.8	55.7	56.1	
噪声						
建成城市噪声达标区数	个	3128	3573	3534	3565	
建成城市噪声达标区面积	万平方公里	1.6	2.0	2.1	2.5	

注：2006年环境统计数据是初步汇总数据。

环境保护基本概况（二）

项　　目	单　位	2002年	2003年	2004年	2005年	2006年
生态环境						
森林面积	万公顷	15894.1	17490.9	17490.9	17490.9	17490.9
森林覆盖率	%	16.55	18.21	18.21	18.21	18.21
当年营造林面积	万公顷	1033.2	1093.6	679.5	540.4	457.4
全国自然保护区数	个	1757	1999	2194	2349	2395
#国家级	个	188	226	226	243	265
全国自然保护区面积	万公顷	13295	14398	14823	14995	15154
全国保护区面积占辖区面积	%	13.2	14.4	14.8	15.0	15.0
国家级生态示范区数	个	82	82	166	233	233
全国湿地面积	万公顷		3848.6	3848.6	3848.6	3848.6
全国湿地面积占国土面积	%		4.0	4.0	4.0	4.0
自然灾害						
发生地质灾害起数	次	40246	15489	13555	17751	102804
发生地震灾害次数	次	5	21	11	13	10
海洋灾害发生次数	次	126	172	155	176	179
#赤潮	次	79	119	96	82	93
城市环境						
年末城市个数	个	660	660	661	661	
#地级以上城市	个	275	282	287	287	
年末城市人口	万人	35220	33805	34147	35924	
年末城市面积	平方公里	467369	399173	394672	412819	
#建成区面积	平方公里	25973	28308	30406	32521	
城市用水普及率	%	77.9	86.2	88.9	91.1	
城市燃气普及率	%	67.2	76.7	81.5	82.1	
城市污水处理率	%	40.0	42.1	45.7	52.0	
城市建成区绿化覆盖率	%	29.8	31.2	31.7	32.6	
城市人均公共绿地面积	平方米	5.4	6.5	7.4	7.9	
城市每万人拥有公交车辆	标台	6.7	7.7	8.4	8.6	
城市生活垃圾无害化处理率	%	54.2	50.8	52.2	51.7	
城市房屋集中供热面积	亿平方米	15.6	18.9	21.6	25.2	
年末供水综合生产能力	万立方米/日	23546	23967	24753	24720	
年末污水处理能力	万立方米/日	6153	6626	7387	7990	
年末城市道路长度	公里	191399	208052	222964	247015	

香港特别行政区主要社会经济指标（一）

指　　标	1990年	1995年	2000年	2005年	2006年
本地生产总值					
按2000年不变价格计算					
本地生产总值年增长率（%）	4.0	3.9	10.0	7.5@	6.8@
本地生产总值（亿港元）	8455	11101	13148	16235@	17343@
人均本地生产总值①（港元）	148219	180323	197268	238284@	252917@
按当年价格计算					
本地生产总值年增长率（%）	11.7	6.5	3.8	7.1@	6.5@
本地生产总值（亿港元）	5990	11157	13148	13827@	14723@
人均本地生产总值①（港元）	104996	181241	197268	202941@	214710@
本地居民生产总值					
按当年价格计算					
本地居民生产总值（亿港元）		11252	13235	13843@	14774@
人均本地居民生产总值①（港元）		182783	198581	203182@	215456@
对外要素收益流动净值（亿港元）		95	88	16	51@
国际收支平衡表					
经常账②（亿港元）			545	1573@	1573@
资本及金融账②（亿港元）			-579	-1824	-2017@
净误差及遗漏③（亿港元）			34	251@	444@
整体的国际收支（亿港元）			783	107	467@
国际投资头寸④					
国际投资头寸净值⑤（亿港元）			17295	34061	
对外金融资产（亿港元）			88993	115883	
对外金融负债（亿港元）			71697	81822	
人口及生命统计①					
年中人口（万人）	570.5	615.6	666.5	681.3	685.7
粗出生率（‰）	12.0	11.2	8.1	8.4	9.6
粗死亡率（‰）	5.2	5.1	5.1	5.7	5.4@
劳动、就业					
劳动人口（万人）①	274.8	300.1	337.4	353.8	358.2@
劳动人口参与率（%）①	63.2	62.0	61.4	61.0	61.3@
失业率（%）①	1.3	3.2	4.9	5.6	4.8@
就业不足率（%）①	0.9	2.1	2.8	2.7	2.4@
实际工资指数（1992年9月=100）	100.2	101.6	112.8	114.9	115.3

香港特别行政区主要社会经济指标（二）

指　　　标	1990年	1995年	2000年	2005年	2006年
物业及建筑					
已登记物业买卖合约涉及的价值（亿港元）					
住宅		2003	1684	3128	2320
非住宅		655	541	827	832
总计		2658	2225	3955	3152
楼宇售价指数(1999年=100)					
私人住宅单位	44.8	107.3	89.6	92.0	92.7@
私人写字楼(甲级、乙级及丙级)	99.1	194.6	89.9	133.0	139.1@
楼宇租金指数(1999年=100)					
私人住宅单位	76.7	120.7	98.1	86.5	91.6@
私人写字楼(甲级、乙级及丙级)	137.4	178.6	98.5	96.4	117.1@
建筑工程完成名义总值（亿港元）	613	998	1221	909	900@
新落成房屋委员会租住单位⑥⑦(个)	32619	14559	55492	17153	7192
新落成房屋委员会资助出售单位⑥⑧(个)	15612	19328	33510		1200
获批准可动工兴建私人居住单位(个)					
初次呈交图则⑨	26722	17712	30039	7829	7806
重大修改⑨				4912	6096
政府收支、货币、金融（亿港元）					
政府储备结余⑩	765	1479	4303	3107	3657**
政府收入总额⑥	895	1800	2251	2470	2881**
政府开支及证券投资总额⑥	856	1832	2329	2331	2330**
货币供应量M_3					
港元⑪	5712	12783	20024	23458	27957
外币⑫	7168	10857	16904	20614	23030
总计	12880	23640	36928	44072	50987
在香港使用的贷款及垫款⑬	6894	13982	18615	19303	19751
港汇指数(贸易总值加权，2000年1月=100)	81.2	91.6	101.7	97.4	96.1
经销贸易业、运输业、服务业增加值(亿港元)					
批发贸易业	89	130	116	122@	
零售贸易业	189	290	286	352@	
进口及出口贸易业	833	1823	2317	3028@	
运输业	393	722	916	1094@	
仓库、通讯、财务(银行除外)及商用服务业	347	796	1128	1348@	

香港特别行政区主要社会经济指标（三）

指　　标	1990年	1995年	2000年	2005年	2006年
居民消费价格指数					
(2004年10月至2005年9月=100)					
综合消费价格指数	63.8	100.4	107.4	100.3	102.4
甲类消费价格指数	63.5	98.7	106.6	100.3	102.1
乙类消费价格指数	64.6	101.6	107.7	100.4	102.4
丙类消费价格指数	62.8	100.6	108	100.3	102.6
工业生产					
工业生产指数（2000年=100）	120	123	100	83	84@
工业电力消费量（万亿焦耳）	24934	20222	17769	14636	14015
工业煤气消费量（万亿焦耳）	583	978	982	898	903
运输、通讯、旅游					
进出香港货运车辆（万辆）	473.35	799.96	937.98	973.42	967.51
进出香港货物					
总卸下（万吨）	6076	11965	13035	16333	16348@
总装上（万吨）	2997	7332	8692	10914	11637@
集装箱吞吐量⑭(万标准集装箱单位)	510	1255	1810	2260	2354
领牌车辆（万辆）	37	47	52	54	55
电话服务（万条操作线路）	245	325	395	379	384
访港旅客⑮(万人次)	658	1020	1306	2336	2525
酒店入住率（%）	79	85	83	86	87
对外商品贸易					
港产品出口（亿港元）	2259	2317	1810	1360	1345
转口（亿港元）	4140	11125	13917	21141	23265
进口（亿港元）	6425	14911	16580	23295	25998
贸易价格比率指数(2000年=100)	100.1	98.8	100.0	97.9	96.8
对外服务贸易					
服务出口　（亿港元）	1425	2536	3150	4958	5623@
服务进口　（亿港元）	1008	1806	1924	2642	2839@
教育					
小学学生人数⑯(人)	526720	467718	493979	425864	410516
中学学生人数⑯(人)	453423	470997	466710	482273	484195
大学教育资助委员会资助院校学生人数⑰(人)	57824	75450	78295	91786	91675@
卫生					
登记死亡人数（人）	29201	30894	33993	38683	37415
死于心脏病人数⑱(人)	4976	4886	5537	5868	5684@
死于恶性肿瘤人数⑱(人)	8669	9680	11222	12310	12160@
婴儿死亡率(按每千名登记活产婴儿计算)	5.9	4.4	2.9	2.4	1.8@

香港特别行政区主要社会经济指标（四）

指　　标	1990年	1995年	2000年	2005年	2006年
社会保障					
综合社会保障援助					
个案数目⑩	66675	136201	228263	297434	294204
发放款项⑥(亿港元)	9.6	48.3	135.6	177.7	176.3@
公共福利金					
个案数目⑩	444517	498166	550585	574135	583474
发放款项⑥(亿港元)	21.6	36.8	51.3	53.4	55.2@
交通意外伤亡援助					
获批个案数目⑥	5310	5102	5998	7893	7604
发放款项⑥(万港元)	4990	11068	13000	16352	15513@
治安					
举报罪案合计（件）	88300	91886	77245	77437	81125
暴力罪案总计（件）	18820	17087	14812	13890	14847
犯罪被捕人数总计（人）	44013	53098	40930	40804	42228

注：本表数据由香港特别行政区政府统计处提供，国家统计局整理编辑。1996年及以前年份数据均指原香港地区。

**2006年数字为修订预算。@数据会作出修订。

①在2006年7至8月期间进行的中期人口统计提供一个基准，用作修订自2001年人口普查以来编制的人口数字。上表中2005年的人口及与人口有关的数字已作出相应的修订。

②经常账差额的正数显示盈余而负数则显示赤字。在资本及金融账方面，正数显示净资金流入而负数则显示净资金流出。

③原则上，贷方和借方各项账目的净总和应相等于零。但实际上，贷方和借方账目的资料是通过不同的来源搜集，基于各种原因会有差异。为了令贷方和借方账目的总和相等，便须加进一个余额项目，以反映平衡表的“净误差及遗漏”。

④期末头寸。

⑤国际投资头寸净值是对外金融资产总值与对外金融负债总值之差。

⑥财政年度数字。指当年4月1日至第二年3月31日。

⑦新落成房屋委员会租住单位包括公营租住房屋、中转房屋和那些由剩余居者有其屋计划转作公营租住房屋的项目单位。由公营租住房屋转作出售用途的可租可买计划/重建置业计划的单位则不包括在内。

⑧新落成房屋委员会资助出售单位包括居者有其屋计划、私人参建居屋计划和可租可买计划/重建置业计划(这类单位多数是由公营租住房屋转作出售用途)。从2003年起，居者有其屋计划/私人参建居屋计划单位已经无限期停止兴建。至于已落成和兴建中的居者有其屋计划/私人参建居屋计划单位的房屋类别则以实际用途作准，并以更改用途的时间计算入建屋落成量。

⑨2002年或以前没有「初次呈交图则」和「重大修改」的分类数字。

⑩财政年度终结数字。指第二年3月31日。

⑪包括外币掉期存款。

⑫已扣除外币掉期存款。

⑬不包括贸易融资的贷款。

⑭由1998年起，采用一系列新的集装箱吞吐量数字。因此，不能与1998年以前的数字作直接比较。

⑮1998年及以后的数字包括经澳门访港的非澳门居民旅客人数。

⑯数字涵盖日、夜校，但不包括特殊教育学校。由1999年9月开始，并没有开办小学夜校。

⑰1995年及以后数字只包括就读为期一年或以上，由大学教育资助委员会（教资会）资助的长期课程的全日制及兼读制的学生人数。自2001年起，数字亦包括就读由教资会资助院校本部、其持续进修机构及社区书院所开办的自资全日制经评审副学位及学位课程的学生人数。

⑱由2001年起，疾病及死因分类乃根据《疾病和有关健康问题的国际统计分类》(ICD)第十次修订本。2001年起的数字未必可与以往年份以(ICD)第九次修订本编制的数字作直接比较。

澳门特别行政区主要社会经济指标（一）

指　　标	1990年	1995年	2000年	2005年	2006年
本地生产总值①					
按2002年不变价格计算					
本地生产总值实际增长率(支出法)(%)	8.0	3.3	5.7	6.9r	16.6
本地生产总值（亿澳门元）			483.9	858.9r	1001.5
人均本地生产总值（万澳门元）			11.2	18.0	19.9
按当年价格计算					
本地生产总值名义增长率(支出法)(%)	20.4	11.9	3.6	12.0r	23.0
本地生产总值（亿澳门元）	239.8	522.7	489.7	929.5r	1143.6
人均本地生产总值（万澳门元）	7.2	12.8	11.4	19.5r	22.8
人口及生命统计					
年中人口估计（万人）	33.5	40.9	43.1	47.3r	49.9
粗出生率（‰）	20.5	14.4	8.9	7.8r	8.1
粗死亡率（‰）	4.4	3.3	3.1	3.4	3.1
劳动、就业					
劳动人口（万人）	16.9	18.7	20.9	24.8	27.7
劳动力参与率（%）	66.6	65.3	64.3	63.1	65.6
失业率（%）	3.2	3.6	6.8	4.1	3.7
就业不足率（%）	2.3	2.6	3.0	1.4	1.0
就业人口②(万人)	16.3	18.0	19.5	23.8	26.7
（Ⅰ）制造业	5.3	3.9	3.8	3.5	3.0
（Ⅱ）零售及批发业	3.5	2.6	3.0	3.6	3.7
（Ⅲ）餐厅及酒店业		2.1	2.1	2.5	3.0
（Ⅳ）团体、社会及个人服务业	4.5	5.4	5.8	8.1	9.6
对外贸易					
出口（亿澳门元）	136.4	159.1	203.8	198.2	204.6
本地产品出口（亿澳门元）			170.8	143.6	143.7
转口（亿澳门元）			33.0	54.6	60.9
进口（亿澳门元）	123.4	162.7	181.0	313.4	365.3
贸易条件指数（1996年=100）	100.7	104.3	100.7	95.1	92.4
工业生产					
工业电力消耗量（亿千瓦小时）		1.7	1.6	2.5	2.4
建筑					
新建及扩建私人楼宇单位数目（个）	11574	9432	3146	1277	3026
新建及扩建私人楼宇总面积（万平方米）	105.7	122.1	37.0	39.1	127.6
新动工的私人楼宇单位数目（个）		12584	1167	4947	4756
新动工的私人楼宇总面积（万平方米）		158.2	20.3	213.3	105.4
楼宇单位买卖数目（个）	8463	14284	10211	33644	26400
不动产买卖契约数目（宗）	8559	13582	12484	20022	13593
不动产按揭贷款数目（宗）	6610	8522	7367	14769	9156
运输、通讯、旅游					
进出澳门货运车辆数目③(万辆)	26.4	48.7	45.4	60.8	66.5
领牌车辆（万辆）	5.1	7.1	11.4	15.4	16.4
电话线④(万条)	9.6	19.0	31.8	70.7	81.3
访澳旅客（万人次）	594.2	775.2	916.2	1871.1	2199.8
酒店入住率（%）	69	57	58	71	72

澳门特别行政区主要社会经济指标（二）

指　　标	1990年	1995年	2000年	2005年	2006年
政府收支、货币、金融（亿澳门元）					
政府总收入①	60.2	161.9	153.4	282.0	273.6P*
政府总开支①	55.1	154.7	150.2	211.8	175.2P*
货币供应（广义货币供应量M_2）					
澳门元⑤	70.2	201.7	232.2	366.9	453.2
港元	150.8	391.0	445.1	701.5	910.1
其他货币	86.5	101.8	171.9	288.3	325.8
总计	307.4	694.4	849.2	1356.6	1689.1
本地机构及私人贷款及垫款	156.0	387.9	382.0	425.1	488.3
消费价格指数（包括屋租）					
(2004年7月至2005年6月=100)					
综合消费价格指数			104.12	103.11	108.42
甲类消费价格指数			103.01	103.50	109.45
乙类消费价格指数			104.63	103.07	108.15
房屋（期末值）					
公共房屋⑥(个)	4871	6528	9084	6936	6637
教育⑦					
学前教育学生（人）	20814	19770	14978		
小学生（人）	34972	46703	45474		
中学生（人）	17601	23440	38156		
高等教育学生（人）	7425	6933	8358		
医疗卫生					
死亡登记人数（人）	1482	1351	1338	1615	1566
死于心脏病人数⑧(人)	356	300	252r	197r	158
死于癌症人数⑨(人)	283	325	352r	470r	525
婴儿死亡率（按每千名出生登记活产婴儿计算）	8.4	5.6	2.9	3.3	2.7
社会保障					
供款单位数目		6541	8451	12305	13760
总发放援助次数（万次）		8.1	16.3	23.9	24.0
总发放金额（亿澳门元）			2.0	2.9	2.7
治安					
罪案数目（宗）	5514	7181	8925	10538	10855
囚犯数目（期末值,人）	719	482	847	897	859

注：本表数据由澳门特别行政区政府统计暨普查局提供，国家统计局整理编辑。1998年及以前数据均指原澳门地区。

①2006年数字在日后得到更多资料时会作出修订。

②1990年的资料,参考期为5月且“零售及批发业”和“餐厅及酒店业”同为一项分类,故未能分列。有关就业人数行业分类方面,在1997年及以前是根据“澳门行业分类第一版”作分类，而自1998年起，则采用“澳门行业分类第一修订版”。当中较显著的差异在于，室内装修工作在前一分类中被归入“团体、社会及个人服务”，而在后一分类则被归入“建筑”一项。

③自2000年开始包括进出关闸及路(氹)城边检站的数字。

④1990年的数字不包括移动电话数字。

⑤“中华人民共和国澳门特别行政区基本法”说明，澳门元是澳门特别行政区的法定货币。

⑥不包括已出售者。

⑦不包括特殊教育学生。第n年的学生人数是指n/n+1学年年底学生人数。

⑧按死因第九修订版之402至429细项。自2000年起按“根本死因”统计，此前按“直接死因”统计

⑨按死因第九修订版之141至239细项。自2000年起按“根本死因”统计，此前按“直接死因”统计

* 因2006年自治机构的账目未能提供,故2006年的政府总收入及总支出不能与2005年直接比较。

r更正资料。 p临时性数字。

台湾省主要社会经济指标（一）

指　　标	1995年	2000年	2004年	2005年	2006年
人口					
户籍登记人口数①(万人)	2136	2228	2269	2277	2288
人口自然增加率（‰）	9.90	8.08	3.59	2.92	3.01
人口社会增加率（‰）	-1.45	0.22	0.14	0.65	1.64
人口密度①(人/平方公里)	590	616	627	629	632
性别比①(女性为100)	106.0	104.7	103.5	103.2	102.7
离婚率（对/千人）	1.57	2.37	2.77	2.75	2.83
劳动、就业					
劳动力人口（万人）	921	978	1024	1037	1052
劳动参与率（%）	58.7	57.7	57.7	57.8	57.9
男	72.0	69.4	67.8	67.6	67.4
女	45.3	46.0	47.7	48.1	48.7
工业占就业人口比重（%）	38.7	37.2	35.2	36.4	36.6
服务业占就业人口比重（%）	50.7	55.0	58.2	57.7	57.9
失业率（%）	1.8	3.0	4.4	4.1	3.9
工业及服务业每月人均薪资(新台币元)	35449	41938	43021	43615	44107
工业	33508	39679	40868	41872	42503
服务业	37558	44180	45064	45234	45584
就业服务（%）					
求供倍数（倍）	2.1	1.6	1.7	1.7	1.4
求职人数（万人）		28.9	54.8	58.0	76.0
求才人数（万人）		47.0	95.0	100.8	104.9
生活环境					
平均每人每月用电量（千瓦小时）	105.2	130.9	136.8	145.8	145.4
平均每人每月用水量（立方米）	10.1	10.5	10.7	10.7	11.6
公共安全					
刑案发生率（件/十万人）	2023	1977	2306	2442	2255
犯罪人口率（人/十万人）	734	819	782	913	1023
刑案破获率（%）	53.7	59.2	60.1	62.5	66.9
少年犯罪人数(12-17岁)（人）	29287	18144	10540	9620	10592
火灾发生次数（次）	10916	15560	6611	5139	4413
火灾死伤人数（人）	908	994	711	671	596
机动车肇事率（件/万辆）	2.76	31.76	72.83	79.81	79.73
道路交通事故伤亡人数					
死亡（人）	3065	3388	2634	2894	3140
受伤（人）	2933	66895	179108	203087	208451
全民健保被保险人数（万人）		2140	2213	2231	2248
公保、劳保、农保被保险人数（万人）					
公教人员保险	63	63	62	59	59
劳工保险	764	792	834	854	868
农民保险	180	178	168	165	162

台湾省主要社会经济指标（二）

指　　标	1995年	2000年	2004年	2005年	2006年
工业					
受雇者劳动生产力指数（2001年＝100）		95.7	120.9	127.2	132.9
工业生产指数（2001年＝100）		108.5	127.0	132.8	139.4
制造业		109.1	129.9	135.7	142.5
房屋建筑工程业		112.6	90.6	101.0	110.1
工业生产总值（新台币亿元）	71609	91425	112633	116504	124750
核准对外投资（亿美元）	13.6	50.8	33.8	24.5	43.2
核准侨外投资（亿美元）	29.3	76.1	39.5	42.3	139.7
核发建筑物使用执照总楼地板面积（万平方米）	5526	3502	2787	3103	3621
商业及对外贸易					
营利事业家数①(万家)	99.4	105.7	113.0	116.9	
营利事业销售额（新台币亿元）	190210	258436	319716	342975	
贸易额（亿美元）					
出口	1117	1520	1824	1984	2240
进口	1036	1407	1688	1826	2027
出(入)超	81	112	136	158	213
对日出(入)超（亿美元）	-171	-217	-299	-309	-300
对美出(入)超（亿美元）	56	103	70	79	97
对港出(入)超（亿美元）	243	304	306	319	355
外销订单（亿美元）	1136	1534	2151	2564	2993
运输通信					
交通运输客运人数					
铁路（亿人）	1.6	4.6	5.2	5.3	5.5
公路（亿人）	12.0	11.0	10.1	10.1	10.1
航空（万人）					
省内	2874	2665	2100	1929	1737
国际	1499	1978	2076	2249	2377
高速公路通行车辆数（万辆次）	36815	45381	56317	57381	57471
每百人机动车辆数①(辆)	61.8	76.4	84.5	87.2	88.8
港埠货物装卸量（万收费吨）	42017	56695	69624	68793	70651
观光（万人次）					
出岛旅客	519	733	778	821	867
来台湾旅客	233	262	295	338	352
财政、金融及景气					
赋税实征净额②(新台币亿元)	12323	19298	13873	15674	16008
直接税（%）	52.4	56.6	55.8	57.0	60.4
间接税（%）	47.6	43.4	44.2	43.0	39.6
外汇存底①(亿美元)	903.1	1067.4	2417.4	2532.9	2661.5
汇率					
1美元兑新台币③	27.32	33.06	31.78	32.88	32.65
1日元兑新台币④	0.2661	0.2908	0.3118	0.2815	0.276
货币供应量$M_2$①(新台币亿元)	128054	188978	230012	245080	257988
年增长率（%）	9.4	6.5	7.4	6.6	5.3
存款①⑤(新台币亿元)	131309	193087	232565	247095	259420
放款与投资①⑤(新台币亿元)	121003	166220	179640	193602	201493

台湾省主要社会经济指标（三）

指　　标	1995年	2000年	2004年	2005年	2006年
财政、金融及景气					
重贴现率①(年息百分比率)	5.500	4.625	1.750	2.250	2.750
本地银行逾放比率①(%)	2.85	5.34	3.80	2.24	2.13
股价指数（1966年＝100)	5544	7847	6034	6092	6842
国际收支平衡（亿美元)	-39.3	24.8	266.0	200.6	60.9
经常账	54.7	89.0	184.8	160.2	251.9
资本账	-6.5	-2.9	-0.8	-1.2	-1.2
金融账	-81.9	-80.2	68.3	17.2	-229.9
景气动向指标⑥(2001年＝100)					
先行		112.2	115.3	107.8	109.4
同步		108.3	112.8	111.5	111.6
对策信号判断⑦(分)		26	33	22	22
物价年增率(%)（2001年=100）					
批发		1.82	7.03	0.61	5.64
消费者		1.26	1.62	2.30	0.60
进口		4.63	8.57	2.43	8.82
出口		-0.88	1.61	-2.45	2.50
国民经济核算					
本地居民生产总值（新台币亿元)	71291	101716	111463	114376	119082
本地生产总值（新台币亿元)	70179	100320	107704	111468	115709
民间最终消费支出	41247	60872	66198	69226	70733
固定资本形成总额	17506	23940	22796	22822	23409
商品及服务出口	33670	53924	69786	73441	82997
减：商品及服务进口	32504	51728	66038	68735	76505
经济增长率（%)	6.4	5.8	6.1	4.0	4.6
农业	2.9	1.2	-4.1	-8.1	5.4
工业	5.1	5.8	8.7	5.9	6.7
服务业	7.4	5.9	5.3	3.5	3.7
产业结构（%)					
农业	3.5	2.0	1.7	1.7	1.6
工业	36.4	29.1	25.6	25.0	25.0
服务业	60.1	68.9	72.7	73.3	73.4
人均本地居民生产总值					
新台币元	336042	459729	493745	504915	523799
美元	12686	14721	14770	15690	16098
国民储蓄总额（新台币亿元)	19278	26114	29334	28806	31991
储蓄率（%)	27.0	25.7	26.3	25.2	26.9

注：①年底数。②为年度资料,其中2000年度指1999年下半年及2000年度。③银行与顾客间卖出汇率,且为年底数。④卖出汇率,且为年底数。⑤涵盖范围为全部货币机构及邮局储蓄。⑥年度资料为各月资料平均。⑦蓝灯（衰退)：16分以下；黄蓝灯（转稳或衰退)：17－22分；绿灯（稳定)：23－31分；黄红灯（转热或趋稳)：32－37分；红灯（过热)：38分以上。

资料来源：台湾省《“中华民国”统计月报》2007年3月。

世界主要国家和地区国内生产总值和人均国民总收入

国家和地区	国内生产总值（亿美元）		人均国民总收入（美元）	
	2004年	2005年	2004年	2005年
世界总计	**413658**	**443849**	**6338**	**6987**
低收入国家	**12163**	**13914**	**507**	**580**
中等收入国家	**72272**	**85351**	**2265**	**2640**
高收入国家	**329277**	**344662**	**32132**	**35131**
中　　国①	19317	22289	1500	1740
印　　度	6947	7855	630	720
日　　本	46228	45059	37050	38980
韩　　国	6797	7876	14040	15830
马来西亚	1183	1301	4520	4960
巴基斯坦	961	1107	600	690
新 加 坡	1075	1168	24740	27490
菲 律 宾	901	983	1200	1300
泰　　国	1617	1766	2490	2750
埃　　及	788	893	1250	1250
尼日利亚	721	990	430	560
南　　非	2147	2402	3670	4960
加 拿 大	9780	11152	28310	32600
墨 西 哥	6835	7684	6930	7310
美　　国	117118	124551	41440	43740
阿 根 廷	1530	1833	3580	4470
巴　　西	6040	7941	3000	3460
法　　国②	20466	21102	30370	34810
德　　国	27406	27819	30690	34580
意 大 利	16778	17230	26280	30010
荷　　兰	5790	5948	32130	36620
俄 罗 斯	5904	7637	3410	4460
西 班 牙	10399	11237	21530	25360
英　　国	21244	21926	33630	37600
澳大利亚	6373	7007	27070	32220

注：①世界银行统计数据。②包括法属圭亚那、瓜德罗普、马提尼克和留尼汪。
资料来源：世界银行数据库。

世界主要国家就业结构与失业率

单位：%

国家	年份	就业结构			年份	失业率
		第一产业	第二产业	第三产业		
中国①	2005	44.8	23.8	31.4	2005	4.2
印度尼西亚	2003	46.4	13.2	40.4	2002	9.1
日本	2003	5.6	28.8	65.6	2005	4.4
韩国	2003	8.9	27.6	63.5	2005	3.7
马来西亚	2003	14.3	32.0	53.7	2003②	3.6
巴基斯坦	2002	42.1	20.8	37.1	2005③	7.7
新加坡	2003	0.3	24.1	75.6	2004	5.3
菲律宾	2001	37.4	15.6	47.0	2005	7.4
泰国	2003	44.9	19.7	35.3	2005④	1.4
埃及	2002	27.5	20.6	51.9	2003②	11.0
南非	2003	10.4	24.5	65.1	2004⑤	27.1
加拿大	2003	2.8	22.5	74.7	2005	6.8
墨西哥	2003	16.6	25.0	58.4	2005⑥	3.5
美国	2002	2.5	21.6	75.9	2005⑦	5.1
阿根廷	2003	1.3	19.9	78.3	2005③⑧	10.6
巴西	2002	20.0	21.6	58.4	2004③	8.9
法国	2001	1.6	24.4	74.1	2004	9.9
德国	2003	2.6	31.9	65.5	2005	11.1
意大利	2003	5.0	32.2	62.8	2003	8.7
荷兰	2001	5.4	21.2	73.4	2005②	5.2
俄罗斯	2003	10.0	31.3	58.7	2004⑨	7.8
西班牙	2003	5.6	30.8	63.6	2005⑦	9.2
英国	2003	1.2	23.5	75.0	2005⑦	5.0
澳大利亚	2003	4.0	21.2	74.8	2005	5.1

注：①《2006中国统计年鉴》数据。②15至64岁。③10岁及以上。④13岁及以上。⑤16至65岁。⑥12岁及以上。⑦16岁及以上。⑧城镇失业率。⑨15至72岁。
资料来源：世界银行数据库。

世界主要国家货物进出口贸易额

单位：亿美元

国家	2000年		2005年	
	出口	进口	出口	进口
世界总计	**64510**	**67240**	**103930**	**107530**
中国	2492	2251	7620	6600
印度	424	515	898	1316
日本	4792	3795	5958	5161
韩国	1723	1605	2847	2610
马来西亚	982	820	1409	1146
巴基斯坦	90	109	159	253
菲律宾	398	370	412	463
新加坡	1378	1345	2296	2000
泰国	691	619	1101	1182
埃及	47	140	103	166
尼日利亚	210	87	435	152
南非①	300	297	519	665
加拿大	2766	2448	3596	3201
墨西哥	1664	1827	2137	2317
美国	7819	12593	9043	17327
阿根廷	263	252	400	287
巴西	551	586	1183	776
法国	3276	3389	4592	4958
德国	5518	4972	9707	7741
意大利	2405	2388	3668	3797
荷兰	2331	2183	4013	3579
西班牙	1153	1561	1861	2776
英国	2854	3438	3779	5012
俄罗斯	1056	447	2453	1251
澳大利亚	639	715	1058	1253

注：①自1998年开始，数字仅指南非不再指南非关税联盟。
资料来源：世界贸易组织数据库。

中国主要经济指标和主要工农业产品产量居世界位次

指　　标	1978年	1990年	2000年	2004年	2005年
国内生产总值	**10**	**11**	**6**	**7**	**4**
人均国民总收入①	**175(188)**	**178(200)**	**141(207)**	**132(208)**	**128(208)**
货物进出口额	**27**	**16**	**8**	**3**	**3**
外汇储备	**40**	**7**	**2**	**2**	**2**
能源消耗量	**2**	**2**	**2**	**2②**	
主要工业产品产量					
钢	5	4	1	1	1
煤	3	1	1	1	1
原　油	8	5	5	6	5
发电量	7	4	2	2	2
水　泥	4	1	1	1	1
化　肥	3	3	1	1	
棉　布	1	1	2	1	1
糖	8	6	4	3③	
主要农业产品产量					
谷　物	2	1	1	1	1
肉　类	3	1	1	1	1
籽　棉	3	1	1	1	1
大　豆	3	3	4	4	4
花　生	2	2	1	1	1
油菜籽	2	1	1	1	1
甘　蔗	9	4	3	3	3
茶　叶	2	2	2	2	1
水　果	9	4	1	1	1

注：①括号中为参加排序的国家和地区数。②2003年数。③2002年数。
资料来源：联合国粮农组织数据库、联合国《工业产品统计年鉴》及《统计月报》、世界银行数据库。

附录一

主要统计指标解释

法人单位 指依法成立，有自己的名称、组织机构和场所，能够独立承担民事责任；独立拥有和使用(或授权使用)资产，承担负债，有权与其他单位签订合同；会计上独立核算，能够编制资产负债表的单位。包括企业法人、事业单位法人、机关法人、社会团体法人和其他法人。

国内生产总值(GDP) 指按市场价格计算的一个国家所有常住单位在一定时期内生产活动的最终成果。国内生产总值有三种表现形态，即价值形态、收入形态和产品形态。从价值形态看，它是所有常住单位在一定时期内生产的全部货物和服务价值与同期中间投入的全部非固定资产货物和服务价值的差额，即所有常住单位的增加值之和；从收入形态看，它是所有常住单位在一定时期内创造并分配给常住单位和非常住单位的初次收入分配之和；从产品形态看，它是所有常住单位在一定时期内最终使用的货物和服务价值与货物和服务净出口价值之和。在实际核算中，国内生产总值有三种计算方法，即生产法(总产出减中间投入)、收入法(由劳动者报酬、生产税净额、固定资产折旧、营业盈余组成)和支出法(由最终消费、资本形成总额、货物和服务净出口组成)。三种方法分别从不同的方面反映国内生产总值及其构成。对一个地区来说称为地区生产总值。

三次产业 指根据社会生产活动历史发展的顺序对产业结构的划分。我国第一产业是指农、林、牧、渔业；第二产业是指采矿业，制造业，电力、燃气及水的生产和供应业，建筑业；第三产业是指除第一、二产业以外的其他行业。第三产业具体包括：交通运输、仓储和邮政业，信息传输、计算机服务和软件业，批发和零售业，住宿和餐饮业，金融业，房地产业，租赁和商务服务业，科学研究、技术服务和地质勘查业，水利、环境和公共设施管理业，居民服务和其他服务业，教育，卫生、社会保障和社会福利业，文化、体育和娱乐业，公共管理和社会组织，国际组织。

当年价格 也称现行价格，指报告期内的实际市场价格。按现行价格计算的各种综合指标可以反映当年国民经济发展水平及比例关系，但因其变化受实物数量增减和价格升降因素的影响，在不同时期之间缺乏可比性。

可比价格 指计算各种总量指标所采用的扣除了价格变动因素的价格，可进行不同时期总量指标的对比。按可比价格计算总量指标有两种方法：一种是直接用产品产量乘某一年的不变价格计算；另一种是用价格指数对按现价计算的总量指标进行缩减。

人口数 指一定时点、一定地区范围内有生命的个人总和。年度统计的年末人口数指每年 12 月 31 日 24 时的人口数。年度统计的全国人口总数未包括香港、澳门特别行政区和台湾省以及海外华侨的人数。

人口自然增长率 指在一定时期内(通常为一年)人口自然增加数(出生人数减死亡人数)与该时期内平均人数(或期中人数)之比，一般用千分率表示。计算公式为:

$$人口自然增长率=\frac{本年出生人数-本年死亡人数}{年平均人数}\times 1000‰$$

$$=人口出生率-人口死亡率$$

婴儿死亡率 指一定时期内(通常为一年)未满周岁的婴儿死亡总数与活产婴儿总数之比，一般用千分率表示。

平均预期寿命 简称平均寿命。指0岁(即出生时)的平均预期寿命，表示一批人出生后平均一生可活的年数。

就业人员 指在一定年龄内,有劳动能力,从事一定社会劳动并取得劳动报酬或经营收入的人员。

城镇登记失业人员 指有非农业户口,在劳动年龄内(16周岁至退休年龄),有劳动能力,无业而要求就业，并在当地就业服务机构进行求职登记的人员。

城镇登记失业率 城镇登记失业人员与城镇单位就业人员(扣除使用的农村劳动力、聘用的离退休人员、港澳台及外方人员)、城镇单位中的不在岗职工、城镇私营业主、个体户主、城镇私营企业和个体就业人员、城镇登记失业人员之和的比。计算公式为:

$$城镇登记失业率=\frac{城镇登记失业人数}{\begin{array}{c}(城镇单位就业人员-使用的农村劳动力-聘用的离退休人员-\\聘用的港澳台及外方人员)+不在岗职工+城镇私营业主+城镇\\个体户主+城镇私营企业及个体就业人员+城镇登记失业人数\end{array}}\times 100\%$$

全社会固定资产投资额 是以货币形式表现的在一定时期内全社会建造和购置固定资产的工作量以及与此有关的费用的总称。全社会固定资产投资按登记注册类型可分为国有、集体、个体、联营、股份制、外商、港澳台商、其他等。

固定资产投资效果系数 是报告期新增国内生产总值与同期固定资产投资额的比率,反映单位固定资产投资额所增加的国内生产总值的数量。其计算公式为:

$$固定资产投资效果系数=\frac{报告期新增国内生产总值}{同期固定资产投资额}$$

房地产开发投资 指各种登记注册类型的房地产开发公司、商品房建设公司及其他房地产开发法人单位和附属于其他法人单位实际从事房地产开发或经营活动的单位统一开发的包括统代建、拆迁还建的住宅、厂房、仓库、饭店、宾馆、度假村、写字楼、办公楼等房屋建筑物和配套的服务设施，土地开发工程（如道路、给水、排水、供电、供热、通讯、平整场地等基础设施工程）的投资；不包括单纯的土地交易活动。

财政收入 指国家财政参与社会产品分配所取得的收入，是实现国家职能的财力保证。财政收入所包括的内容几经变化，目前主要包括各项税收、专项收入（如排污费收入、城市水资源费收入、矿产资源补偿费收入、教育费附加收入等)、其他收入(如利息收入、基本建设贷款归还收入、基本建设收入、捐赠收入等)和国有企业亏损补贴(此项为负收入,冲减财政收入)。财政收入按财政体制划分为中央本级收入和地方本级收入。

财政支出 国家财政将筹集起来的资金进行分配使用,以满足经济建设和各项事业的需要,主要包括基本建设支出、企业挖潜改造资金、地质勘探费用、科技三项费用、支援农村生产支出、农林水利气象等部门的事业费用、工业交通商业等部门的事业费、文教科学卫生事业费、抚恤和社会福利救济费、社会保障补助支出、国防支出、行政管理费、政策性补贴支出等。财政支出按照政府在经济和社会活动中的不同职权,划分为中央财政支出和地方财政支出。

货币供应量 指某一时点一国流通中的货币量。货币供应量可分为三个层次:

M_0: 流通中的现金

M_1: 即狭义货币,M_0+单位活期存款

M_2: 即广义货币,M_1+准货币(单位定期存款+居民储蓄存款+单位其他存款+证券公司客户保证金)

存款 指金融机构接受客户存入的货币款项,存款人可随时或按约定时间支取款项的信用业务。包括活期存款、定期存款、住户储蓄存款、财政存款、外汇存款和其他存款等。

贷款 指金融机构将其所吸收的资金,按一定的利率贷放给客户并约期归还的信用业务。包括短期贷款、中长期贷款、财政贷款、外汇贷款和其他贷款。

上市公司 指向社会公开发行股票且股票在交易所上市的公司。

股票市价总值 指上市股票在某一时点按市价与发行数量计算的总金额。

价格指数 指从生产者、购买者和市场的角度,分别反映不同时期货物和服务商品价格总水平变动趋势幅度的相对数。目前编制的价格指数主要有居民消费价格指数、商品零售价格指数、工业品出厂价格指数、固定资产投资价格指数、房地产价格指数、农产品生产价格指数等。

城镇居民家庭可支配收入 指被调查的城镇居民家庭成员得到的可用于最终消费支出和其他非义务性支出以及储蓄的总和,即居民家庭可以用来自由支配的收入。它是家庭总收入扣除交纳的所得税、个人交纳的社会保障支出以及记账补贴后的收入。计算公式为:

$$\begin{matrix}\text{城镇居民}\\\text{家庭可支配收入}\end{matrix}=\text{家庭总收入}-\text{交纳所得税}-\text{个人交纳的社会保障支出}-\text{记账补贴}$$

农村居民家庭纯收入 指农村住户当年从各个来源得到的总收入相应地扣除所发生的费用后的收入总和。计算公式为:

$$\begin{matrix}\text{农村居民}\\\text{家庭纯收入}\end{matrix}=\text{总收入}-\begin{matrix}\text{家庭经营}\\\text{费用支出}\end{matrix}-\text{税费支出}-\begin{matrix}\text{生产性固定}\\\text{资产折旧}\end{matrix}-\begin{matrix}\text{赠送农村外}\\\text{部亲友支出}\end{matrix}-\text{记帐补贴}$$

恩格尔系数 指食品支出金额在生活消费总支出金额中所占的比例。计算公式为:

$$恩格尔系数=\frac{食品支出金额}{生活消费总支出金额}\times 100\%$$

贫困标准 是指可以满足一个家庭在食品、住房、衣着等方面最低需求的生活水平标准值。贫困标准由食物贫困标准和非食物贫困标准两部分组成。食物贫困标准是根据农村住户调查低收入组的食品消费清单，按每人每天必需的 2100 大卡营养摄入标准的食品消费量，乘以对应的价格并进行求和计算得出的；非食物贫困标准是根据食品消费支出函数回归模型计算而得出的。

贫困发生率 也称贫困人口比重指数，是指生活水平低于贫困标准的人口数占总人口数的比重。

农作物播种面积 指实际播种或移植有农作物的面积。凡是实际种植农作物的面积，不论种植在耕地上还是种植在非耕地上，均包括在农作物播种面积中。在播种季节基本结束后，因遭灾而重新改种和补种的农作物面积，也包括在内。

工业经济效益综合指数 是综合衡量地区工业经济效益总体水平的一种特殊相对数，该指标可从静态水平和动态趋势上较为全面地反映各地区工业经济效益的变化情况，并可在一定程度上消除地区对比的不可比因素。工业经济效益综合指数由总资产贡献率、资本保值增值率、资产负债率、流动资产周转次数、成本费用利润率、全员劳动生产率和产品销售率七个工业经济效益指标组成。计算工业经济效益综合指数，应以各项工业经济效益指标实际数值分别除以该项指标的全国标准值，再乘以各自的权数，加总后除以总权数求得。

建筑业总产值(自行完成施工产值) 是以货币形式表现的建筑业企业在一定时期内生产的建筑业产品和提供服务的总和。建筑业总产值包括：

1. 建筑工程产值：指列入建筑工程预算内的各种工程价值。

2. 安装工程产值：指设备安装工程价值，不包括被安装设备本身价值。

3. 其他产值：建筑业总产值中除建筑工程、安装工程以外的产值。包括房屋构筑物修理产值、非标准设备制造产值、总包企业向分包企业收取的管理费以及不能明确划分的施工活动所完成的产值。

货(客)运量 指在一定时期内，各种运输工具实际运送的货物(旅客)数量。货运按吨计算，客运按人计算。货物不论运输距离长短、货物类别，均按实际重量统计。旅客不论行程远近或票价多少，均按一人一次客运量统计；半价票、小孩票也按一人统计。

邮电业务总量 是以价值量形式表现的邮电通信企业为社会提供各类邮电通信服务的总数量。邮电业务量按专业分类包括函件、包件、汇票、报刊发行、邮政快件、特快专递、邮政储蓄、集邮、公众电报、用户电报、传真、长途电话、出租电路、无线寻呼、移动电话、分组交换数据通信、出租代维等。计算方法为各类产品乘以相应的平均单价（不变价）之和，再加上出租电路和设备、代用户维护电话交换机和线路等的服务收入。计算公式为：

邮电业务总量=Σ（各类邮电业务量×不变单价）+ 出租代维及其他业务收入

=邮政业务总量+电信业务总量

社会消费品零售总额 指批发和零售业、餐饮业、新闻出版业、邮政业和其他服务业等，售予城乡居民用于生活消费的商品和社会集团用于公共消费的商品之总量。社会消费品零售总额包括：

一、批发和零售业企业（单位）：

1.售予城乡居民的各种生活消费品；

2.售予入境旅游的外国人、华侨、港澳台同胞的各类商品；

3.售予行政事业单位、社会团体、军队和武警等机构的商品，以及以零售方式售予各类企业的商品。具体包括：用于非生产和社会交往的办公用品，如通讯设备、计算器具和设备、电讯网络设备、文印设备、音像视听器材和设备、纸张、本册、文具及装订文印材料、家具、日用电器、针纺织品、清洁卫生用品、文体用品、奖品、纪念品、礼品等；供内部人员乘坐的交通工具和燃料；用于办公设施修缮的各类配件、材料、工具等；用于取暖和防暑降温的设备、燃料、材料及食品等；专用于教学的用品和设备；非营利医疗机构的中、西药品、中药材和医疗设备器材；非专用的劳动保护用品；不对外营业的内部食堂用的餐具、炊具、设备、清洁卫生工具和食品、燃料等；军队、武警用于其人员生活的衣着品和个人用品；其他各类非生产性设备和用品。

二、餐饮业出售的主食、菜肴、烟酒饮料和其他商品。

三、新闻出版业、邮政业售予城乡居民、企事业单位、军队和武警等机构的书报杂志、音像制品、邮品等。

四、其他服务业出售的食品、烟酒饮料、服装鞋帽、日常生活用品、医药保健用品、艺术品、工艺美术品、玩具、殡葬用品以及其他消费品。

外商直接投资 指外国企业和经济组织或个人(包括华侨、港澳台胞以及我国在境外注册的企业)按我国有关政策、法规，用现汇、实物、技术等在我国境内开办外商独资企业、与我国境内的企业或经济组织共同举办中外合资经营企业、合作经营企业或合作开发资源的投资(包括外商投资收益的再投资)，以及经政府有关部门批准的项目投资总额内企业从境外借入的资金。

货物进出口总额 指实际进出我国国境的货物总金额。包括对外贸易实际进出口货物，来料加工装配进出口货物，国家间、联合国及国际组织无偿援助物资和赠送品，华侨、港澳台同胞和外籍华人捐赠品，租赁期满归承租人所有的租赁货物，进料加工进出口货物，边境地方贸易及边境地区小额贸易进出口货物(边民互市贸易除外)，中外合资企业、中外合作经营企业、外商独资经营企业进出口货物和公用物品，到、离岸价格在规定限额以上的进出口货样和广告品(无商业价值、无使用价值和免费提供出口的除外)，从保税仓库提取在中国境内销售的进口货物，以及其他进出口货物。我国规定出口货物按离岸价格统计，进口货物按到岸价格统计。

小学学龄儿童净入学率 指小学学龄人口中正在接受小学教育人数所占比重。计算公式为：

$$小学学龄儿童净入学率 = \frac{小学学龄人口中已经进入小学学习的在校学生总数}{小学学龄人口数} \times 100\%$$

研究与试验发展(R&D) 指在科学技术领域，为增加知识总量以及运用这些知识去创造新的应用而进行的系统的创造性的活动，包括基础研究、应用研究、试验发展三类活动。

城镇居民最低生活保障人数 指报告期末家庭平均收入在当地规定的最低生活保障线以下的城镇居民数。包括“三无”对象、失业人员和在职、下岗、退休人员等。

农村居民最低生活保障人数 指报告期末在建立农村最低生活保障制度的地区，得到当地政府或集体给予最低生活保障的农业人口数。

城镇社区服务设施数 指报告期末（街道办事处、居委会）设立的以非盈利为目的，为本社区居民服务，特别是为老年人、残疾人、儿童服务的社区服务中心、活动站、服务站、养老院、老年公寓（托老所），残疾人工疗站、残疾儿童日托所、家务服务站、婚姻介绍所等福利性设施以及职工社会保险管理服务的机构数。

粗离婚率 指当年离婚对数占年平均人口的比重，计算公式为:

$$粗离婚率 = \frac{当年离婚对数}{年平均人口数} \times 1000‰$$

废水排放总量 指工业废水排放量与城镇生活污水排放量之和。

二氧化硫排放量 指工业二氧化硫排放量与生活及其他二氧化硫排放量之和。

工业固体废物排放量 指报告期内企业将所产生的固体废物排到固体废物污染防治设施、场所以外的数量，不包括矿山开采的剥离废石和掘进废石(煤矸石和呈酸性或碱性的废石除外)。

工业固体废物综合利用量 指报告期内企业通过回收、加工、循环、交换等方式，从固体废物中提取或者使其转化为可以利用的资源、能源和其他原材料的固体废物量(包括当年利用的往年工业固体废物贮存量)。如用做农业肥料、生产建筑材料、筑路等。

工业固体废物综合利用率 指工业固体废物综合利用量占固体废物产生量与综合利用往年贮存量之和的百分率。计算公式为:

$$工业固体废物利用率 = \frac{工业固体废物综合利用量}{工业固体废物产生量 + 综合利用往年贮存量} \times 100\%$$

城市燃气普及率 指报告期末使用燃气的城市人口数与城市人口总数的比率。其中燃气包括人工煤气、天然气、液化石油气三种。计算公式为:

$$城市燃气普及率 = \frac{城市使用燃气人口数}{城市人口总数} \times 100\%$$

城市用水普及率 指报告期末城市用水人口数与城市人口总数的比率。计算公式为:

$$城市用水普及率 = \frac{城市用水人口数}{城市人口总数} \times 100\%$$

附录二

香港特别行政区主要统计指标解释

本地生产总值 是指香港特别行政区的所有常住生产单位，在一个指定的期间内，未扣除固定资本消耗的生产总值。

本地居民生产总值 是指香港特别行政区的居民，在其经济领域内或领域外从事各项经济活动而赚取的收益，但不包括非本地居民在香港特别行政区经济领域内从事经济活动的收益。

对外要素收益流动净值 是指香港特别行政区与中国内地之间的经济交易，包括对外要素收益流动，亦视作国际交易。

国际收支平衡表 是有系统地载录，在指定期间内，某经济体系与世界各地的各类经济交易的统计表。完整的国际收支平衡表包括以下两个主要核算帐：（甲）经常帐；（乙）资本及金融帐。

国际投资头寸 是在一特定时点上一个经济体系的对外金融资产及负债存量的资产负债表。对外金融资产涵盖对非居民的申索。另一方面，某经济体系的对外金融负债是指非居民向这经济体系的居民的金融申索。

年中人口 在 1996 年前是以“广义时点”方法编制，数字包括在统计时点身在香港特别行政区的永久性居民、非永久性居民和旅客，亦包括暂时离港前往中国内地及澳门特别行政区的香港特别行政区永久性居民。自 2000 年 8 月起，“居住人口”方法已取代“广义时点”方法用以编制香港特别行政区的人口数字。追溯至 1996 年的修订人口数字已经编制。利用“居住人口”方法所编制的人口估计，称“居港人口”。“居港人口”包括“常住居民”和“流动居民”。

“常住居民”指两类人士：（一）在统计时点之前的6个月内，在港逗留最少3个月，又或在统计时点之后的6个月内，在港逗留最少3个月的香港特别行政区永久性居民，不论在统计时点他们是否身在香港特别行政区；及（二）在统计时点身在香港特别行政区的香港非永久性居民。至于“流动居民”，是指在统计时点之前的6个月内，在港逗留最少1个月但少于3个月，又或在统计时点之后的6个月内，在港逗留最少1个月但少于3个月的香港特别行政区永久性居民，不论在统计时点他们是否身在香港特别行政区。根据新的编制方法，旅客并不包括在香港特别行政区的人口内。

粗出生率 是指某一年内的活产婴儿数目相对年中每千名人口的比率。

粗死亡率 是指某一年内的死亡人数相对年中每千名人口的比率。

劳动人口 是指15岁及以上陆上非住院人口，并符合就业人口或失业人口定义的人士。

劳动人口参与率 是指劳动人口占所有 15 岁及以上陆上非住院人口的比例。

失业人口 包括所有在统计前7天内并无职位，且并无为赚取薪酬或利润而工作，而随时可工作，并在统计前30天内有找寻工作的15岁及以上人士。失业人口亦包括那些并无职位，有找寻工作，但由于暂时生病而不能工作的人士；及并无职位，可随时工作，但由于下列理由而没有找寻工作的人士：(I)已为于稍后时间担当的新工作或开展的业务作出安排；或(II)正期待返回原来的工作岗位；或（III）相信没有工作可做（第III类为“因灰心而不求职的人士”）。

失业率 是指失业人士在劳动人口中所占的比例。

就业不足人口 包括在统计前7天内在非自愿情况下工作少于35小时，而在统计前30天内有找寻更多工作，或即使没有找寻更多工作，但在统计前7天内可担任更多工作的就业人士。因工作量不足、原料短缺、机械故障或不能找到全职工作，以致只能工作短时数的人士，可视作非自愿情况下将工作时数缩短。根据此定义，因工作量不足而在统计前7天内放取无薪假期的就业人士，若在该7天期间内工作少于35小时甚或全段期间都在休假，亦会界定为就业不足人士。

就业不足率 是指就业不足人士在劳动人口中所占的比例。

居民消费价格指数 《香港统计年刊》中称为“消费物价指数”。有四个数列，以反映消费价格变动对不同开支范围的住户的影响。甲类、乙类及丙类消费价格指数分别根据较低、中等及较高开支范围的住户消费模式编制而成。而综合消费价格指数是根据上述住户的整体开支模式而编制，反映消费价格转变对全体住户的影响。

指数	约占住户的百分比	住户于2004年10月至2005年9月期间的每月平均开支	以2006年价格计算的每月平均住户开支
综合消费价格指数	90%	\$4000-\$59999	\$4100-\$61500
甲类消费价格指数	50%	\$4000-\$15499	\$4100-\$15800
乙类消费价格指数	30%	\$15500-\$27499	\$15800-\$28200
丙类消费价格指数	10%	\$27500-\$59999	\$28200-\$61500

实际工资指数 《香港统计年刊》中称为“实质工资指数”，是从名义工资指数中，按甲类消费价格指数的变幅，扣除通胀的影响而得出，显示雇员所赚取工资金额购买力的转变。而名义工资指数则是将接连两次统计调查中有关行业、职业及性别方面的劳动人口结构维持不变，从而量度工资率的纯变动。

外币掉期存款 是指顾客在现货市场购买外币，然后存入认可机构，但同时订下远期合约，将该笔外币（本金加利息）在存款到期时售予认可机构。

综合社会保障援助计划 其目的是向有需要的个人或家庭提供现金援助，使他们的收入达到一定水平，以应付生活上基本及特别需要。申请人无须供款，但必须接受经济状况调查。

公共福利金计划 包括高龄津贴及伤残津贴。本计划的目的是给予年龄在65岁及以上的高龄人士和严重残疾人士每月发放现金津贴，以应付因年老或严重残疾而引致的特别需要。申请人无须供款。公共福利金计划的一宗个案指一位受助人士。

附录三

澳门特别行政区主要统计指标解释

本地生产总值　反映每年在澳门特区生产的货物和提供各种服务的总量。本书中的本地生产总值用支出法及生产法估算，支出法等于私人消费支出、政府最终消费支出、固定资本形成总额、库存变化和货物及服务出口净值（出口减进口）的总和。而生产法等于各经济行业的增加值总额的总和，这种方法可以评估澳门特区的产业结构。

粗出生率　参考期内出生活婴人数与平均人口数的千分比。

粗死亡率　参考期内死亡人数与平均人口数的千分比。

小学教育　为期 6 年，完成小学教育预备班或在报名当年的 12 月 31 日年满 6 岁的儿童可报读小学教育第一年。就读小学的最高年龄为 15 岁。

中学教育　由两个阶段组成：初中教育及高中教育。大学预科亦被视为中学教育。

1)初中教育　为期 3 年，合格完成小学教育者可以入读。就读初中最大年龄为 18 岁，但在特别情况下，经教育机构决定，可以逾越此年限。

2)高中教育　为期最少 2 年，最多 3 年，合格完成初中教育者可以入读。就读高中最大年龄为 21 岁，但在特别情况下，经教育机构决定，可以逾越此年限。

高等教育　由大学、理工学院及相等的学院开办的学位或非学位课程。

劳动人口　在参考期间，可参与生产商品或提供服务的 14 岁或以上人口。包括就业人口和失业人口。

就业人口　在参考期间，为了金钱或物质报酬、利润或家庭收入而工作至少 1 小时的 14 岁或以上人口。包括被雇用而没有上班，但与雇主保持正式联系和拥有 1 家公司但因特别原因暂时没有上班的人口。

劳动力参与率　劳动人口占 14 岁或以上的澳门特区居住人口的比例。

失业率　指失业人口在劳动人口中所占的比例。

就业不足率　指就业不足人口在劳动人口中所占的比例。

访澳旅客　指任何不以澳门特区为常居地，且连续逗留时间少于 12 个月，其旅游目的并非在澳门特区参与任何有偿活动的人士。

酒店入住率　入住客房数量占可供应客房数量的百分比。

进口　指将产自外地的货物输入澳门特区，但再进口和转运制度下输入者除外。

出口　指将货物输出澳门特区，但暂时出口和转运制度下输出除外。

本地产品出口　指将产地为澳门特区的货物输出澳门特区。

转口　澳门称为再出口。指原进口的货物未经加工输出澳门特区，或虽加工，但不能取得澳门特区产地资格的出口。

贸易条件指数　即出口单位价格指数与进口单位价格指数的比率。

单位　指永久性楼宇的一个或多个间格及其附属建筑物。每一个单位具有独立入口与楼宇内的公用地方相通，具有合法条件进行分层物业登记和作独立转让。

楼宇建筑面积　相等于所有层数之面积总和。楼面面积的计算方法是从外墙起量度，同时亦包括大堂面积、升降机(即电梯)所占面积以及所有公用地方面积(两个或以上单位合用)。

消费价格指数　反映澳门特区家庭购买一篮子指定商品和服务的价格变动。

广义货币供应量 M_2　指狭义货币供应量 M_1 加上准货币负债。准货币负债指定期存款、通知存款、存款证明书和储蓄存款。